JN055623

新聞・通信社のための

人事・労務

2021年版

はじめに

「新聞・通信社のための人事・労務QA」は、日常に起こりうる人事・労務管理上の疑問に答える実務書です。1985年に初版となる「管理者ハンドブック」を発行し、その後、Q＆Aスタイルへの変更や一般販売の開始などを経て、今回、７年ぶりの改訂となりました。

2014年版の発行以来、労働関連法制は大きく変わりました。パートタイム労働法や女性活躍推進法、育児・介護休業法、男女雇用機会均等法がそれぞれ改正。2019年４月から、労働基準法、労働安全衛生法などの改正による働き方改革関連法が施行されました。また、年休５日の取得義務化や時間外労働の罰則付き上限規則がはじめて設けられ、2021年４月には、同一労働同一賃金制度が中小企業を含めて全面的に施行されました。この間、2019年末には、新型コロナウイルス感染症が発生し世界的に拡大。国内では度重なる緊急事態宣言が発出されました。

こうした中、2020年６月に在京・地方の新聞社・通信社、計16社による第66期人事管理研究会が発足しました。新型コロナウイルスの影響により、研究会のメンバーは、毎月の定例会議に一度も全社で集うことができず、約１年半にわたって、オンライン会議やウエブを活用した執筆・編纂作業を続け、最新版の発刊に至りました。

本書は、2014年版をベースに、新聞・通信社の労働慣行を踏まえた実践的な解説のほか、労働関連法制の改正や災害発生時に必要な人事・労務情報を詳述しています。また最新の新聞協会調査結果や、関連条文、関連通達、最新重要判例を丁寧に記載しています。

研究会では、原稿の表現、記述を繰り返し、検証してきましたが、至らぬ点や不十分な点もあるかと思います。その際は忌憚のないご意見やご指摘をいただければ幸いです。

最後に、監修をいただきました安西法律事務所の安西愈弁護士には、最新の法改正をはじめ、実務的で有意義なご助言をいただきました。あらためて感謝を申し上げます。

2021年10月25日
日本新聞協会労務委員会
第66期人事管理研究会　代表幹事　纐纈　仁

凡例

法令略称

安衛法	労働安全衛生法
育児・介護休業法	育児休業、介護休業等育児又は家族介護を行う労働者の福祉に関する法律
高年齢者雇用安定法	高年齢者等の雇用の安定等に関する法律
個別労働関係紛争解決促進法	個別労働関係紛争の解決の促進に関する法律
個人情報保護法	個人情報の保護に関する法律
障害者雇用促進法	障害者の雇用の促進等に関する法律
職安法	職業安定法
男女雇用機会均等法	雇用の分野における男女の均等な機会及び待遇の確保等に関する法律
入管法	出入国管理及び難民認定方法
パート・有期法	短時間労働者及び有期雇用労働者の雇用管理の改善等に関する法律
不正アクセス禁止法	不正アクセス等の禁止などに関する法律
番号法	行政手続における特定の個人を識別するための番号の利用等に関する法律
労基法	労働基準法
労契法	労働契約法
労災保険法	労働者災害補償保険法
労組法	労働組合法
労働時間等設定改善法	労働時間等の設定の改善に関する特別措置法
労働施策総合推進法	労働施策の総合的な推進並びに労働者の雇用の安定及び職業生活の充実等に関する法律
労働者派遣法	労働者派遣事業の適正な運営の確保及び派遣労働者の保護等に関する法律

通達略語

発労	厚生労働省労政局関係の事務次官名通達
労発	厚生労働省労政局長名の通達
発基	厚生労働省労働基準局関係の事務次官名通達
基発	厚生労働省労働基準局長名の通達
基収	厚生労働省労働基準局長が疑義に応えて発する通達
職発	厚生労働省職業安定局長名の通達
雇児発	厚生労働省雇用均等・児童家庭局長名の通達
基安労発	厚生労働省労働基準局安全衛生部労働衛生課長名の通達
婦発	旧労働省女性（旧婦人）局長通達

その他略称

新聞協会調査	日本新聞協会労務委員会調査

目次

第１章　労働時間・休憩時間

第２章　賃金

第３章　休日・休暇

第4章 育児・介護

第5章 採用・退職

第６章　人事異動・出向・転籍

第７章　雇用形態・労働条件

第８章　服務規律

第11章　労災・安全衛生

特別章　自然災害の教訓

資 料

第 1 章

労働時間・休憩時間

1. 働き方改革

Q 働き方改革とは何か。

A 日本が直面する少子高齢化に伴う労働人口の急激な減少を背景に、一人ひとりが多様な働き方を選択できる1億総活躍社会の実現を目指し、2019年4月から「働き方改革関連法」が施行された。投資やイノベーションによる生産性の向上とともに、就業機会の拡大や意欲・能力を十分に発揮できる環境を作ることが求められる。そのために、長時間労働の是正や、多様で柔軟な働き方の実現、雇用形態に関わらない公正な待遇の確保等のための措置を講じた。労働に関する8本の法律改正からなる。

解説 〔ポイント1〕労働時間法制の見直し

働きすぎを防ぐことで、労働者の健康を守り、ワーク・ライフ・バランスの実現と多様で柔軟な働き方の実現を目的とする。

<8つの見直し>

①時間外労働の上限規制の導入(労基法)

36協定で定められる時間外労働の上限は、原則として月45時間・年360時間となった。特別な事情があって労使が合意する場合でも、年720時間以内(休日労働は含まない)、複数月平均80時間以内、月100時間未満(ともに休日労働含む)とする。また、原則である月45時間を超えることができるのは、年間6か月までとなる。

長時間労働の是正には取引環境の改善も重要だとし、労働時間等設定改善法では、事業主の責務として、短納期発注や発注の内容の頻繁な変更を行わないことなど取引上必要な配慮をするよう努めることが規定された。

参照ページ=時間外労働(11ページ)、36協定(17ページ)

②勤務間インターバル制度の導入促進(労働時間等設定改善法)

1日の勤務終了後、翌日の出社までの間に一定時間以上の休息時間(インターバル時間)を確保する仕組みを導入することが、事業主の努力義務となった。労働者の十分な生活時間や睡眠時間の確保を目指す。

11時間の休息時間を確保するために、勤務開始時刻は10時からとなり、始業時刻の8時から10時までの時間帯を勤務したものとみなすもの

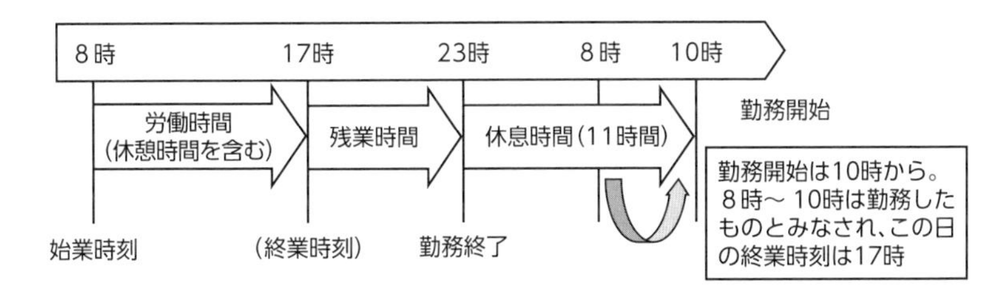

11時間の休息時間を確保するために、始業時刻を繰り下げたもの

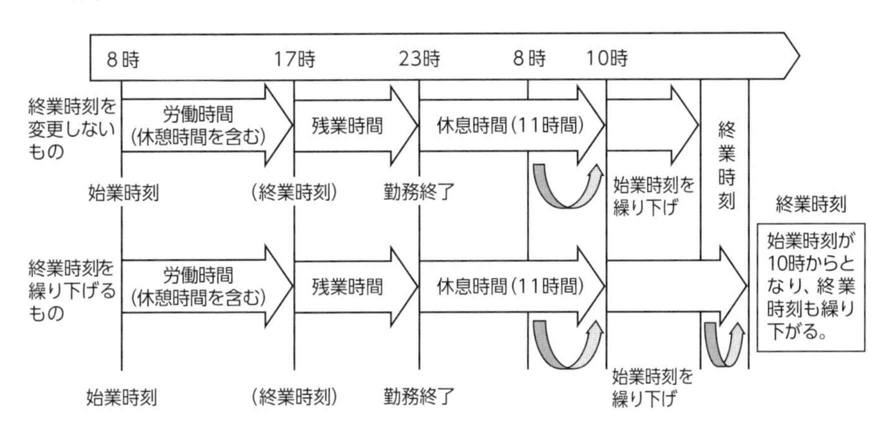

(厚労省ウエブサイトを基に作成)

③年５日間の年次有給休暇の取得義務（労基法）

年次有給休暇が10日以上付与される労働者に対して、使用者は時季を指定して、年５日の年休を取得させることが義務付けられた。有休取得の希望申し出がしにくいという状況を改善する。

労基法に基づき、▷年５日の有休を取得させなかった場合▷使用者による時季指定を行う場合において就業規則に記載していない場合▷労働者の請求する時季に所定の年休を与えなかった場合は罰則が科せられることがあるため、違反することがないように、十分な対策が必要とされる。

参照ページ＝休日・休暇（66ページ）

④月60時間超の残業は割増賃金率引き上げ（労基法）

労働者が健康を保持しながら、労働以外の生活のための時間を確保して働くことができるよう、月60時間を超える時間外労働（１日８時間・１週40時

間を超える労働時間のうち）に対する割増賃金率について、50％以上となった（中小企業は2023年４月１日施行）。１か月60時間の法定時間外労働の算定には、法定休日に行った労働は含まれないが、それ以外の休日に行った法定時間外労働は含まれる。

なお、１か月60時間超の法定時間外労働を行った労働者の健康を確保するため、引き上げ分の割増賃金支払いの代わりに、有給の休暇（代替休暇）を付与することができる。代替付与制度の導入に当たっては、過半数組合または過半数代表者との間で労使協定を結ぶ必要がある。

参照ページ＝割増賃金（48ページ）

⑤労働安全衛生法（安衛法）による「労働時間の状況」の把握（健康管理）義務

健康管理の観点から、安衛法が改正され、各企業には従業員の労働時間の状況の把握が義務化（罰則なし）された。これまで対象外となっていた、労基法上の管理監督者や裁量労働制適用労働者、事業場外労働みなし労働時間制の適用労働者についても、過度な長時間労働や休憩なしの連続労働などにより健康や安全が守られていないのではないかという懸念から、労基法上の把握義務はないが、安衛法上、労働時間の状況を把握することが求められる。

安衛法が適用される全ての事業所が対象。パート・アルバイト、短時間労働者、契約社員など、雇用形態、勤務時間、役職等に関わらず全ての労働者について（高度プロフェッショナル制度の対象者は除く。別途把握）、原則として労働時間の状況を客観的な記録によって把握することが必要となった。

これは長時間働いた労働者に対する、医師による面接指導を受けさせることを確実に実施する目的で、労働者の健康管理が強化されたものである。

事業者は、各月の時間外・休日労働時間の算定を行ったときは、当該超えた時間が１か月当たり80時間を超えた労働者（正確には、休憩時間を除き１週間当たり40時間を超えて労働させた場合におけるその超えた時間が１か月当たり80時間を超えたときで、休日、祝日が多く労働日数が少ないときは、暦日数で平均するので該当しなくなることがあるが）に対して速やかに当該超えた時間に関する情報を書面やメール等で通知しなければならない。医師による面接指導の対象となる労働者の要件も、前記計算による時間外・休日労働時間が「１か月当たり80時間を超え、かつ疲労の蓄積が認められる者」に拡大された。この要件に該当する労働者の申し出により、面接指導を行う。

参照ページ＝労働時間の適正な把握（14ページ）

⑥フレックスタイム制の拡充（労基法）

労働時間を調整できる清算期間の上限が１か月から３か月に延長された。これにより複数月の総労働時間の範囲内で、労働者の都合に応じた労働時間の調整が可能になった。育児や介護などのニーズに合わせて労働時間が決められ、より柔軟な働き方を目指す。

参照ページ＝変形労働時間制（38ページ）

⑦高度プロフェッショナル制度の創設（労基法）

高度な専門的知識等を有し、職務の範囲が明確で、一定の年収要件を満たす労働者を対象として、労使委員会等の決議を経て、労基法に定められた労働時間、休憩、休日および深夜の割増賃金に関する規定を適用しない制度。対象労働者と対象業務、制度導入の流れは明確に決められており、同制度対象労働者の健康確保措置も実施しなければならない。

参照ページ＝みなし労働時間制（33ページ）

⑧「産業医・産業保健機能」と「長時間労働者に対する面接指導等」の強化（安衛法）

長時間労働やメンタルヘルス不調などにより、健康リスクが高い状況にある労働者を見逃さないため、働き方改革関連法により、産業医の活動環境の整備や、労働者に対する健康相談の体制整備、労働者の健康情報の適正な取り扱いルールの推進が強化された。

参照ページ＝労災・安全衛生（229ページ）

◆産業医・産業保健機能の強化

産業医の独立性や中立性を高めることなどにより、産業医等が産業医学の専門的立場から労働者一人ひとりの健康確保のために、より一層効果的な活動を行いやすい環境を整備する。そのため、▷産業医の権限の具体化▷産業医等に対する労働者の健康管理等に必要な情報の提供▷産業医と事業者の意見・勧告の内容等の記録・保存▷産業医の勧告を受けたときの衛生委員会等への報告▷産業医による衛生委員会等に対する調査審議の求め▷安全委員会、衛生委員会等の意見等の記録・保存▷労働者に対する健康相談の体制整備、労働者の健康情報の適正な取り扱いルールの推進▷労働者からの健康相談に適切に対応するために必要な体制の整備▷労働者の心身の状態に関する情報の取り扱い▷産業医等の業務の内容等の周知－等の整備を行う。

◆長時間労働者に対する面接指導等

長時間労働やメンタルヘルス不調などにより、健康リスクが高い状況にある労働者を見逃さないため、医師による面接指導が確実に実施されるようにし、労働者の健康管理を強化する。

〔ポイント２〕　雇用形態に関わらない公正な待遇の確保

同一企業内における正社員と非正規社員の間にある不合理な待遇の差をなくし、どのような雇用形態を選択しても待遇に納得して働き続けられるようにすることで、多様で柔軟な働き方を選択できるようになった。

＜３つの見直し＞

①不合理な待遇差の禁止（パートタイム労働者・有期雇用労働者）

同一企業内において、正社員（無期雇用フルタイム勤務）と非正規社員（パートタイム労働者、有期雇用労働者、派遣労働者）の間で、基本給や賞与などあらゆる待遇について不合理な待遇差を設けることが禁止された。

参照ページ＝雇用形態・労働条件（136ページ）

②労働者に対する、待遇に関する説明義務の強化（労基法）

2020年４月より、非正規社員は、正社員との待遇差の内容や理由などについて、事業主に対して説明を求めることができるようになった。

参照ページ＝雇用形態・労働条件（136ページ）

③行政による事業主への助言・指導等、行政ＡＤＲの規定の整備

2020年４月より、行政による助言・指導等や行政ＡＤＲ（事業主と労働者との間の紛争を、裁判をせずに解決する手続きのこと）の規定が整備された。労働者と事業主の間でトラブルが生じた場合、当事者の一方または双方の申し出があれば、都道府県労働局が、無料・非公開の紛争解決手続きを行えるようになった。職場におけるトラブルに関する紛争解決援助制度は、男女雇用機会均等法、育児・介護休業法、パートタイム労働法に対して、行政ＡＤＲの対象となっていたが、働き方改革関連法により、「パートタイム・有期雇用労働法」の施行後、「均衡待遇」「待遇差の内容・理由に関する説明」についても、行政ＡＤＲの対象に含まれることになった。

●関連法規　◇労基法、安衛法、労働時間等設定改善法

●関連通達　◇平30．９．７基発0907第12号、雇均発0907第２号（働き方改革を推進するための関係法律の整備に関する法律による改正後の労働時間等の設定の改善に関する特別措置法の施行について）

◇平31．１．30基発0130第１号、職発0130第６号、雇均発0130第１号、開発0130第１号（短時間労働者および有期雇用労働者の雇用管理の改善等に関する法律の施行について）

◇平31．３．25基発0325第１号（働き方改革を推進するための関係法律の整備に関する法律による改正後の労働基準法および労働安全衛生法の施行について（新労基法第41条の２および新安衛法第66条の８の４関係））

◇平31．３．29基発0329号（「働き方改革を推進するための関係法律の整備に関する法律による改正後の労働安全衛生法およびじん肺法関係の解釈等について」の一部改正について）

◇令元．７．12基発0712第２号、雇均発0712第２号（「働き方改革を推進するための関係法律の整備に関する法律による改正後の労働基準法関係の解釈について」の一部改正について）

2. 改正女性活躍推進法

2020年４月から改正女性活躍推進法が施行された。どう変わったのか。

A　一般事業主行動計画の策定義務の対象を、常用労働者301人以上から101人以上の事業主に拡大した。情報公表義務の対象を101人以上の事業主に拡大。また、301人以上の事業主については、行動計画ではこれまで数値目標を１つ以上定める必要があったが、厚労省が定める項目のうち、２つ以上について数値目標を定めることが必要になった。管理職の女性割合や中途採用実績といった「機会の提供」に関する項目と、平均勤続年数や育児休業取得率などの「仕事と家庭の両立」に関する項目から、それぞれ１つ以上を選択。例えば「課長職以上の女性割合を30％に」「男性の育休取得率を80％に」など。情報公開する項目も以前は１つ以上だったが、６月から２つ以上に増えた。

解説

＜女性活躍推進法とは＞

企業や国、地方自治体に対し、女性に採用や昇進の機会を提供したり、仕事と家庭を両立しやすいよう職場環境を整備したりすることを求める法律で、2016年４月に全面施行された。従業員301人以上の大企業には、女性の採用比率や管理職割合などについて現状把握した上で、将来的な数値目標を盛り込んだ行動計画を作るよう義務付けている。

＜企業の義務を拡大したのはなぜか＞

総務省の労働力調査では、15～64歳の女性の就業率は約70％まで増えた。一方、子育て世代となる30代の就業率がその前後に比べて落ち込む現象は解消されず、企業の制度は「働きやすさ」と「働きがい」のどちらかに偏りがちだったため、バランス良い取り組みを促すよう強化した。

●関連通達　◇令和１．６．５厚労省告示雇均発0605第１号（女性の職業生活における活躍の推進に関する法律等の一部を改正する法律について）

3. 労働時間

労働時間とは何か。

労働時間とは「労働者が使用者の指揮命令下に置かれている時間」をいい、労基法32条は、1日8時間、1週40時間を超えて労働させてはならないとしている。労働時間には法定労働時間と所定労働時間がある。

解説 労働時間は、雇用者の労働条件の根幹を成すものであり、法令や定義、それに基づく解釈を的確に理解しておくことが重要である。

労働時間には、一般に、法定労働時間と所定労働時間がある。

法定労働時間は、労基法で定める労働時間（1日8時間、1週40時間）のことである。この法定労働時間を超えて労働させるためには、あらかじめ時間外労働についての労使協定（いわゆる36協定）を締結し、所轄の労働基準監督署長に届け出ることが必要となる。また、時間外労働をさせた場合には、使用者はその分の割増賃金を支払わなければならない。

一方、所定労働時間は、会社や事業所が就業規則などで定めた労働時間のことで、「1日7時間、1週35時間」など、法定労働時間の範囲内で任意に決定することができる。法定労働時間も所定労働時間も、いずれも休憩時間を差し引いた時間のことで、休憩時間を含んだ始業から終業までの時間は「拘束時間」と呼ぶ。

労働時間は「労働者が使用者の指揮命令下に置かれている時間」と解されるが、この「指揮命令下に置かれている時間」とは、一般にどのような時間をいうかが問題となる。これまでの行政解釈や通達、判例などを踏まえると、労基法32条の労働時間と解されるのは、原則として次の5項目の拘束を使用者から受け、事業目的のために肉体的・精神的活動を行い、労働から解放されていない時間と考えられる。

①一定の場所的な拘束下にあること（業務や作業などの行為をどこで行うか）
②一定の時間的な拘束下にあること（いつからいつまで行うか、どのようなスケジュールで行うか）
③一定の態度ないし行動上の拘束下にあること（どのような態度、秩序、規律等を守って行うか）
④一定の業務の内容、遂行方法上の拘束下にあること（どのような行為・業務を、どのような方法・手順で、どのようにして行うか）
⑤一定の労務指揮権に基づく支配ないし監督的な拘束下にあること（上司の監督下や服務支配下で行う必要があるか、自己の自由任意か、それを行わないと懲戒処分などや上司からの叱責を受けたり、賃金・賞与の取り扱い上の不

利益を受けたりするものであるか)

これらの5項目全ての拘束要件を満たして、業務あるいは一定の使用者の事業のための行為をなしていると評価される時間が原則として労働時間であると解される。

なお、労働時間には「変形労働時間制」(1章18項「変形労働時間制」参照)もある。これを採用することで、1か月単位、あるいはその他の期間を単位として、平均して週1日以上の休日、週40時間以内の労働とし、1日の所定労働時間を8時間超、またはある週の所定労働時間を40時間超とすることもできる。

※労働時間の概念について

労災保険法の業務上認定上、労働時間について「使用者の指揮命令下になくても労災認定上の労働との関連性のある疾病等の発症との関係から過重負荷等を伴う行為時間のこと」を裁判所が拡大して解釈する傾向があり、これは労基法での労働時間の概念と異なっている。

過去の裁判例では、厚労省が脳・心臓の疾患による死亡が過労死にあたるかどうかの認定を行うに当たり、業務の起因性を判断する材料として「発生直前1か月で時間外労働100時間、あるいは直前の2～6か月で平均80時間を超えている場合」に発症との関連性が強いとしていることから「労災認定上の労働時間としては」と断って上記の概念の労働時間を加えることがある。

会社の残業命令によらず、従業員が事業所にいて業務等を行っている場合や自宅に持ち帰って業務を行う場合など労基法上の労働時間に該当しない場合でも、労災保険の業務上認定に当たっては労働時間と認定される可能性が高まっているため注意が必要だ。

●参考判例　◇大丸東京店事件(東京地裁平20.1.17)=心理的負荷への影響があれば、精神障害発症前、当該精神障害の発症に関与したと考えられる業務による出来事で業務上の出来事であれば「労災認定上」の労働時間として把握するとして業務のために伝票を持ち帰って調査した時間を労働時間としている。

労働時間に該当するか否か【例示】

項目	労働時間	事例もしくは理由等
葬儀・通夜	○	・社葬・取材先・営業先等、業務関連性が高く、上司が認める場合
	×	・社員の家族、OB等の葬儀など業務関連性が薄い場合（社の慣行があれば認められる場合も）
ゴルフ	○	・本人はプレーせず、会社の担当者としてコンペの準備、進行、接待、送迎などの任務で参加
	×	・休日に行われた取引先とのプレー
	×	・プレー代が会社負担で上司の業務命令による出席の場合（プレー時間を労働時間と認めるに足りないという判例がある）◇高崎労基署長事件（前橋地裁昭50.6.24）
通勤時間	×	・指揮命令下に入る前の自由時間とみなされる
入浴時間	×	・印刷職場での作業後の入浴で使用者の指揮監督が及んでいない場合
	○	・洗身をしなければ通勤が著しく困難であるという特段の事情がある場合
更衣時間	△	・作業着等の着用が安衛法、就業規則で義務付けられている場合や使用者の指揮監督下にある場合　◇三菱重工長崎造船所事件（最高裁一小平12.3.9）
講習・研修を受ける時間と、社外講習の講師としての時間	○	・使用者の業務命令で出席する場合や安全・衛生教育時間◇昭26.1.20基収2875号（自由参加の教育時間は労働時間ではない）
	×	・参加、不参加が出席者に委ねられている場合や自己啓発の目的での参加
一般健康診断	△	・年１回の定期健診は労働者に受診義務があるが、一般健診の受診時間は労働時間ではない。労働者の健康の確保は、事業の円滑な運営の不可欠な条件であることと考えると、その受診に要した時間の賃金を事業者が支払うことが望ましい。◇昭和47.9.18基発第602号
特殊健康診断	○	・特定の有害な業務に携わる労働者を対象にしたもので当然実施しなければならない
選挙投票（裁判員制度）	△	・労基法７条により、労働時間中に労働者が選挙権を公使することや、裁判員等選任手続きのための出頭、および裁判員等の職務への従事することを使用者は拒んではならないが、有給か無給かは労使間の協定やこれまでの慣行に従う。ただ、従業員が裁判員休暇を申請する場合、無給として対応することも可能だが、国民の義務である以上、何らかの配慮を行うことが望ましい。
手待ち時間・待機時間	○	・夜勤者に始業時刻前の社内会議出席を命じ（この時間は労働時間にあたる）、会議終了後、勤務開始前までの時間に待機指示を出した時（待機ではなく労働者の自由にさせていた場合は該当しない）◇昭33.10.11基収6286号（いわゆる手待ち時間は労働時間）
	△	・事件取材に備え、休日に記者を自宅待機させたが、その間、使用者の指揮命令下に置いていた（客観的に評価して指揮命令下になければ該当しない）

※労基法上の労働時間は「労働している時間」のため、業務との関連性により個別に判断される。

※上記事項で労働時間にならないとしているものでも、社の業務として労働慣行があればその限りではない。

【労働慣行】長期間にわたって反復継続して行われた取り扱いで、事実上の制度となっているもの、労働慣行が成立していると判断されるには以下４つを全て満たすことが必要。

①長時間にわたり反復継続されている

②労使間において明示、黙示的に是認し労使ともに異議を唱えていない

③就業規則の制定、変更権限がある者が是認し、規範化している

④法律に違反していない

4. 時間外・休日労働

時間外労働、休日労働はどのような場合に発生するのか。

A 労基法32条では、休憩時間を除き1週間について40時間、1日について8時間を超えて、労働させてはならないと規定している。また、労基法35条では、週1回または4週間を通じ4日以上の休日を与えなければならないと規定している。これらの規定を超えて労働させた場合には、法律上の「時間外労働」「休日労働」が発生し、労基法37条に定める割増賃金を支払わなければならない。ただし、所定労働時間を超えて労働させてもそれが労基法の規定内である場合や、会社が独自に定めた休日に労働させた場合は、法定の割増賃金は支払わなくてもよい。

解説 労基法上の時間外労働は、1日8時間かつ1週40時間以内の上限を超える労働で、これを超えた部分は25%以上の割増賃金を支払わなければならない。また、1か月60時間を超えたときは50%となる（中小企業は2023年4月施行）。

時間外労働、休日労働について、1日の所定労働時間が7時間で、土日を休日とする会社のある社員の1週間を例に考えてみる。ここでは、土曜日を法定外休日、日曜日を法定休日として扱う。

【例①】労働日のみに所定外労働が発生した場合

		実働8時間	実働11時間
月	実働7時間（所定労働時間）	①	
火	〃		
水	〃	①	②
木	〃		
金	〃	①	②（実働9時間）
土	休日		
日	休日		

月・水・金曜日に計7時間の所定外労働が発生している。給与は所定労働時間分に対して支払われているため、所定外労働分の賃金は追加して支払う必要がある。

労基法上の時間外労働は、1日8時間かつ1週40時間以内の上限を超える労働で、これを超えた部分は25％以上の割増賃金を支払わなければならない。例示の計７時間の所定外労働のうち、水・金曜日の実労働時間で８時間を超える②の部分、計４時間が労基法上の時間外労働で割増賃金が必要となる。なお、この週の実労働時間は合計42時間だが、時間外労働は１週40時間を超える部分の２時間ではなく、１日について８時間を超える部分となるため計４時間となる。一方、所定外労働の７時間のうち、月・水・金曜日の①の部分、計３時間は法律上の時間外労働とならない。このため、給与から換算される通常の時間給の支払いで足り、割増賃金で支払わなくてもよい。

【例②】休日労働が発生した場合

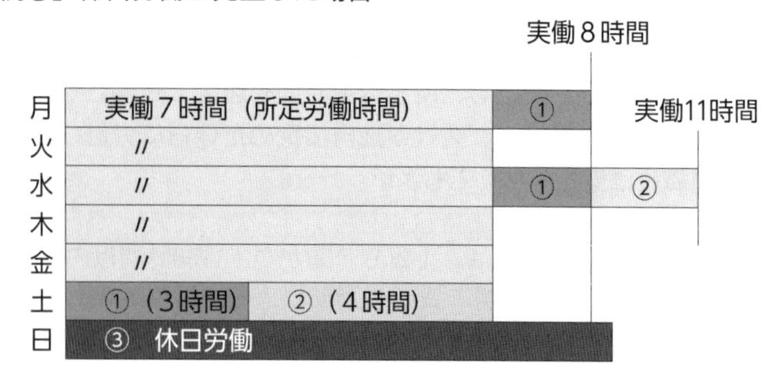

労基法で定める休日は、週１回または４週を通じ４日以上である。例示では、日曜は労基法で定める休日、土曜は会社が労基法を上回って与えている休日として考える。１日は労基法で定める休日（通称「法定休日」）、もう１日は会社が労基法を上回って与えている休日（通称「法定外休日」等）となる。

労基法上の休日労働には35％以上の割増賃金を支払う必要がある。法定休日の割増賃金支払いは、「１日何時間まで」といった上限はなく、全労働時間が対象となる。一方、「法定外休日」の労働については、週40時間まで（土曜日①の部分まで）の労働は労基法上の時間外労働とはならず、40時間を超える労働（土曜日②の部分）は法律上の時間外労働として25％以上の割増賃金の支払いが必要となる。この場合、労基法の基準を超えて、土曜日の労働を全て時間外労働扱いとして25％以上の割増賃金を支払ったり、あるいは休日労働として35％以上の割増賃金を支払ったりすることは、法定以上の独自の定めなので構わない。

●関連通達　◇昭29.７.８基発3264号、昭63.３.14基発150号（法定時間内の時間外労働手当は割増賃金の基礎に算入しなくても差し支えない）

5. 時間外労働の上限規制とは

時間外労働の上限規制とは何か。

A 働き方改革関連法の重要な改正点の1つ。これまで時間外労働の上限規制の行政指導基準であった限度基準告示（大臣告示）を法律に格上げし、罰則による強制力を持たせるとともに、従来、上限なく時間外労働が可能となっていた臨時的な特別の事情がある場合として労使が合意していたとしても、上回ることのできない上限が設けられた。

解説 働き方改革（1章1項参照）の一環として、労基法が改正され、時間外労働の上限が法律に規定された。長時間労働は、健康の確保を困難にするとともに、仕事と家庭生活の両立を困難にし、少子化の原因、女性のキャリア形成を阻む原因、男性の家庭参加を阻む原因となっている。長時間労働を是正することによって、ワーク・ライフ・バランスが改善し、女性や高齢者も仕事に就きやすくなり労働参加率の向上に結びつけることを目指している。これまでの限度基準告示による上限は、罰則による強制力がなく、特別条項を設けることで上限なく時間外労働を行わせることが可能になっていた。改正によって罰則付きの上限が法律に規定され、さらに、臨時的な特別な事情がある場合にも上回ることのできない上限が設けられた。改正により時間外労働の上限は原則として、月45時間・年360時間となり、臨時的な特別の事情がなければこれを超えることができない。

また、臨時的な特別の事情があって労使が合意する場合（特別条項）でも、以下を守らなければならない。

- ●時間外労働が年720時間以内。
- ●時間外労働と休日労働の合計が月100時間未満。
- ●時間外労働と休日労働の合計について「2か月平均」「3か月平均」「4か月平均」「5か月平均」「6か月平均」が全て1月当たり80時間以内。
- ●時間外労働が月45時間を超えることができるのは、年6か月が限度。
- ●特別条項の有無に関わらず、1年を通して常に、時間外労働と休日労働の合計は、月100時間未満、2～6か月平均80時間以内にしなければならない。

違反した場合には、罰則（6か月以下の懲役または30万円以下の罰金）が科されるおそれがある。例）時間外労働が月45時間以内に収まって特別条項の労働にならない場合でも、時間外労働＝44時間、休日労働＝56時間のように合計が月100時間以上になると法律違反となる。

6. 労働時間の適正な把握

使用者としての2つの労働時間把握義務とは。

A 労基法と安衛法、2つの法律でそれぞれ従業員の労働時間を把握するよう義務付けている。労基法では、定められた労働時間を使用者として遵守する義務があり、そのためには勤怠管理自体を会社独自の方法ではなく、適正な方法により把握する必要がある。労基法上は法令ではなく通達として厚労省が策定したガイドラインを参考にして、特に労働時間の自己申告制の場合、実際の労働時間に合致しているか実態調査を定期的に行うことが重要である。一方、安衛法では、「働き方改革関連法」の改正で、事業者に労働者の健康管理のため、長時間労働による医師面接の実施のための「労働時間の状況」を把握しなければならないと定め、大きな改正点の1つとなっている（労基法のガイドラインは適用にならない）。

解説

（1）労基法上の労働時間の把握義務

労基法においては、労働時間、休日、深夜業等について規定を設けていることから、使用者は、労働時間を適正に把握するなど労働時間を適切に管理する責務を有しているが、それは法令に定める労働時間の規制を遵守し、また残業時間等による賃金計算のために行われるものである。そのための方法として使用者は厚労省が定めた「労働時間の適正な把握のために使用者が講ずべき措置に関するガイドライン」（平29. 1 . 20基発0120第３号）に則り、労働時間の適正な把握のために講ずべき具体的な措置をもって行わなければならない。

なお、ガイドラインが想定している労働者は、労働時間の把握義務から除かれる管理監督者およびみなし労働時間制が適用される労働者を除いた、その他の全ての労働者とされる。

【適正把握ガイドラインのポイント】

◆労働時間把握のための原則的な方法

ア. 使用者の現認　イ. タイムカード　ウ. ＩＣカード　エ. パソコンの使用時間の記録等の客観的な記録を基礎として確認し、適正に記録すること。

◆例外的に自己申告制度を採用する場合の運用方法

上記の方法によることなく、自己申告制によりこれを行わざるを得ない場合、以下①から④までの措置を講ずることとなる。しかし直行または直帰する場合でも、事業場外から社内システムにアクセスすることができる場合は、直行、直帰であることのみを理由に自己申告制度とすることはできない（平30. 12. 28基発16号）。

①労働者や労働時間を管理する者に対して、十分な説明を行うこと。
②自己申告による労働時間が実際の労働時間と合致しているかを必要に応じて実態を調査し、補正をすること。
③自己申告した労働時間を超えて事業場内にいる時間について、その理由等を労働者に報告させる場合には、当該報告が適正に行われているかについて確認すること。
④労働者が自己申告できる労働時間の時間数に上限を設ける等、適正な申告を阻害する措置を講じてはならないこと。

◆労働時間把握の義務を守らなかった場合の罰則

労基法108条および労基法施行規則54条により、使用者は労働者の労働日数や労働時間数、休日労働時間数、時間外労働時間数、深夜労働時間数などを賃金台帳に適正に記入しなければならないとされている。これらの事項を記入していない場合や、故意に賃金台帳に虚偽の労働時間数を記入した場合、30万円以下の罰金に処せられる（労基法120条１号）。

◆労働時間の記録に関する書類の保管期間

使用者は労働者の出勤簿やタイムカードなどの労働時間に関する記録を、賃金台帳などと同様に５年（当面３年）間保存しなければならない（労基法109条）。これに違反した場合も、30万円以下の罰金刑が科されるおそれがある（労基法120条１号）。

◆労働時間等設定改善委員会等の活用

会社は、必要に応じて「労働時間等設定改善委員会」などの組織を活用して、労働時間管理に関する問題点を発見したり解消のための措置をとることを求められる。

（２）安衛法上の労働時間状況の把握義務

改正安衛法66条の８の３では、事業者は長時間労働者に対する医師による面接指導を実施するため労働者の「労働時間の状況」を把握しなければならないと定めた。

◆労働時間の状況の把握とは、労働者の健康確保措置を適切に実施する観点から、労働者がいかなる時間帯にどの程度の時間、労務を提供し得る状態にあったかを把握するものである。

◆事業者が労働時間の状況を把握する方法としては、原則として、タイムカード、パソコン等の電子機器の使用時間（ログインからログアウトまでの時間）の記録、事業者（事業者から労働の状況を管理する権限を委譲された者を含む）の現認等の客観的な記録により、労働者の労働日ごとの出退勤時刻や入退室時刻の記録等を把握しなければならない（安衛規則52条の７の３）。労働者が出張の途中でも、自己申告を求めて把握する。

◆事業者は把握した労働時間の状況の記録を作成し、３年間保存するための必要な措置を講じなければならない。労基法上の賃金台帳に記入した労働時間数をもって、それに代えることができる。この制度は労基法と違い、罰則の適用はない。

◆この時間の状況の把握は、健康管理の確保のためなので、労基法上で把握義務のない管理監督者、事業場外みなし時間適用者、裁量労働制の適用者を含む全労働者である。

◆面接指導の要否は、休憩時間を除き１週間あたり40時間を超えて労働させた場合におけるその超えた時間（時間外・休日労働時間）によるが、一般労働者の場合は１か月80時間を超え疲労の蓄積が認められる者である。

◆この時間の把握の通知義務は、次のとおりである。

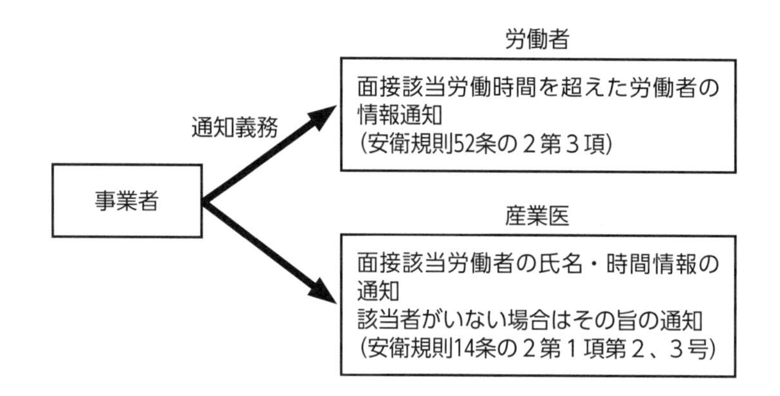

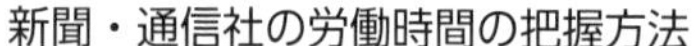

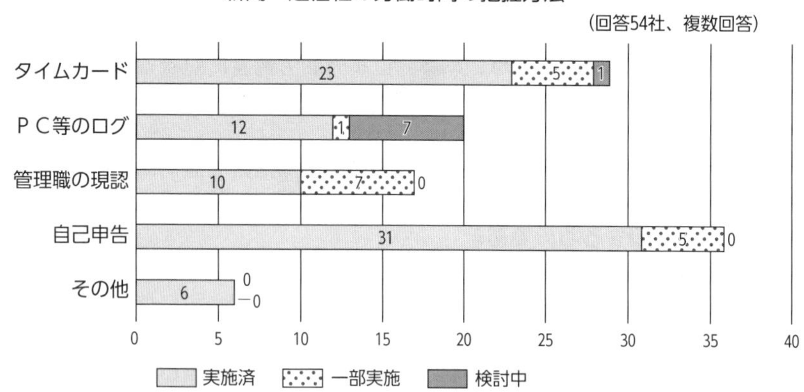

※その他は勤務日報、勤怠管理システムへの打刻、残業の申請など

（日本新聞協会労務委員会調査、2021年1月現在）

7. ３６協定

３６協定とは何か。新しい３６協定の様式とは。

A　法定の労働時間を超えて労働させる場合や、法定休日に労働させる場合は、労基法36条で定める一般に36（サブロク）協定と呼ばれている労使協定を締結し、かつ、所轄労基署長へ届け出る必要がある。2019年の法改正によって時間外労働の罰則付きの上限が規定されたため、超過しないことを確認するチェックボックスが増えるなど、３６協定届の新しい様式が策定された（次ページ表【1】【2】）。

解説　労基法36条では、災害などにより臨時の必要がある場合などを除き、法定労働時間（１週40時間、１日８時間・休憩時間を除く）を超えて時間外・休日労働をさせる場合は、過半数以上の労働者で組織する労働組合（それがない場合には労働者の過半数の代表者）と書面による協定を締結し、所轄の労基署長に届けることが義務付けられている。届けを行わずに時間外労働、休日労働をさせた場合は労基法違反となり、罰則の対象となる。

３６協定の効力は、時間外労働などをさせても労基法違反とならないという刑事罰を免れることに限られているため、使用者が労働者に対して時間外・休日労働をさせることができる民事上の効力は、労働者本人の同意はいらないとしても、労働協約、就業規則、労働契約などに根拠が必要となる（昭63. 1. 1基発1号）。

なお、多数組合と締結した３６協定は、非組合員や少数労組の組合員、アルバイト、パートタイマーのほか、病気欠勤者や休職者などにも効力が及ぶ。派遣社員については、派遣元で３６協定が締結されていなければ、派遣先で時間外・休日労働をさせることはできない。

これまでの３６協定で定める時間外労働については限度基準告示による上限はあったが、罰則による強制力がなく、特別条項付きの３６協定を締結すれば、上限を超えて時間外労働を行わせることが可能だった。法改正によって時間外労働の罰則付きの上限が設定されたため、３６協定で定める必要がある事項が変更となった。

○新しい36協定で協定する必要がある事項【1】

<table>
<tr><td colspan="3">労働時間を延長し、又は休日に労働させることができる場合</td></tr>
<tr><td colspan="3">労働時間を延長し、又は休日に労働させることのできる労働者の範囲</td></tr>
<tr><td>対象期間（1年間に限る）</td><td>1年の起算日</td><td>有効期間</td></tr>
<tr><td colspan="3">対象期間における
・1日　・1か月　・1年
について、労働時間を延長して労働させることができる時間又は労働させることができる休日</td></tr>
<tr><td colspan="3">時間外労働+休日労働の合計が
・月100時間未満　・2～6か月平均80時間以内
を満たすこと</td></tr>
</table>

臨時的な特別の事情があるため、原則となる時間外労働の限度時間（月45時間・年360時間）を超えて時間外労働を行わせる必要がある場合には、さらに以下の事項について協定した上で、36協定届を所轄労働基準監督署長に提出する必要がある。臨時的な特別な事情とは、通常予見することのできない業務量の大幅な増加等に伴い臨時的に限度時間を超えて労働させる必要がある場合で、「業務の都合上必要な場合」「業務上やむを得ない場合」など恒常的な長期労働を招くおそれがあるものは認められない。

○新しい36協定において協定する必要がある事項【2】

<table>
<tr><td rowspan="6">限度時間を超える場合</td><td>臨時的に限度時間を超えて労働させる必要がある場合における
・1か月の時間外労働+休日労働の合計時間（100時間未満）
・1年の時間外労働時間（720時間以内）</td></tr>
<tr><td>限度時間を超えることができる回数（年6回以内）</td></tr>
<tr><td>限度時間を超えて労働させることができる場合</td></tr>
<tr><td>限度時間を超えて労働させる労働者に対する健康および福祉を確保するための措置</td></tr>
<tr><td>限度時間を超えた労働に係る割増賃金率</td></tr>
<tr><td>限度時間を超えて労働させる場合における手続</td></tr>
</table>

●関連法規　◇労基法32条（労働時間）、33条（災害等による臨時の必要がある場合の時間外労働等）、36条（時間外・休日労働協定）労基法施行規則16条（新36協定について届出様式と記載項目等について）

●関連通達　◇昭23．4．5基発535号（労働者の過半数で組織される組合と協定すれば、他の組合と協定する必要はない）

8. ３６協定に関する指針

３６協定の締結に当たって注意する点は。

A　労基法36条７項は「厚生労働大臣は、労働時間の延長および休日の労働を適正なものとするため、第１項の協定で定める労働時間の延長および休日の労働について留意すべき事項、当該労働時間の延長に係る割増賃金の率その他の必要な事項について、労働者の健康、福祉、時間外労働の動向その他の事情を考慮して指針を定めることができる」と定めている。この規定に基づき、「労働基準法第36条１項の協定で定める労働時間の延長および休日の労働について留意すべき事項等に係る指針」（平30.厚労323号）が定められた。

解説　３６協定を締結する各当事者は、当該協定の内容が指針に適合したものになるようにしなければならない。指針に適合しない３６協定であっても労基法の要件を満たしていれば直ちに無効にはならないが、行政官庁は各当事者に対して必要な助言および指導を行うことができ（労基法36条９項）、助言および指導に当たっては労働者の健康が確保されるよう特に配慮されなければならない（労基法36条10項）。したがって、３６協定の内容は指針に適合した内容になるよう留意しなければならない。

指針の内容

①時間外労働や休日労働は必要最小限にとどめること。
②３６協定の範囲内であっても従業員に対する安全配慮義務を負うこと。
③時間外労働や休日労働を行う業務の区分を細分化し、業務の範囲を明確にすること。
④臨時的な特別の事情がなければ、限度時間（月45時間・年360時間）を超えて勤務させられないこと。限度時間を超える場合もできる限り具体的に定め、限度時間にできる限り近づけるよう努めること。
⑤１か月未満の期間で労働する労働者の時間外労働は目安時間を超えないように努めること。目安時間　１週間：15時間、２週間：27時間、４週間：43時間。
⑥休日労働の日数と時間数をできる限り少なくするよう努めること。
⑦限度時間を超えて勤務する従業員の健康と福祉を確保すること（注）。
⑧限度時間の適用が除外又は猶予されている事業・業務についても、限度時間を勘案し、健康と福祉を確保するよう努めること。

（注）「限度時間を超えて勤務する従業員の健康と福祉を確保すること」の措置について、次の中から協定することが望ましいとされている。
▷医師による面接指導▷深夜業（22時～5時）の回数制限▷終業から始業までの休息時間の確保（勤務間インターバル）▷代償休日・特別な休暇の付与▷健康診断▷連続休暇の取得▷心とからだの相談窓口の設置▷健康状態に配慮した配置転換▷産業医等による助言・指導や保健指導。

●関連法規　◇労基法36条（時間外・休日労働協定）

●関連通達　◇厚労省告示第323号

9. 労基法の適用範囲、管理職の定義

Q **労働時間、休憩時間、休日などに関する労基法の適用範囲と、管理職の定義とは何か。**

A 労基法は、原則として労働者が使用される全ての事業について適用され、事業の様態・規模に関わらず、その事業・事業所など個別に適用される。なお労働時間等については、管理監督者、機密事務取扱者、監視・断続的労働従事者は適用除外となる。このうち、管理職にあたる管理監督者とは、労働条件の決定そのほか労務管理について経営者と一体的な立場にある者を指し、局長、部長、工場長などの名称にとらわれずに実態に即して判断する必要がある。

解説 管理監督者は、①資格および職位の名称にとらわれることなく職務内容、責任と権限、勤務態様はどうか②定期給与、ボーナスなどについて一般労働者に比べて優遇措置が講じられているかどうか③スタッフ職（専門職）については、労務管理方針の決定に参画し、自己の勤務について自由裁量の権限をもち、その地位に対して何らかの特別給与が支払われているかどうかーなどの点から定義付ける必要がある。

管理監督者を含む適用除外者には、時間外や休日労働をさせた場合も割増賃金を支払う必要はない。ただし、深夜業に従事させた場合は割増賃金を支払わなければならず、年次有給休暇も与えなくてはならない。

働き方改革関連法にひもづく形で、2019年４月に改定された安衛法では、使用者に労働者の労働時間の状況を把握する義務が課せられた。この義務は、管理監督者やみなし労働時間制が適用される者も含めた全従業員が対象となっている。

●**関連法規**　◇安衛法66条の８の３（面接指導等）

●**参考判例**　◇ことぶき事件（最高裁二小平21.12.18）＝管理監督者も深夜割増賃金を請求できる。

○労基法（労働時間、休憩時間、休日に関する規定）の適用除外となる労働者（管理監督者以外）

労働者の種類 （労基法規定、通達）	判断基準
機密事務取扱者 （41条２号）	機密の事務を取り扱う者とは秘書そのほか職務が経営者または監督もしくは管理の地位にある者の活動と一体不可分であって、出社退社などについての厳格な制限を受けない者をいう（昭22.９.13発基17号）。
監視および断続的労働従事者 （41条３号）	監視労働従事者とは、原則として一定部署にあって監視するのを本来の業務とし、常態として身体または精神的緊張の少ない者をいう。守衛などがこれに当たる。 断続的労働従事者とは、休憩時間は少ないが手待ち時間が多い者をいう（昭22.９.13発基17号）。役員専属自動車運転手などが認められているが、新聞配達従業員はそれに当たらないとされている。また、宿・日直勤務者については、定時的巡視、緊急の文書または電話の収受、非常事態に備えての待機などを目的とし、常態としてほとんど労働する必要のない勤務のみ認められる。宿・日直１回につき、法に定める以上の手当が必要。また宿直は週１回、日直は月１回が限度。宿直勤務については、睡眠施設の整備が要求されている。
海外勤務者（特派員） （昭25.８.24基発776号）	支局などの海外事業場に駐在する海外勤務者（特派員）は、国外の事業に従事する労働者となるので、労基法は適用されない。一方、海外出張は、国内事業に従事する労働者の海外における事業場外労働であるので、適用される。

※監視および断続的労働従事者、宿・日直勤務者は、使用者が所轄労基署長の許可を受ける必要がある（41条３号施行規則23、34条）。
※海外勤務者は、法の適用に関する通則法７条により労基法が適用される場合もある。

10. 始業・終業時刻の変更

使用者は始業・終業時刻の変更を自由に行えるのか。

A 労基法は、「実労働時間主義」をとっているので、始業・終業時刻の繰り上げ、繰り下げは自由で、結果的に1日8時間の実労働時間が超えていなければ1日単位の違反にはならない（昭29.12.1基収6143号）。1週間の労働時間も40時間を超えない限り労基法上の時間外労働時間にはならない。

解説 労働者が始業・終業時刻の繰り上げ・繰り下げに応じる義務があるかどうかは、就業規則や労働協約に定めがあり、本人に明示していれば、会社は変更を命じることができる。ただし、自由に行えるといっても、労基法では、労働時間、休日、深夜業などについて規定を設けていることから、使用者は、労働時間を適正に管理する責務を有している。そこで、厚労省は、「労働時間の適正な把握のために使用者が講ずべき措置に関するガイドライン」（平29.1.20）において、①始業・終業時刻の確認および記録②労働時間の記録に関する書類の5年（当面3年）間保存③労働時間等設定改善委員会等の活用－などの基準を示している。

一方、民事法上では、就業規則や労働協約などの労働契約上の根拠がなければ、使用者の繰り上げ・繰り下げの命令に労働者が服する義務は発生しないが、新聞・通信社は突発的な事件、事故に対応するため、早出勤務や深夜に及ぶ業務が発生することがある。この場合、労働協約、就業規則などで始業・終業時刻の変更があり得ることを定め、労働者の民事上の義務としたうえで実施する必要がある。

なお、業務見直し等により始業・終業時刻を恒常的に変更する場合は、労働組合などから意見を聴取したうえで就業規則の変更・届け出が必要となる。

●関連法規 ◇労基法32条（労働時間）、90条（就業規則の作成・変更）

●参考判例 ◇倉田学園事件（高松地裁昭59.12.27）＝始業・終業時刻の変更があると定めた就業規則の規定に基づき始業時刻を所定より繰り上げた変更命令は、合理性があり有効。

◇日立製作所武蔵工場事件（最高裁一小平3.11.28）＝就業規則が合理的なら、個々の労働者を拘束する。

◇北都銀行（旧羽後銀行）事件（最高裁三小平12.9.12）＝平日10分、特定日1時間の延長には、合理性がある。

11. 翌日への継続勤務

Q　新聞・通信社では、午前0時を挟む継続勤務が多く見られるが、当日の勤務が翌日に継続した場合、午前0時を境に2勤務として扱うのか。

A　就業規則で特段の定めがない限り、「1日」とは、午前0時から午後12時までの24時間を「1暦日」をいい、継続勤務が「2暦日」にわたる場合には、たとえ暦日を異にする場合でも1勤務として扱い、その勤務は始業時刻の属する日の労働として、始業時刻の属する日の「1日」の労働とする（昭63.1.1基発1号）。

解説　新聞・通信社では、編集・印刷部門などの夜勤者が該当するが、午前0時を超える継続勤務は2勤務と扱わず、始業時刻の属する日の労働として取り扱うことになる。

この場合、法定労働時間（1日8時間）を超えた労働に対しては25%以上の割増賃金を、午後10時～午前5時までの間の労働であれば、深夜業務として25%以上の割増賃金を支払う必要がある。勤務が法定休日（法定休日の場合は午前0時で分断され、そこから休日労働となる）に継続した場合、あるいは法定休日から継続した場合は、別途、法定休日の労働分である35%以上の割増賃金を支払う必要がある（法定休日労働でかつ深夜時間帯にかかる労働分には、60%以上の割増賃金が必要）。

一方、勤務が中断した場合は、原則として暦日単位に労働時間をとらえなければならない。例えば、午後6時に所定勤務を終了後、取材など緊急の呼び出しで翌日午前1時から勤務に就いた場合は、継続勤務とならず、翌日の労働時間として扱われる。

●関連通達　◇昭42.12.27基収5675号、昭23.11.9基収2968号、平6.3.31基発181号（休日を含む2暦日にまたがる労働の割増賃金）

●参考判例　◇合同タクシー事件（福岡地裁小倉支部昭42.3.24）＝勤務が2暦日にまたがる場合でも、労働時間を通算し、継続して8時間を超える労働は時間外労働となる。

12. 手待ち時間、待機時間

Q **夜勤者に対し始業時刻前の社内会議に出席するよう命じた。会議が始業時刻前に終了した場合、勤務開始までの時間はどのように扱うべきか。また、事件取材に備え、休日に記者を自宅待機させた場合は労働時間とみなすべきか。**

A 会議終了後から夜勤開始までの時間については、待機の指示を出して労働者を拘束するのなら労働時間となり、労働者を全く自由にさせておくのであれば労働時間とはならない。自宅待機についても、使用者の指揮命令下にあるかどうか、労働者の自由度がどの程度かによって判断する。

解説 使用者の命令による会議出席は義務とみなされるため、労働時間に当たる。会議終了から本来の始業時刻までの時間の扱いについては、労働者が使用者の指揮命令下で拘束されているかどうかで、労働時間かどうかを判断する。

労働者が会議終了後に報告書作成などの付随業務をしたり、いつでも勤務に就けるよう待機を指示されたりしている場合は、いわゆる手待ち時間として労働時間となる。この場合の指示は明示、黙示のいずれでも構わない。一方、会議終了後、使用者から具体的な指示がなく、一度帰宅したり、社外に出たりなど自由に時間を使える場合は労働時間とならない。

自宅待機では、労働者の置かれている状況が「使用者の指揮命令下にある」と客観的に評価できるか否かが判断基準になる。

●関連法規　◇労基法34条（休憩）

●関連通達　◇昭22.９.13発基17号（休憩時間とは手待ち時間を含まず、労働者が権利として労働から離れることを保障されている時間）、昭33.10.11基収6286号（いわゆる手待ち時間は労働時間）、昭和39.10.６基収6051号（手あき時間は、労働者が自由に利用できる時間であれば、休憩時間）

用語解説 ▶ **手待ち時間**

労働時間中でありながら、実際に作業には従事していないが、使用者からの要請があれば直ちに就労できるように待機している時間をいう。新聞社では整理部員の出稿待ち時間や印刷現場での版待ち時間などがこれに当たる。この時間は使用者によって一定の場所に拘束され、仕事から完全に離れることを保障されている時間ではないため、休憩時間ではなく労働時間となる。

13. 呼び出し時の労働時間の起算

Q 呼び出して就業させた場合、労働時間の起算はいつからとすればよいか。

A 労働者を呼び出して就業させた場合は、通常出勤と同様に使用者の指揮監督下に入った時点から労働時間として起算する。また、労働者を現場に直行させる場合も、原則として目的地に到着し、使用者の指揮監督下に入った時点から起算する。

解説 呼び出しとは、突発的な事件・事故や、緊急用務のため、通常の勤務とは別に使用者から出社または現場直行の指示を受け、就労するものである。こうした場合の通勤時間は、使用者の特命によるものであり、通常の通勤時間とは区別されるようにも考えられるが、実態として日常の通勤と同じであり、単にその時間帯が通常の時間帯と異なっているに過ぎない。このため労基法上は、通常の通勤に費やす時間と同一性質とされ、労働時間には該当しないと解される。

現場直行の例として、休暇で在宅中の取材記者が上司から電話連絡を受け、近隣の火災現場に向かう場合がある。こうしたケースでの労働時間は、原則として取材記者が現場に到着し、使用者の指揮監督下に入った時点から起算される。

一方、取材記者が現場に向かう途中、上司の指示により、移動中の車から携帯電話で警察や消防など関係者に取材を行うことがある。この場合は現場到着前であっても、すでに労働時間に入っていると考えられるなど、呼び出し時の状況によっては、個々の判断が必要となるケースもあるので留意しなければならない。

また、緊急のトラブルなどが発生し、一度帰宅した社員を呼び出す場合の通勤時間についても、使用者の指揮監督下で拘束されているかどうかで判断する。なお、呼び出し連絡を受けた時間から労働時間を起算するなどの就業規則や慣行があれば、それに従う。

14. 出張時の労働時間・休日

Q **出張中の労働時間や休日についてはどのように扱うべきか。また、出張地への往復時間は労働時間か。**

A 出張中の労働時間を把握・管理できない場合には、労基法の事業場外労働に関するみなし労働時間として扱うことができる。出張中の休日は、使用者が特段の指示をしない限り、通常の休日として取り扱う。出張地への往復時間は、その時間中の自由が保障されていれば、通常の通勤時間と同一性質と考えられ、労働時間とはならない。

解説 出張中の労働時間については、上司などの監督者が不在で使用者の具体的な指揮監督が及ばず、労働時間の算定が困難である場合は、労基法38条の2に規定する事業場外労働に関するみなし労働時間として扱うことができる。ただし、労働時間を管理する立場にある上司と行動（単なる同行ではない）をともにし、その上司の指揮監督下にあって、組織的集団的に業務を遂行する場合などは、労働時間の算定が困難とは言えないため、みなし規定は適用できない。

みなし規定を適用する場合は、以下の要領で出張中の労働時間を算定することができる。

◆出張中の労働時間が所定労働時間内の場合

原則として所定労働時間を労働したとみなす。1日の所定労働時間が7時間と定められている場合は、7時間労働したとみなす。時間外労働の概念は発生しない

◆出張中の労働時間が所定労働時間を超える場合

当該業務に必要とされる時間を労働したとみなす。例えばある業務を遂行するのに所定労働時間では足りず、一般的、平均的、常態的にみて通常10時間必要ならば10時間を労働したとみなす。労使協定で定める時間があれば、それに従う。

一方、出張中の休日については、「出張中の休日はその日に旅行する等の場合であっても、旅行中における物品の監視等別段の指示がある場合のほかは、休日労働として取り扱わなくても差し支えない」（昭23. 3.17基発461号、昭33. 2.13基発90号）とされている。休日に次の予定地に移動したり、出張先から帰着したりする場合でも、休日を付与したものとして扱われる。ただし、好きな場所で好きなことができる通常の休日と違い、行動が制約されるため、「手当」や「日当」を支給するケースが多い。

また、長期出張中であれば労基法35条の法定休日は与えなければならない。長期出張を命じる場合には、日程に基づき業務を遂行し、休日は休むよう指示して

おく必要がある（休日を変更した場合はそれによる）。使用者から事前に指示がなければ、休日労働を黙認したとして取り扱われることになりかねない。

出張地への往復時間が労働時間に当たるか否かは、その時間が使用者の指揮監督下にあるかどうかで判断する。一般的に同行取材では、出張先への往復時間は労働時間と考えられるほか、記者の取材活動や新聞販売担当者の販売店回りなど出張先での移動時間も労働時間となる。反対に労働者が自由に利用できることが保障され、使用者の指揮監督下にないと認められるようであれば、労働時間とはみなされない。出張先までの移動手段（列車、マイカーなど）は、労働時間であるか否かの判断に直接、関係しない。

●関連通達　◇昭63．1．1基発1号（事業場外労働におけるみなし労働時間制の対象）

●参考判例　◇日本工業検査事件（横浜地裁川崎支部昭49．1．26）＝出張の際の往復に要する時間は、日常の出勤に費やす時間と同一性質であると考えられる。

15. 宿直と宿泊

Q 宿直と宿泊の違いは何か。また、泊まり勤務者に時間外労働などの割増賃金を支払う必要はあるのか。

A 宿直とは、通常勤務の終了後あるいは開始前に、電話の応対や緊急事態の発生などに備えて待機する勤務をいう。常態としてほとんど仕事をする必要のない勤務で、所轄労基署長の許可を得た場合は、時間外・休日労働の割増賃金を支払う必要はなく、宿直手当を支払えばよい。ただし、宿直中に緊急事態が発生し、通常業務と同様に作業した場合は、時間外労働として通常の割増賃金を別途、支払わなければならない。

一方、宿泊は、勤務終了後に帰宅する交通機関がない場合や、翌朝の早出勤務に備える場合に会社設備等で就寝することをいい、法規定はなく労働時間には該当しない。各社独自の制度により、宿泊手当を支給しているところもある。

解説 宿直は労基法上、「常態として、ほとんど労働をする必要のない勤務のみを認めるもので、定時的巡視、緊急の文書または電話の収受、非常事態に備えての待機等を目的とするもの」（昭22. 9.13発基17号、昭63. 3.14基発150号）とされている。

宿直勤務中（仮眠時間を含む）は、通常の勤務とは異なり、労働密度が希薄で肉体・精神的な緊張は比較的少ない勤務形態である。このため、労基署長の許可を得た場合は「監視または断続的労働」として、労働時間、休憩、休日に関する労基法規定の適用除外が認められ、宿直手当を支払えば時間外・休日労働の割増賃金を支払う必要はない。ただし、仮眠時間が手待ち時間にあたり就労からの離脱を保障されていない場合や、宿直中に事件・事故など緊急事態が発生し、通常の取材・編集業務に従事した場合は、その時間を時間外労働として、時間外・深夜割増賃金を別に支払わなければならない。

解釈例規によると、宿直は、上記のような断続的で軽易な労務に限って許可される上、相当の仮眠設備を必要とし、勤務回数は原則として、週1回を限度としている。

なお、宿泊時間は就寝目的の時間なので労働時間ではなく、割増賃金を支払う必要はない。

●関連法規 ◇労基法41条（労働時間等に関する規定の適用除外）、労基法施行規則23条（断続的な業務）

●**参考判例**　◇大阪市立淡路中学校事件（大阪地裁昭54．4．23）＝勤務形態が宿日直に該当するとしても、労基署長の許可を得ていなければ、時間外勤務手当を支払わなければならない。

◇大星ビル管理事件（最高裁小平14．2．28）＝必要に応じて突発作業や継続作業などに従事することが想定されるような仮眠時間は、労働からの解放が保障された休憩時間とはいえず、使用者の指揮命令下にある労働時間である。

用語解説▶ 宿直手当

所轄労基署長の許可を得て宿直勤務を命じた場合に支払う手当。その最低額は、原則として当該事業場において宿直勤務に就く予定の同種の労働者が得る賃金の１人１日平均額（労基法37条の割増賃金の基礎となる賃金に限られる）の３分の１を下回ってはならないとされる。

用語解説▶ 日直

一般には昼間の当直を意味する。労基法上は宿直と同様、電話の対応などの軽易な連絡雑務など、常態としてほとんど労働する必要のない勤務に対し、所轄労基署長の許可を得て労働時間、休憩、休日に関する労基法規定の適用除外が認められている勤務をいう。月１回が限度とされる。

新聞・通信社の宿直を伴う勤務の状況

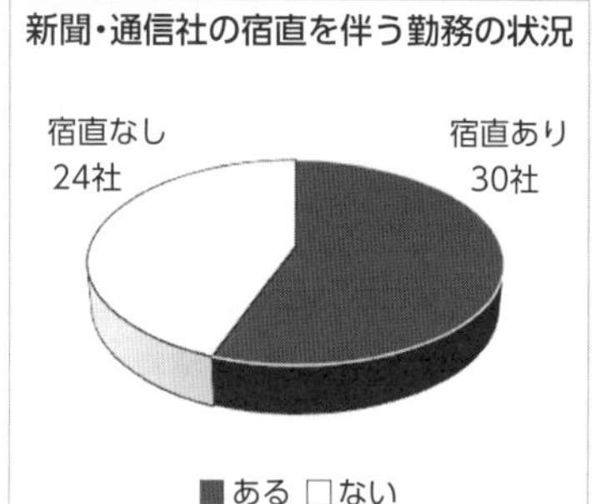

宿直を伴う勤務の状況（職場別）複数回答

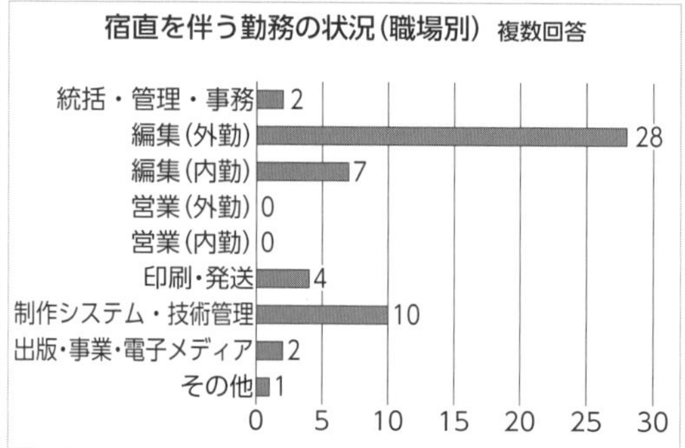

新聞・通信社の宿泊を伴う勤務の状況

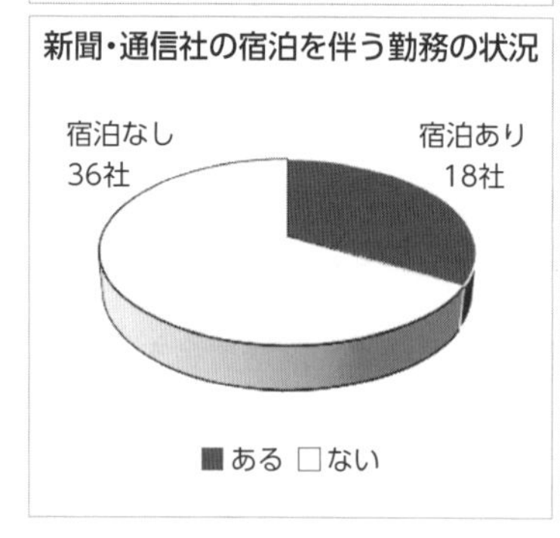

宿泊を伴う勤務の状況（職場別）複数回答

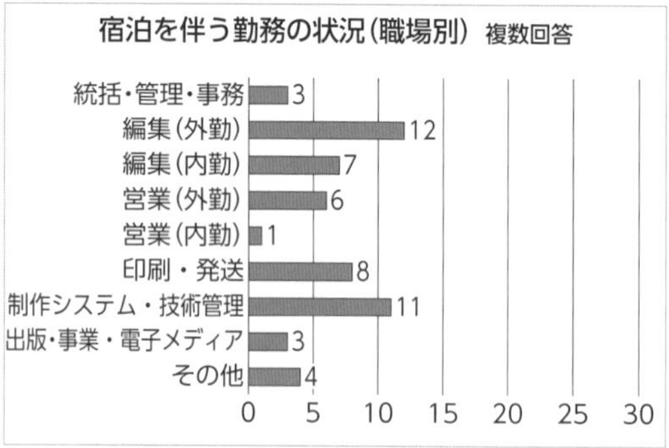

（日本新聞協会労務委員会調査、2021年１月現在）

16. 上司の指示がない時間外労働

第1章

Q **上司が部下の残業を知りながら、残業を中止させずに放置していた場合、時間外手当を支払う必要があるか。**

A 部下の自発的残業を本人に任せて放置し、中止を命じていない場合、業務上の必要性があれば「黙示の指示」があったとみなされ、時間外手当の支払い義務が生じることがある。割増対象となるかどうかは、残業の必要性や緊急性、使用者の認容意思などを併せて判断する必要がある。

解説 厚労省が示す基準では「労働基準法においては、労働時間、休日、深夜業などについて規定を設けていることから、使用者は労働時間を適正に把握、管理する責務を有していることは明らかである」として、使用者に労働時間の把握を義務付けている。つまり、労基法上、残業させてはならないとは、単に禁止を命ずるのではなく、しないよう労務指揮することである。

よって、上司が自発的な勤務の事実を知りながら、残業や休日出勤などを中止させる措置を取らなかった場合、業務上の必要性があれば「黙示の指示」があったとみなされ、時間外手当の支払い義務が生じることがある。判例では「原告の業務が所定労働時間内に終了し得ず、残業が恒常的となっていたと認められるような場合には、残業について被告の具体的な指示がなくても、黙示の指示があったと解すべきである」(とみた建設事件、名古屋地裁平3.4.22)とし、黙示の時間外労働を認めたケースがある。

一方で、「就業開始時刻である午前8時より前に行った労働および公団職員の退庁後にしたものであっても翌日の就業開始後にすれば足りる後片付けなどをした労働は、指示に基づくものとは認められず、自発的な行為」(吉田興業事件、名古屋高裁平2.5.30)として、労働時間に含まれないとしたケースもあり、実態に応じて判断する必要がある。ただし、上司が時間外労働をしないように命じたにも関わらず、部下が勝手に時間外労働をした場合は時間外手当を支払う義務はない。

法定外の時間外労働については36協定が必要だが、36協定を締結していない場合でも、「黙示の指示」があったと認められる場合や、事後に上司が部下の時間外労働の事実を知り、必要性を認めた場合なども、時間外手当を支払わなければならない。

●関連法規 ◇労基法32条(労働時間)、36条(時間外および休日の労働)、37条(時間外、休日および深夜の割増賃金)

●関連通達 ◇昭25.９.14基収2983号（使用者の明白な超過勤務の指示により、または使用者の具体的に指示した仕事が、客観的に見て正規の勤務時間ではなされ得ないと認められる場合、超過勤務の黙示の指示によって法定労働時間を超えて勤務した場合には、時間外労働となる）

◇昭63.３.14基発150号（労基法第37条は割増賃金を支払わなければならないという法意であるから、３６協定を締結せず、違法に時間外・休日労働させたとしても割増賃金の支払義務は免れない）

●参考判例 ◇神代学園ミューズ音楽院事件（東京高裁平17.３.30）＝使用者の残業禁止の業務命令に反して、労働者が時間外または深夜にわたり業務を行ったとしても、賃金算定の対象となる労働時間と解することはできない。

17. みなし労働時間制

みなし労働時間制とは何か。

A　使用者の具体的な指揮監督が及ばず、通常の方法による労働時間の算定が困難な業務において、あらかじめ労使協定等で定めた時間を労働したとみなす制度である。裁量労働制と事業場外みなし労働時間制がある。2019年４月に施行された働き方改革関連法では、労基法に定められた労働時間や休憩・休日等の規定を適用しない「高度プロフェッショナル制度」が新設された。

解説　みなし労働時間制には、業務の性質上、その遂行方法を大幅に労働者に委ねる必要がある場合に労使間で定められた時間を労働したとみなす「裁量労働制（専門業務型／企画業務型）」や、労働者が労働時間の全部または一部について事業場外で業務に従事し、労働時間を算定し難い場合に一定時間労働したとみなす「事業場外みなし労働時間制」がある。

ただし、労災や安衛法上の健康管理の適用に当たって発生した問題は、みなし労働時間ではなく、実際の具体的時間（判例は、労基法上の実労働時間を超え広く認める傾向にある）によって事実認定されることが多いため、留意しなければならない。また、みなし労働時間制を導入している場合であっても労働者が法定休日や深夜業務に従事した場合は法定の割増賃金の支払い対象となるため、使用者は労働時間を把握しておく必要がある。

各みなし労働時間制の概要は、次の通りである。

【専門業務型裁量労働制】

業務の性質上、遂行手段や方法を労働者に委ねる必要がある「業務」に就かせた場合、労使であらかじめ定めた時間を労働したとみなす制度。19業務が対象業務として告示されており、新聞・通信社では取材・編集記者などが対象となる。

＜対象業務＞

厚労省令（施行規則24条の２の２第２項）で定める５業務（①新商品、新技術の研究開発等②情報処理システムの分析、設計③記事の取材、編集④デザイナー⑤プロデューサー、ディレクター）と、厚生労働大臣の指定する業務とされた14業務（①コピーライターの業務②公認会計士の業務③弁護士の業務④建築士の業務⑤不動産鑑定士の業務⑥弁理士の業務⑦システムコンサルタント業務⑧インテリアコーディネーターの業務⑨ゲーム用ソフトウエアの創作活動⑩証券アナリストの業務⑪金融商品開発の業務⑫大学の教授⑬税理士の業務⑭中小企業診断士の業務）。

<導入要件>

▷当該事業場の過半数が加入する労働組合、それがない場合は過半数代表者との書面による労使協定の締結▷労使協定の所轄労基署長への届け出▷就業規則・労働協約において裁量労働時間制（みなし労働時間制）をとることの定め－が要件となる。

なお、協定事項として定める事項は、次の通りである。

▷裁量労働を適用させる対象業務▷当該業務の遂行手段と時間配分の決定等に関し、当該業務に従事する労働者へ具体的に指示しない旨の規定▷当該業務の遂行に必要とされる１日当たりの労働時間（当該業務に従事した労働者が労働したとみなす時間）▷協定の有効期間（労働協約による場合は除く。３年以内が望ましい）▷対象業務労働者の健康・福祉確保措置、苦情処理措置の記録を有効期間中および期間満了後５年（当面３年）間保存する旨の規定。

●関連法規　◇労基法38条の３（専門業務型裁量労働制）

●参考判例　◇ドワンゴ事件（京都地裁平18．５．29）＝専門型裁量労働制の導入時に締結した労働協定が、本社のみを対象にしていたため、別事業場で勤務していた労働者には適用されないとした事案。

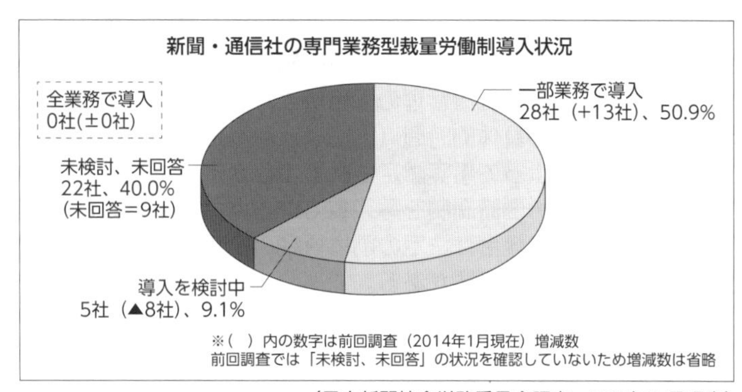

（日本新聞協会労務委員会調査、2021年１月現在）

【企画業務型裁量労働制】

事業の運営に関して遂行手段や方法を労働者に委ねる必要がある「業務」で、その業務を遂行するための知識、経験等を有し、常態的に従事する「労働者」がいる場合、労使であらかじめ定めた時間を労働したとみなす制度。なお、労働者が働く対象「事業場」は、2003年の労基法改正時は本社・本店に限定されていたが、本社・本店である事業場の具体的な指示を受けることなく独自に、事業の運営に大きな影響を及ぼす決定を行っている支社・支店等でも可能となった。

<対象業務>

企画・立案・調査・分析の業務であって、これを適切に遂行するには遂行方法を大幅に労働者の裁量に委ねる必要があるため、当該業務遂行の手段や時間配分の決定等に対して、使用者が具体的な指示をしないこととする業務。

<導入要件>

▷対象労働者本人の同意▷労使委員会の設置▷労使委員会において5分の4以上の多数による、法で定められた事項の決議と決議内容の所轄労基署への届け出－が要件となる。また、導入後は、対象労働者の労働時間の状況および健康・福祉確保措置の実施状況等を最初の6か月以内に1回、その後1年以内ごとに1回所轄労基署長に報告しなければならない。

なお、労使委員会での必要的決議事項は、次の通りである。

▷対象業務▷対象労働者の範囲▷みなし労働時間▷対象労働者の健康・福祉確保措置▷対象労働者の苦情処理措置▷対象労働者本人の同意、また不同意労働者に不利益取り扱いをしない旨▷有効期間▷労働者の労働時間の状況並びに健康・福祉確保措置、苦情処理措置、対象労働者の同意に関する記録を有効期間中および期間満了後5年（当面3年）間保存する旨の規定。

●関連法規　◇労基法38条の4（企画業務型裁量労働制）

●関連通達　◇平11.12.27労働省告示149号（企画業務型裁量労働に従事する労働者の適正な労働条件の確保を図るための指針）、平12.1.1基発1号（企画業務型裁量労働制関係等について）

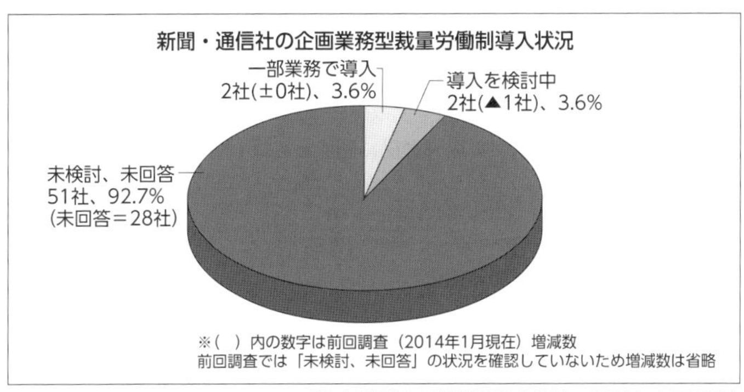

（日本新聞協会労務委員会調査、2021年1月現在）

【事業場外みなし労働時間制】

労働者が労働時間の全部または一部について事業場外で業務に従事した場合で、労働時間を算定し難いときに所定労働時間労働したとみなす制度。ただし、当該業務を遂行するために通常所定労働時間を超えて労働する必要がある場合は、労使協定で定めた業務遂行のために通常必要とされる時間労働したとみなす。

事業場外みなし労働時間制における事業場内労働の扱いについては、所定労働時間労働したとみなす場合は、一部の事業場内労働時間も含めてみなし制を適用するが、通常所定労働時間を超えた時間の労働とみなす場合は、一部の事業場内労働時間は別途把握し、事業場外のみなし労働時間に加算して労働時間を算定する。例えば、就業規則上の所定労働時間が7時間の会社で所定労働時間労働したとみなす場合は、事業場内労働時間も含めて労働時間は7時間とみなすが、業務遂行のために通常必要とされる時間が事業場外労働8時間・事業場内労働2時間ぐらいと想定される場合は、事業場外労働時間のみ労使協定して8時間に設定し、事業場内労働時間はみなし時間には含めず、労働時間は10時間となる（３６協定適用)。この場合、合算した勤務時間が８時間を超えていれば事業場内労働の残業分として別途時間外賃金が発生する。

新聞・通信社では外勤業務に従事する営業社員や記者が対象となる。職種による限定はなく、事務系社員でも出張や事業場外業務に従事して直帰した場合などで、労働時間の算定が困難であれば同制度を適用できる。なお、外勤であっても携帯電話等で常に上司から指示を受けている場合や、あらかじめ訪問先や帰社時刻等の具体的な指示を受けている場合はみなし規定は適用されないので注意する必要がある。

<対象業務>

全部または一部が事業場外で行われ、使用者の具体的な指揮監督が及ばない業務。在宅勤務の場合、勤務時間帯と日常生活時間帯が混在しない措置が講じられ、随時使用者の指示を受けていれば、みなし規定の適用はできない。

<導入要件>

▷全部または一部が事業場の外での労働である▷労働時間の把握・算定が困難である－の２つの要件を満たす必要がある。この場合､業務に従事する場所が単に建物の「内」と「外」で分けられるものではない。

例えば、展示会場での絵画等の販売業務につき、業務に従事する時間・場所が限定され、会場内に上司が赴いていたことを理由に事業場外みなし制の適用が認められなかった事案（株式会社ほるぷ事件東京地裁平９．８．１）がある。

●関連法規　◇労基法38条の２（事業場外労働に関するみなし労働時間制）

●関連通達　◇昭63．１．１基発１号（労働時間の一部について事業場内での業務に従事した場合は、事業場内での労働時間を含めて所定労働時間労働したとみなす)、昭63．３．14基発150号（みなし制の対象となるのは事業場外労働部分であり、事業場内労働の時間は別途把握しなければならない)

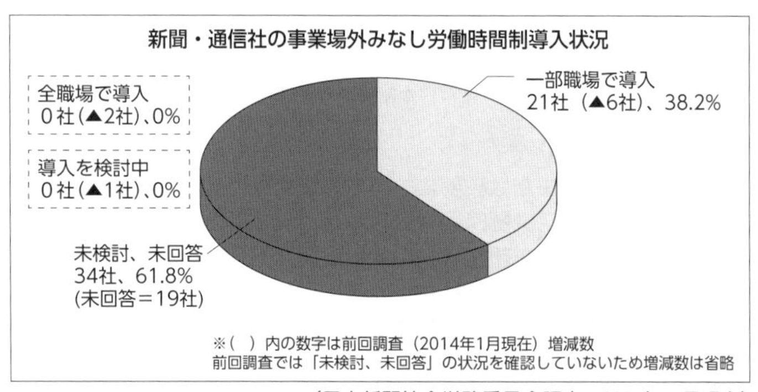

（日本新聞協会労務委員会調査、2021年１月現在）

【高度プロフェッショナル制度】

高度の専門的知識等を有し、職務の範囲が明確で一定の年収要件を満たす労働者を対象に、労使委員会の決議および労働者本人の同意を前提として、年間104日以上の休日確保措置や健康管理時間の状況に応じた健康・福祉確保措置等を講じることにより、労基法に定められた労働時間、休憩、休日および深夜の割増賃金に関する規定を適用しない制度。

<対象業務>

金融工学等の知識を用いて行う金融商品の開発の業務▷資産運用の業務又は有価証券の売買その他の取引の業務のうち、投資判断に基づく資産運用の業務、投資判断に基づく資産運用として行う有価証券の売買その他の取引の業務又は投資判断に基づき自己の計算において行う有価証券の売買その他の取引の業務▷有価証券市場における相場等の動向又は有価証券の価値等の分析、評価又はこれに基づく投資に関する助言の業務▷顧客の事業の運営に関する重要な事項についての調査又は分析およびこれに基づく当該事項に関する考案又は助言の業務▷新たな技術、商品又は役務の研究開発の業務―で、対象業務に従事する時間に関し使用者から具体的な指示を受けて行うものは含まれない。また、部署が所掌する業務全体ではなく、対象となる労働者に従事させることとする業務に限定される。ただし、使用者は、時間に関して具体的な指示を行わないことをもって、安全配慮義務を免れるものではない。

<導入要件>

高度プロフェッショナル制度を導入するためには、①職務の内容および制度適用について、本人の同意を得る（職務記述書などに署名する形で対応）②対象業務・対象労働者をはじめとした各事項などを決議する、といった手続きが必要になる。

また、対象労働者に健康確保措置を実施しなければならない。①経営者は客観的な方法で在社時間等の時間である「健康管理時間」を把握する②インターバル措置（終業時刻から始業時刻までの間に一定時間以上を確保する）、1月または3月の健康管理時間の上限措置、年間104日の休日確保措置のいずれかを講じる③省令によって定められた事項のうち、労使委員会で定めた措置を講じる④医師による面談指導の実施（健康管理時間が一定時間を超えた場合）。

●関連通達　◇平31.3.25基発0325第1号（働き方改革を推進するための関係法律の整備に関する法律による改正後の労働基準法および労働安全衛生法の施行について）

18. 変形労働時間制

変形労働時間制とは何か。

A 1日8時間、1週40時間の法定労働時間の原則に対し、一定期間内の平均週労働時間が40時間を超えないことなどを条件に、所定労働時間の弾力的な設定を認める制度をいう。1年単位、1か月単位、1週間単位（小規模なサービス業に限定）、フレックスタイム制の4形態がある。各日の労働時間については、事前に具体的に規定しておかなければいけないため、その日、その週の都合によって、労働時間を長くしたり短くしたりできるものではない点に留意する必要がある。

解説 労基法は、1日8時間、1週40時間を超す労働を禁じている。いわゆる法定労働時間である。これを超えて労働させるためには、使用者は労働組合と36協定を締結し、所轄労基署長に届け出るとともに、時間外労働に対して通常賃金の25%以上の割増賃金を支払わねばならない。

変形労働時間制は、社会、経済状況の著しい変化に対応するとともに、労使が労働時間の短縮を自ら工夫し、業務の種類、時期により業務の繁忙の差が激しい事業形態のため導入された。就業規則や労使協定などにより特定のある日（ある週）の所定労働時間を8時間（40時間）より長めに設定して働かせても、単位となる期間中に日や週の所定労働時間の長短を調整し、平均して法定労働時間以内に収まるように設定すれば時間外労働とならず、割増賃金の支払いも不要という制度である。ただし、次の場合には時間外労働に該当し、割増賃金の支払いが必要となる。

▷変形期間内の法定労働時間総枠を超えて労働した場合
（1年単位、1か月単位の変形労働時間制について）

▷法定労働時間を超えた所定労働時間を定めた日（週）は、それを超えて労働した場合

▷法定労働時間内で所定労働時間を定めた日（週）は、1日8時間（週40時間）を超えて労働した場合

なお、満18歳未満の年少労働者については原則として適用されず、妊産婦が請求した場合は、母性保護の観点から、1週間および1日について法定労働時間を超えて労働させてはならない。

新聞・通信社でも導入の可能性がある1か月単位の変形労働時間制、1年単位、フレックスタイム制の変形労働時間制の導入要件は、次の通りである。

【1か月単位の変形労働時間制】

労使協定または就業規則で、▷変形期間（1か月以内であれば、4週でも15日間でも可）▷期間中の各労働日の具体的な労働時間（法定労働時間の総枠の範囲内で規定。暦日数が31日の場合177時間8分以内、30日の場合171時間25分以内）▷1週の労働時間が期間中を平均して40時間以内となる定め▷起算日－を規定し、就業規則で導入した場合ではなく労使協定で導入したときは労基署長へ届け出る。

労使協定により同制度を採用する場合、これに加えて対象労働者の範囲や協定の有効期間（不適切な制度の運用を避けるため3年以内が望ましい）を規定する必要がある。

【1年単位の変形労働時間制】

労使協定が必要であり、就業規則も変形労働時間制に伴う規定に改めなければならない。協定には、▷対象労働者の範囲▷変形期間（1年以内であれば、6か月単位でも3か月単位でも可）▷特定期間（特に業務の繁忙な期間）▷対象期間中の労働日と、労働日ごとの所定労働時間▷協定の有効期間－を規定し、労基署長へ届け出る。

また、▷所定労働時間は1日10時間、1週52時間が限度で、対象期間を平均した労働時間は週40時間以内▷対象期間が3か月を超える場合、3か月ごとに区分した期間に48時間を超える週は3週間以内▷連続した労働日は6日（特定期間は12日）以内▷対象期間内の労働日数は、3か月を超える場合は1年当たり280日が限度－が条件となる。同制度は中途採用者などにも適用できる。

【フレックスタイム制】

3か月以内の一定期間の総労働時間を定めておき、労働者が始業や終業時刻を自主的に決定できる制度。導入にあたっては就業規則に記載し、労使協定で総労働時間などの所定の内容を定めなければならない。

改正前は清算期間が1か月以内だったが、改正により3か月以内となり、例えば5月に働いた時間分を、7月の休んだ分に振り替えられる。事業者は3か月の平均で法定労働時間以内であれば、割増賃金の支払いが必要なくなった。労働者も改正前は7月に所定労働時間働いていない場合欠勤扱いとなっていたが、5月に多く働いた時間があるため、その時間分は働かなくても欠勤扱いとはならなくなった。

なお、1か月に極端な長時間労働を行うことを防止するため、清算期間が1か月を超え3か月以内の場合は、当該清算期間をその開始の日以後1か月ごとに区分した各期間（最後に1か月未満の期間が生じたときはその期間）ごとに各期間を平均し1週間当たり50時間を超えて労働させた時間については、当該月における割増賃金の支払いが必要とされた。

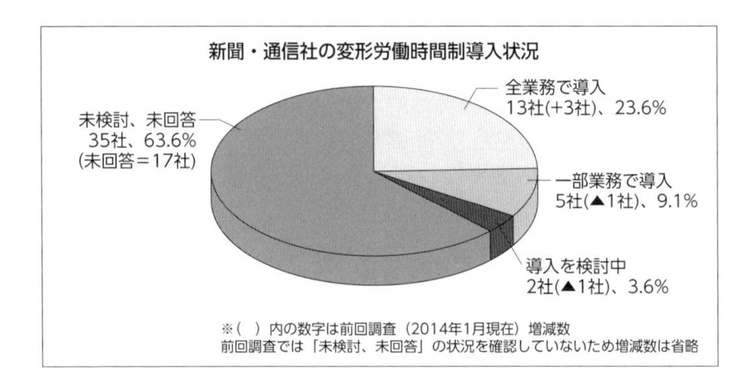

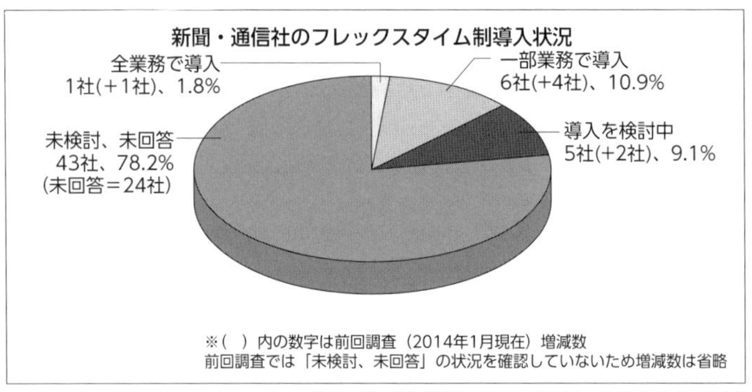

（日本新聞協会労務委員会調査、2021年１月現在）

●関連法規　◇労基法32条の２（１か月単位の変形労働時間制）、32条の４（１年単位の変形労働時間制）、60条（労働時間および休日）、労基法施行規則12条（変形労働時間制導入の要件）

●関連通達　◇昭63．１．１基発１号、平６．３．31基発181号（変形労働時間制）
◇平６．１．４基発１号、平11．１．29基発45号（変形労働時間制導入の要件）
◇平11．３．31基発169号（労使協定の有効期限）

●参考判例　◇伊達信用金庫事件（札幌地裁室蘭支部平７．３．27）＝特定の週に１日８時間を超え、１週46時間となる変形制（１か月単位）について、時間外手当減少や長時間拘束の不利益は時間短縮や時間外単価引き上げ、休日増加によって十分補われており、制度導入には合理性があると判断。
◇ＪＲ東日本（横浜土木技術センター）事件（東京地裁平12．４．27）＝１か月単位の変形労働時間制における勤務特定後でも就業規則で労働時間の変更がどのような場合に行われるか労働者が予測することができる程度に定められている場合は、事後変更も可能であることを示した。

19. 休憩時間の与え方

休憩時間はどのような場合に与えなければならないか。

A 休憩時間の付与は、労働者の雇用形態（正社員、アルバイトなど）に関係なく、１日の実労働時間によって決まる。労働時間が６時間以内の場合は休憩時間を付与しなくてもよい、８時間以内の場合は45分以上、８時間を超える場合は１時間以上、労働時間の途中で与えなければならない。

また、同一事業場の労働者には一斉に与えなければならない。しかし一斉付与の適用除外事業に該当する場合や、労使協定を締結する場合は、一斉休憩の適用除外が認められる。みなし労働時間制の休憩時間についても労基法が適用される。

解説 休憩時間は１日の労働時間に応じて、次表の通り付与しなければならない。労働時間は、所定労働時間ではなく、実労働時間を指す。休憩時間とは、単に作業に従事しない手待ち時間を含まず、労働者が権利として労働から離れることができることを保障されている時間であり（昭22．９．13基発17号）、原則として一斉に与え、自由に利用させなければならない。

労働時間	休憩時間
６時間以内	付与しなくてもよい
６時間超～８時間以内	45分以上
８時間超	１時間以上

法律上、労働時間が６時間以内であれば、休憩時間を与える必要はないが、常識的には多少なりとも付与するのが望ましい。

なお、時間外労働が生じても、最低１時間の休憩時間を付与していれば法律上の問題はない。例えば、休憩時間を１時間与えている場合は、７時間の所定労働時間の後、時間外労働が何時間となっても、法律上は追加して休憩を与えなくてよい。ただし、所定労働時間７時間、休憩時間45分の場合では、４時間の時間外労働が行われると労働時間が11時間となるため、45分のほかに少なくとも15分の休憩を与える必要があるので留意する。

しかし労基法１条は、「この法律（労基法）で定める基準は最低のものであるから、労働関係の当事者は、その向上を図るように努めなければならない」と定めている。また、労働の能率化を図る意味からも、時間外労働の休憩時間についてルール化しておくことが望ましい。なお、休憩時間については賃金の支払い義務は発生しない。

労基法は、休憩時間を実効あるものとするために一斉休憩の原則を定めているが、その一方で例外も規定している。

例外が認められる場合は2つある。1つは一定の事業について一斉休憩の適用が除外されるというもので、官公署のほか、労基法別表第一の業種区分の4号（旅客・貨物運送業）、8号（販売賃貸・理容業）、9号（金融・広告業）、10号（映画・演劇業）、11号（電気通信業）、13号（保健衛生業）、14号（接客・娯楽業）が該当する。

新聞社は8号に当たるとされているが、本社などで併せて印刷を行う場合、印刷部門は主たる事業と別個に取り扱われ、1号（製造業）に該当するため、適用除外とはならないので留意する必要がある（昭23. 3.17基発461号）。

もう1つの例外は、過半数以上の労働者で組織する労働組合もしくは過半数を代表する者と労使協定を締結する場合である。

なお、労使協定を締結する場合には、下記の事項を定める必要がある（平11. 1.29基発45号）。

▷一斉休憩を与えない労働者の範囲

▷一斉休憩の適用を除外する労働者への休憩の与え方

この協定は、労基署への届け出が不要であり、別表にもある通り企画業務型裁量労働制の実施要件として設置される労使委員会の決議でも代替可能である。

●関連法規　◇労基法34条（休憩時間）、38条の4（企画業務型裁量労働制）、40条1項（労働時間および休憩時間の特例）、労基法施行規則15条（一斉休憩の特例協定）

●関連通達　◇昭23.10.30基発1575号（休憩時間中の外出について所属長の許可を受けさせることは、事業所内において自由に休憩し得る場合には、必ずしも違法ではない）
◇昭26.10.23基収5058号（労働時間とは実労働時間の意であり、これが1日8時間を超える場合には、所定労働時間の途中に与えられる休憩時間を含めて少なくとも1時間の休憩時間が与えられなければならない）
◇昭39.10.6基収6051号（手あき時間は、労働者が自由に利用することができる時間であれば休憩時間である）

●参考判例　◇住友化学工業事件（最高裁三小昭54.11.13）＝就業規則で定められた休憩時間を、半拘束状態に置かれたため自由利用できなかった不利益は、使用者の債務不履行ではあるが、完全に労働に服したわけではないので、慰謝料のみ請求できる。
◇すし処「杉」事件（大阪地判昭56.3.24）＝すし店に勤務していた店員が勤務時間中の客の途切れた時などを見計らって適宜休憩していた（ただし、客が来店した際には即時に対応しなければならなかった）場合において、こうした時間は手待ち時間であって、休憩時間には該当しないと判断した。
◇アラウン事件（大阪地裁平11.3.19）＝コンピューターのユーザーからの電話による障害受付業務という、待機時間の長い業務の性質上、特定して休憩を取得しない慣行が形成されていても、労働者の休憩時間の取得を不当に妨げるものとはいえない。

別表　労使協定と労使委員会の決議が必要なもの

	労基法規定	労使協定の締結の必要性	労使協定の届け出義務	労使委員会の決議による代替	労使委員会の決議の届け出義務
社内預金	18条	○	○	×	×
賃金の一部控除	24条	○	×	×	×
1か月単位の変形労働時間制	32条の2	△ (就業規則で代替可)	○	○	×
フレックスタイム制	32条の3	○	× (清算期間1か月を超える=○)	○	×
1年単位の変形労働時間制	32条の4	○	○	○	×
1週間単位の変形労働時間制	32条の5	○	○	○	×
一斉休憩の適用除外	34条2項	○	×	○	×
36協定	36条	○	○	○	○
事業場外みなし労働時間制	38条の2	△ (労使協定の締結は任意)	△ (みなし時間が法定労働時間を超える場合は届け出が必要)	○	×
専門業務型裁量労働の導入	38条の3	○	○	○	×
企画業務型裁量労働の導入	38条の4	×	×	○(※)	○
年次有給休暇の計画的付与	39条の6項	○	×	○	×
年次有給休暇中の賃金(標準報酬日額とする場合)	39条の9項	○	×	○	×
高度プロフェッショナル制度	41条の2	×	×	○(※)	○

※労使協定ではなく労使委員会の決議が制度導入に必要な条件となっている。

20. 休憩時間の分割付与

休憩時間を分割して付与してもよいか。

労基法上、休憩時間の分割付与は可能である。その場合、就業規則などで分割付与する旨の定めが必要である。

解説 労基法は休憩に関して、「付与時間」「一斉付与」「自由利用」「適用除外」を規定しているが、分割付与の可否については特段の定めはない。したがって、休憩時間を一度にまとめて付与しなくとも差し支えはなく、例えば午前10分、昼40分、午後10分で合計１時間といった休憩時間の与え方をしても、法律上は問題ないと解釈できる。ただし、休憩は、労働者が仕事から解放され、自由に利用することができる時間である。このため、あまりに短い休憩時間を付与した場合、自由に利用することが制限される可能性が否定できず、実効性の観点からも望ましくない。また、短時間の休憩は労働から完全に解放されているという実態がない限り、事実上の労働時間である「手待ち時間」と認定される場合もある。

なお、休憩時間は就業規則の絶対的必要記載事項であるほか、労働条件の絶対的明示事項なので、休憩を分割付与する際には就業規則や雇用契約書に明記することが求められる。

●関連法規 ◇労基法15条（労働条件の明示）、34条（休憩）、89条（就業規則作成および届出の義務）

●関連通達 ◇昭22.９.17基発17号（休憩時間の意義）

21. 休憩時間の変更

Q あらかじめ指定された休憩時間を変更させることは可能か。

A 休憩時間帯を定めている場合、日常業務を遂行するうえで指定された時間帯では不都合が生じることがある。このような場合は、あらかじめ就業規則で休憩時間を変更させる可能性があることを明示することにより、休憩時間帯を弾力的に運用することが可能である。

解説 労基法では、休憩を付与する時間帯までは要求していないため、労働時間の途中であれば、休憩時間帯を弾力的に変更することも可能である。しかし、休憩時間は労働条件における絶対的明示事項であり、また就業規則の絶対的必要記載事項でもある。したがって休憩時間については、必要に応じてその時間帯を弾力的に運用することが可能とする項目を、就業規則に記載しておく必要がある。また、就業規則等に休憩時間帯を明示していない場合でも、一斉か交代かなど休憩の付与方法については、一斉付与が原則であるので、具体的に定めておく必要がある。

なお、休憩時間をいつ付与するかについて、国家公務員は、「おおむね毎４時間の連続する正規の勤務時間の後に付与する」旨の定めがある。

●関連法規 ◇労基法15条（労働条件の明示）、34条（休憩）、89条（就業規則作成および届け出の義務）、労基法施行規則15条（一斉休憩の特例協定）、人事院規則15-14（職員の勤務時間、休日および休暇）

第 2 章

賃　金

1. 割増賃金の計算の基礎

Q 「割増賃金」の計算の基礎となる「賃金」とは、どの部分を指すのか。

A 時間外や法定休日、深夜の労働に対しては、通常の賃金に時間外25％（1か月60時間を超える部分は50％）、法定休日35％、深夜25％の法定割増率以上の率を乗じた額を加算して割増賃金として支払う必要がある。その際、基礎となる労働時間・労働日の賃金の計算方法や、除外できる各種手当などについては、労基法37条と労基法施行規則19、21条に詳細な規定が設けられている。「時間給」「日給」「週給」「月給」など、支払い形態に応じてそれぞれ計算方法が定められており、月給制の場合は、月の所定賃金から該当する手当を差し引いた金額を1年間における1か月平均の所定労働時間数で割ったものが基礎賃金となる。

解説 割増賃金の基礎から除外してもよいとされる賃金は、労働と直接的な関係が薄く個人的事情に基づいて支給される一定の手当等である。具体的には①家族手当②通勤手当③別居手当④子女教育手当⑤住宅手当⑥臨時に支払われた賃金（出産手当、退職金など）⑦1か月を超える期間ごとに支払われる賃金（賞与など）―の7種類に限定されている。これらの手当については、「名称に関わらず実質によって取り扱うこと」とされており、例えば、家族数に関係ない「家族手当」や通勤距離によらない「通勤手当」の一律支給などは基礎賃金に算入されるので注意が必要である。

また「住宅手当」は、住宅に要する費用に応じて算定される手当が除外対象で、賃貸住宅では家賃、持ち家ではローン月額のそれぞれ一定割合を支給する場合などが該当する。賃貸の場合2万円、持ち家の場合1万円支給など住宅の形態に応じて一律に支給されるときは、除外できず基礎賃金に算入される。

なお2010年4月施行の改正労基法により、1か月60時間を超える部分の時間外手当については、割増賃金の支払いに代えて、労働者が有給休暇を取得できるようになったが、その場合であっても、25％以上の割増賃金の支払いは必要となる。

●関連法規 ◇労基法37条（時間外、休日および深夜の割増賃金）、平成20年法律第89号（労働基準法の一部を改正する法律）、労基法施行規則19条（時間外労働、休日出勤の賃金）、21条（割増賃金の基礎となる賃金に算入しない手当）

●参考判例 ◇壺阪観光事件（大阪高裁昭58.5.27）＝一律支給の手当は、割増賃金の算定基礎に算入。

2. 時間外手当の定額支給

定額支給の時間外手当が、実際の時間外労働から計算された時間外手当額を下回った場合、差額を支給する必要があるか。

差額を支給する必要がある。

解説　多くの新聞社では、時間外手当の定額支給制を導入しているが、時間外手当を定額化して支給すること自体は法的に問題ないとされている。時間外手当を定額支給する場合、その法的な根拠としては、事業場外のみなし労働時間規定、裁量労働のみなし規定、３６協定等が考えられるが、みなし規定の場合は、労働時間はみなしとなるため、特に実労働時間の概念は発生しない。したがって、設問の定額時間外手当は、３６協定を法的根拠にしているといえる。３６協定は、時間外・休日労働に対して上限を設けているにすぎないが、時間外労働に対する手当を定額支給する場合、その手当額が実際の時間外労働に見合ったもの、あるいはそれを超える場合には問題は生じない。しかし、手当額が実際の時間外労働を下回った場合は、差額を支給しなければならず、しかも精算は毎月行う必要がある。

したがって、時間外手当の定額支給制をとっていても、使用者の日々の労働時間管理は免れるものではない。

●関連法規　◇労基法32条（労働時間）、36条（時間外および休日の労働）、37条（時間外、休日および深夜の割増賃金）

●関連通達　◇昭52.３.７基発119号（時間外労働を行う労働者に支給する超過勤務手当が定額であっても、法で支払いを義務付けられている計算による金額を上回る場合には、差額分を当該期に支払うことが明示されていれば、手当全体を超過勤務手当の一部または全部と見て差し支えない）＝定額制の時間外労働手当を有効と認めた通達。

●参考判例　◇三晃印刷事件（東京高裁平10.９.16）＝実際の時間外労働により発生した割増賃金が固定残業給を超えたため、差額賃金の支払いを命じた一審判決を支持。

3. 賞与支給日の在籍要件

Q 賞与支給日前に退職した者に対し、不支給とすることは可能か。

A 賞与を支給するかどうかについては、法的な定めはなく、使用者が任意で就業規則などに支給基準を設けることができる。したがって、就業規則などで支給対象者について、「支給日に在籍する者」と限定している場合は、在籍しない者に支給する必要はない。

解説 賞与について、解釈例規は「賞与とは定期又は臨時に、原則として労働者の勤務成績に応じて支給されるものであって、支給額があらかじめ確定されていないもの」と定義している。つまり賞与は毎月払いの賃金のように必ず支給しなければならないものではなく、支給基準、支給額、支給方法、支給日、支給対象者などは当事者間で自由に定めることができる。

賞与の支給日在籍要件については、「賞与支給日に在籍する者に支給する」旨の規定があれば、支給日に在籍しない者に対し、賞与を支給しなくても差し支えないという最高裁判例がある。

労使交渉の結果、賞与の支給日が例年より遅れてしまった場合、実際の支給日には退職していたとしても例年の支給日まで在籍した者については、在籍日要件の有無に関わらず、賞与を支給しなければならない。賞与を支給するかどうかについての決定が遅れたわけではなく、賞与額の確定が遅れたに過ぎないからだ。

支給日直前に解雇した者についても、在籍要件は適用できると考えられる。ただし、これは労働者側に解雇される原因がある場合に限り適用される。会社都合による解雇では、支給日に在籍していなくとも賞与の支給対象勤務期間に応じて支給することが妥当と考えられる。解雇予告期間中に支給日が含まれる場合は、賞与を支払う必要がある。また、年俸制で賃金支払いをする場合、支給日に在籍しない労働者に対しても、その成果・業績に応じた賞与の支給が相当と考えられる。

●関連通達 ◇昭22.9.13発基17号（賞与の意義）

●参考判例 ◇大和銀行事件（最高裁一小昭57.10.7）＝賞与の支給対象者を支給日に在籍している者と就業規則を改定したことは、従来の慣行を明文化したに過ぎず合理性を有し有効。
◇ニプロ医工事件（最高裁三小昭60.3.12）＝労使交渉により賞与の支給日が例年より遅れ、会社が労使協定により、支給日在籍者のみに賞与を支給したが、例年の支給日以降に退職した社員の賞与の請求を認めた。
◇山本香料事件（大阪地裁平10.7.29）＝解雇した年俸制適用者の賞与支給について、勤務割合に応じた賞与請求権を認めた。

4. 社宅賃貸料と課税の関係

Q　借り上げ社宅における従業員の家賃負担額が周辺物件と比べて著しく低い場合、会社が負担している賃料部分は給与として課税されるか。その限度はどのくらいか。非正規社員にも適用すべきか。

社宅物件の標準課税額を基に算出した賃貸料相当額の50％以上を、従業員から社宅使用料として徴収していれば、賃金とはならず課税されない。

転勤があるなど正社員と同一要件がある場合は適用しなければいけない。

解説　所得税法では、社宅を従業員に無料で貸し出せば、賃貸料相当額となる金額の全額が給与として課税される。相当額より低い家賃で貸し出した場合は、相当額と家賃との差額が給与として課税される。ただし、相当額の50％以上の家賃を従業員から会社が受け取っている場合は、課税されない。なおここでいう賃貸料相当額とは、不動産会社等との賃貸契約による家賃ではなく、以下の①から③の合計額を指す。

①建物の固定資産税の課税標準額×0.2％
②12円×建物の床面積（㎡）／3.3（㎡）
③敷地の固定資産税の課税標準額×0.22％

なお従業員が直接賃貸契約を結び、会社がその費用の一部を福利厚生の一環として負担した場合は、住宅手当としてその金額が給与に加算され、課税対象となる。

役員の社宅についても、一定額の家賃を本人が負担していれば、給与として課税されない。ただし、社宅の床面積により、小規模住宅（建物の耐用年数が30年以下の場合には床面積が132㎡以下である住宅、30年を超える場合には床面積が99㎡以下である住宅）とそれ以外の住宅とに分けて計算するなど、従業員のそれとは取り扱いが異なる。社宅が、社会通念上一般に貸与されている社宅と認められない豪華社宅である場合は、時価（実勢価額）によることとなる。

＜同一労働同一賃金のガイドライン概要＝福利厚生＞

食堂、休憩所、更衣室といった福利厚生施設の利用、転勤の有無等の要件が同一の場合の転勤用社宅、慶弔休暇、健康診断に伴う勤務免除・有給保障については、同一の利用・付与を行わなければならない。

●関連通達　◇所得税基本通達36-41、36-45、36-47（給与等とされる経済的利益の評価、賃借料の額について）

第 3 章

休日・休暇

1. 休日・休暇のしくみ

Q　休日と休暇の違いは何か。また、休日や休暇にはどのような種類があるか。

A　休日とは労働者が労働契約において労働の義務を負わない日であり、休暇は本来就労すべき日の労働を免除することを指す。労基法で定められた法定休暇には年次有給休暇（年休）、産前産後休業、生理休暇などがある。法定外休暇は会社が独自に日数や有給・無給などの規定を作って付与している慶弔休暇などの特別休暇である。

解説　休日には、法定休日と法定外休日とがある。法定休日は労基法35条に定める休日を指し、「国民の祝日」は労基法上の休日ではない。一方、法定外休日とは労働協約や就業規則などの労働契約で会社が独自に定める休日で、新聞休刊日、時短休日、年末年始休日、創業記念日などがこれに当たる。割増賃金や振り替え休日、代休など労基法上の規制を受ける休日は、法定休日だけが対象となる。言い換えれば、労基法上の制約を受けるのが法定休日といえる。管理の観点から、就業規則において、休日の特定と、どの休日が法定休日かを規定する必要がある。

労基法35条に定める休日は「毎週少なくとも1回の休日、または4週間で4日以上の休日」。週休2日制でも、1日の休日が確保されていれば、残り1日の労働は労基法上の休日労働にはならない。これは週の労働時間の配分は労使に委ねるべきで、週の労働時間を短縮していくことにより週休2日制は自ずと普及する、という考え方などに基づいている。

労基法の規定通りの年休を法定年休といい、その日数を上回る年休を法定外年休という。就業規則などで法定外年休の付与について、特に定めていない限り法定年休の付与方法が適用される。

年休や産前産後休業、生理休暇（生理日の措置）の法定休暇は、労働者が請求した時季に与えなければならない。2010年施行の改正労基法で、労使協定を結べば、年休は1年に5日分を限度として時間単位での取得が可能になった（39条4項）。

また、2019年施行の改正労基法で、年5日の年休の取得を労働者が行うこと（使用者の付与）が事業主に義務付けられた。

休日と休暇の種類

<table>
<tr><th></th><th>休日の種類</th><th>3章の関連項目</th></tr>
<tr><td>法定休日</td><td>【労基法】
毎週少なくとも1日の休日、または4週間を通じ4日以上の休日</td><td rowspan="2">労基法上の休日（3項）
休日の振り替え（4項）
法定休日に労働させる場合（5項）
宿直明けの休日労働（6項）
休日と休暇の重複（13項）</td></tr>
<tr><td>法定外休日</td><td>新聞休刊日、時短休日、年末年始休日、創業記念日など（労働協約や就業規則などで企業が自由に定められる）</td></tr>
</table>

<table>
<tr><th></th><th>休暇の種類</th><th>3章の関連項目</th></tr>
<tr><td rowspan="3">法定休暇</td><td>【労基法】
年次有給休暇、産前産後休業、生理休暇</td><td rowspan="4">休日・休暇の「1労働日」（2項）
年次有給休暇（7項）
年5日間の年休取得義務化（8項）
年休の申請（9項）
年休の繰り越し・積み立て休暇制度（10項）
年休の買い上げ、退職時および再雇用時の年休（11項）
年休取得による不利益な取り扱いの禁止（12項）</td></tr>
<tr><td>【育児・介護休業法】
育児休業、介護休業、子の看護休暇、介護休暇</td></tr>
<tr><td>【男女雇用機会均等法】
通院休暇</td></tr>
<tr><td>法定外休暇</td><td>結婚休暇、慶弔休暇、配偶者出産休暇などの特別休暇（労働協約や就業規則などで企業が自由に定められる）</td></tr>
</table>

●**関連法規**　◇労基法35条（休日）、36条（時間外および休日の労働）、37条（時間外、休日および深夜の割増賃金）、国民の祝日に関する法律

第3章

2. 休日・休暇の「1労働日」

たとえば午後10時から午前6時までの勤務のような、交代制における2暦日にまたがる1勤務を休む場合、2労働日の年休として扱うのか。年休の「1労働日」とは暦日をいうのか、継続24時間をいうのか。

年休は「労働日」を単位として付与され、労働日とは原則として午前0時から午後12時までの暦日をいう。ただし、交代制勤務の場合は当該勤務時間を含む継続24時間を1労働日として取り扱ってよい。

解説 労基法の1日の概念をまとめると次の通りとなる。

◆労働時間の1日

労基法には1日の定義規定はなく、行政解釈で原則として午前0時から午後12時までの暦日をいうが、継続勤務が2暦日にわたる場合には1勤務として取り扱う。この場合、当該勤務は始業時刻の属する日の労働として、1日の労働と解される（昭63. 1. 1基発1号）。

◆年休の1労働日

年休の「1労働日」は原則として暦日をいうが、ローテーション勤務で2暦日にまたがる場合や常夜勤務者については、暦日制の適用は不合理となるため、当該勤務時間を含む継続24時間を1労働日として取り扱って差し支えない（昭26. 9. 26基収3964号、昭63. 3. 14基発150号）。

労働時間について2暦日にまたがる継続勤務は1勤務として前日の労働として取り扱うのに対し、年休については継続24時間を1労働日として扱うのは、年休の1労働日は使用者が与える休息の単位であるため、その目的を達している限り、比較的広く例外を認めても差し支えないと考えられるからである。

◆休日労働の1日

休日（法定休日）は暦日をさし、午前0時から午後12時までの休業と解する。したがって、前日の勤務が休日に及んだ場合は継続1勤務とならず、午後12時で分断され、それ以降は休日労働となる（昭23. 4. 5基発535号）。

●関連法規　◇労基法39条（年次有給休暇）

3. 労基法上の休日

休日は必ず週1回与えなければならないか。

労基法上、休日は原則として毎週少なくとも1回与えなくてはならないが、4週間を通じて、4日以上の休日を与えることもできる。

解説 労基法35条1項は「使用者は、労働者に対して、毎週少なくとも1回の休日を与えなければならない」と定めている。これを「週休制の原則」というが、次の2項で「前項の規定は、4週間を通じ4日以上の休日を与える使用者については適用しない」としている。4週間を通じ4日以上の休日を与えるパターンを「変形休日制の原則」と呼んでいる。新聞・通信社では、この変形休日制を採用しているケースが多い。変形休日制でいう「4週4日」とは、下図に示したように、いかなる4週間でも必ず4日の休日がなければならないのではなく、「特定の4週」に4日の休日があればよい。ただし、労基法施行規則12条の2は「特定の4週間」の起算日を明らかにすることを求めている。労基法は休日を特定しておらず、カレンダー上の日曜日や土曜日を休日にせよとも定めていない。つまり、1週間のうち、どの日を休日にするかは使用者に委ねられている。なお、変形休日制を採用する場合は就業規則で定めることが望ましい。労基法はそこまで求めていないが、その方が休日を特定する意味でよい。

「4週4日」の意味

第1週	第2週	第3週	第4週	第5週	第6週	第7週	第8週
0日	2日	0日	2日	1日	0日	0日	3日

4週3日（第3週〜第6週）

4週4日（第1週〜第4週）

4週4日（第5週〜第8週）

（起算日は、毎年4月第1週の日曜日とする）

●関連法規 ◇労基法施行規則12条（労働時間・休日の周知）

●関連通達 ◇昭23.9.20基発1384号（労基法35条2項は、その区切った4週間に4日の休日があればよく、どの4週を区切っても4日の休日が与えられていなければならない趣旨ではない）
◇昭23.5.5基発682号（労基法35条は休日を特定することを必ずしも要求していないが、就業規則の中で具体的に一定の日を休日と定める方法を規定することが望ましい）

新聞・通信社の従業員規模別年間休日・休暇日数（最高・最低・平均日数）

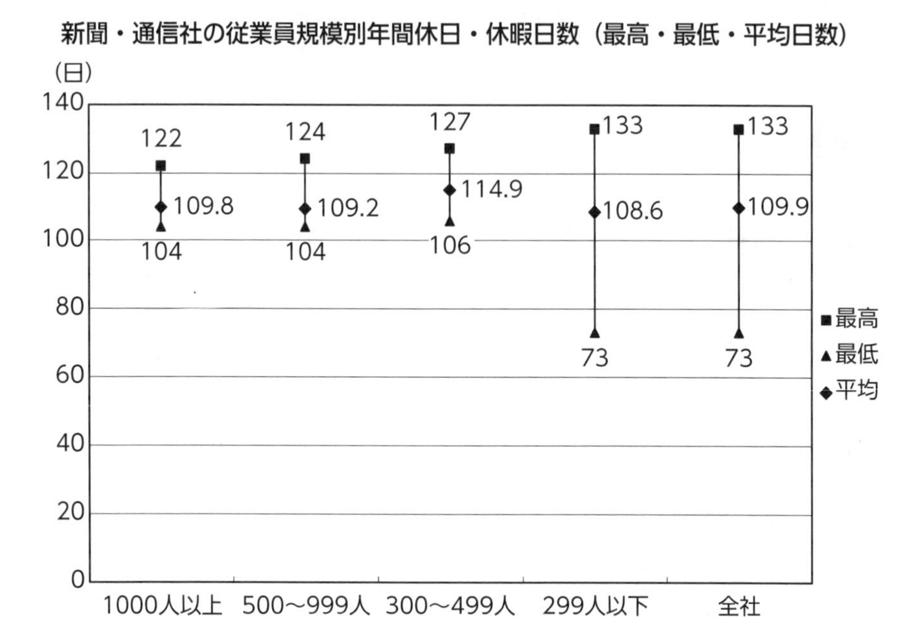

（日本新聞協会労務委員会調査、2019年10月現在）

4. 休日の振り替え

Q **休日の振り替えと代休の違いは何か。運用上、注意するべき点はどのようなことか。**

A 休日の振り替えとは、休日と定められている日について、その休日と労働日をあらかじめ交換する手続きをいい、事前（前日の勤務時間終了時まで）にどの休日とどの労働日を交換するかを特定して社員に周知する必要がある。代休とは休日労働や長時間労働、深夜労働の代償として、事後に他の労働日を休ませる措置である。

解説 休日の振り替えと代休では、割増賃金の支払い義務の有無や割増率など労基法上の取り扱いが異なる。休日の振り替えの場合、休日労働には当たらず、割増賃金を支払う義務は生じない。休日の振り替えを行うためには、就業規則などに規定を設けることなど、必要な要件がある（次ページ表参照）。また、振り替えるべき日については、振り替えられた日以降できる限り近接している日が望ましい（昭63. 3. 14基発150号）。

休日を振り替えたことにより、１週間の労働時間が40時間を超えれば時間外労働となり、割増賃金が必要となる。変形労働時間制を導入している場合でも、スケジュールで休日振り替えに伴う労働時間を特定していなければ振り替えの結果、週の労働時間が40時間を超えた分は時間外労働となり割増賃金が発生する。

代休の場合、休日労働の代わりに別の日に休みを与えても、休日に労働した事実はなくならない。その日が法定休日なら休日労働の割増率（35％以上）で計算した割増賃金を支払う必要がある。法定外休日の場合は、休日労働の割増賃金を支払う必要はないが、１週間の労働時間が40時間を超えた場合は時間外労働となり割増賃金（25％以上）の支払いが必要になる。労基法上、休日労働をさせたからといって、代休を付与する義務はなく、代休とした日を有給とするか無給とするかも各社の就業規則などによる。

●**関連法規** ◇労基法35条（休日）、36条（時間外および休日の労働）、37条（時間外、休日および深夜の割増賃金）

●**参考判例** ◇ドワンゴ事件（京都地裁平18. 5 .29）＝休日振り替えの要件を論じ、振り替え休日の効果を認めなかった（休日労働に該当すると判断した）裁判例。

休日の振り替えと代休の違い

項目	休日の振り替え	代休
必要な要件	①就業規則に、休日を振り替える場合があることとその理由、振り替え後の日に関する規定がある。 ②4週4日の休日を確保したうえで、振り替え休日を特定する。 ③前日までに予告する。	特になし ※制度として行う場合には、就業規則等に具体的に記載が必要（代休を付与する条件、賃金の取り扱い等）
割増賃金	同一週内の中で振り替えた場合は、休日労働をさせたことにならず、割増賃金を支払う必要はない。翌週以降に振り替えた結果、当該週の法定労働時間を超えると時間外割増賃金を支払わなければならない。	「代休」を与えても休日労働をさせたことに変わりはない。その日が法定休日なら休日出勤の日に割増賃金（35％以上）の支払いが必要。代休日の賃金は不要であるが、月給者については欠勤でないためにカットできない。
振り替え後の休日または代休の指定	使用者があらかじめ指定する。	休日に出社した後に使用者が指定、または労働者の申請により与える場合がある。

5. 法定休日に労働させる場合

Q　休日に３時間の短時間勤務をさせた場合、どのように扱ったらよいか。また、休日労働が翌日の通常勤務日にまで及んだ場合、時間外労働などの割増賃金はどのように処理すべきか。

A　この休日が法定休日であって、かつ事前に休日の振り替えを行わず労働させた場合は、３時間分の割増賃金（35%以上）を支払わなければならない。労働が深夜に及んだ場合は、深夜労働の割増率25%以上も加算し、合わせて60%以上の割増賃金を支払わなくてはならない。週１回または４週４日で休日を設定している場合、どの休日の労働が法定の休日労働になるのかが不明確になる。このため通達では、就業規則などで法定休日を明確にすることが望ましい、としている。

解説　休日労働をさせることができるのは、①３６協定の締結、届け出をしている②災害などで臨時の必要がある―のいずれかの場合に限られる。それを前提に、設例の短時間勤務をさせた日が法定休日で、なおかつ振り替え休日の措置を取らなかった時には、その労働時間分の35%以上の割増賃金が必要になる。なお、労基法では休日労働と時間外労働は明確に区分しており、休日労働が８時間を超えても深夜労働に該当しない限り35%以上の割増賃金を支払うなどして対処する方法もある。

一方、労働させた日が法定外休日ならば、労基法は休日労働の割増賃金（35%以上）の支払いを求めていない。ただし就業規則や労働協約、労使協定などで、法定外休日についても休日手当の支払いを定めている場合は、定めに従って支払うことになる。また、法定外休日労働により、労働時間が法定の週40時間を超えた場合は、超過部分について25%以上の時間外割増賃金を支払わなければならない。

休日勤務は午前０時で終了するが、継続１勤務の考え方から、翌日の始業時刻までの労働を１勤務として扱う。したがって休日割増賃金は、午前０時までの勤務が対象になり、休日中の労働が８時間を超えても時間外割増賃金の対象とはならない。午前０時以降は、前日からの労働が８時間を超えた部分（前日の休日労働の部分は除き、当日の始業を午前零時に繰り上げていない限り）について時間外割増賃金（25%）を支払う。また午後10時～午前５時の労働に対しては、深夜割増賃金（25%）を支払う必要がある。

●関連法規　◇労基法33条（災害など臨時の場合の時間外労働）、35条（休日）、36条（時間外および休日の労働）、37条（時間外、休日および深夜の割増賃金）

●関連通達　◇昭23．4．9基収1004号（労基法36条による休日労働をした場合には代休を与える法律上の義務はない）

◇平12．6．7政令309号（割増率の最低限度）
◇昭23．5．5基発682号＝3章3項参照
◇平6．5．31基発331号（法定休日の割増賃金の考え方）

●参考判例 ◇アサヒ急配事件（大阪地裁平18．5．25）＝法定休日である日曜日に8時間を超える就労があっても、休日労働についての割増賃金が発生するだけであり、これに重ねて時間外労働についての割増賃金は発生しないとされた。

法定休日にまたがる勤務の賃金割増率

前日の残業が法定休日に食い込んだ場合

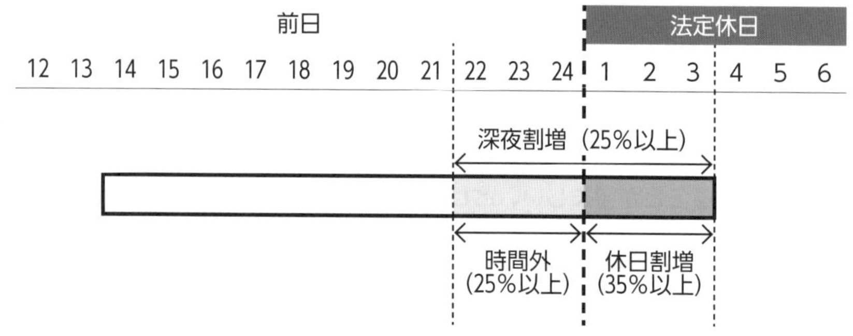

休日勤務の残業が翌日に食い込んだ場合

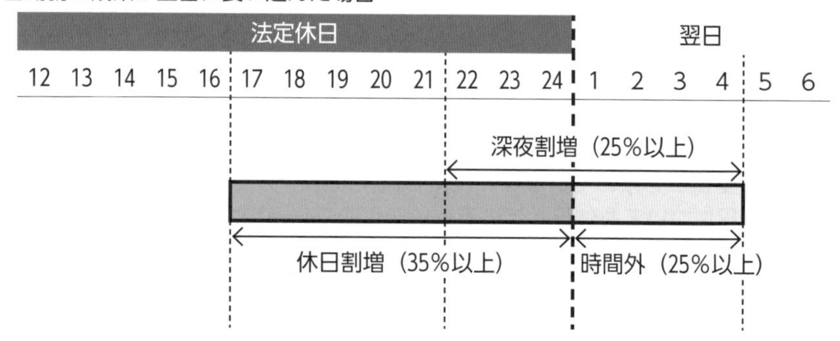

6. 宿直明けの休日労働

休日としている宿直明けに突発事故や機器のトラブルなどで若干の労働時間が発生した場合、どのように対処すればよいか。

その労働時間を時間外労働とみなし割増賃金を支払うか、何らかの手当を支給することが望ましい。

解説 新聞・通信社では、編集部門や製作部門の宿直勤務が終了した日（宿直明け）を休日として定めている社もある（日本新聞協会労務委員会調査では54社中４社、2021年１月現在）。この場合、代休を与えるべきかどうかが問題である。「若干の労働」が１～２時間程度ならば、数時間の労働で１日の労働を免除するのはバランス上好ましくないため、代休を与えなくても問題はなく、労働した時間分の割増賃金を支払えばよい。

宿直明けの労働がかなりの頻度で生じるならば、あらかじめ就業規則や労使協定によるルールを定めて明記しておくことが望ましい。

●関連法規　◇労基法36条（時間外および休日の労働）、41条（労働時間等に関する規定の適用除外）

●関連通達　◇昭23.４.９基収1004号（労基法36条による休日労働をした場合には代休を与える法律上の義務はない）

7. 年次有給休暇

Q 年次有給休暇（年休）はどれくらい付与しなければならないか。

A 年休は雇い入れの日から起算して、6か月間継続勤務し、全労働日の8割以上出勤した労働者に対して最低10日を与えなければならない。

その後は、休暇日数が勤続年数に応じて増え、勤続6年6か月以上では最低20日以上付与しなくてはならない。週の所定労働日数が少ないパートタイマー、アルバイトなどについても、所定労働日数に応じて年休を比例付与しなければならず、対象となるのは、所定労働時間が週30時間未満で、かつ、週所定労働日数が4日以下または年間の所定労働日数が216日以下の労働者となる。

解説 具体的な付与日数については下表の通りとなる。年休の取得は原則として社員の申請によるが、労使協定により、年休のうち5日を超える部分については、会社が時季を指定して取得させることができる（計画的付与制度）。取得単位は、1日単位での取得が原則だが、労働者が半日単位での取得を希望して時季を指定し、使用者が同意した場合は半日単位で取得できる。さらに、2010年施行の改正労基法では、労使協定を締結することを前提に、年に5日を限度として年休を時間単位で付与することが認められるようになった。

一般の労働者に対する年休の法定付与日数

勤続年数	6か月	1年 6か月	2年 6か月	3年 6か月	4年 6か月	5年 6か月	6年 6か月以上
年休付与日数	10日	11日	12日	14日	16日	18日	20日

パートタイマーに対する年休の法定付与日数

週所定 労働日数	年間の 所定労 働日数	6か月	1年 6か月	2年 6か月	3年 6か月	4年 6か月	5年 6か月	6年 6か月以上
4日	169～ 216日	7日	8日	9日	10日	12日	13日	15日
3日	121～ 168日	5日	6日	6日	8日	9日	10日	11日
2日	73～ 120日	3日	4日	4日	5日	6日	6日	7日
1日	48～72 日	1日	2日	2日	2日	3日	3日	3日

労基法は最低限度の基準を定めたものであり、これ以上の年休を与えても問題はない。

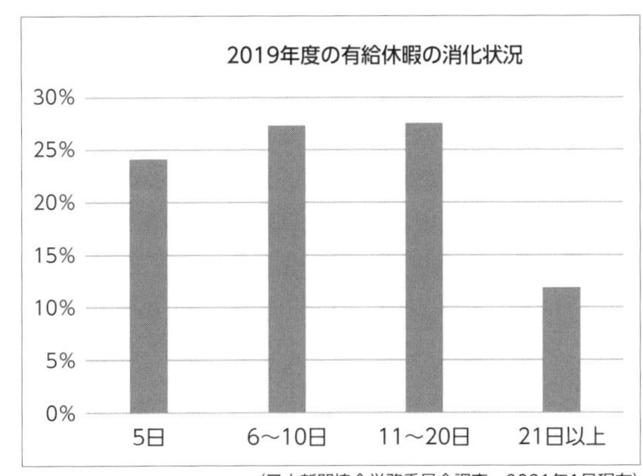

(日本新聞協会労務委員会調査、2021年1月現在)

厚労省の2020年就労条件総合調査によると、年休の平均付与日数18.0日、取得日数10.1日、取得率は56.3%となっている。

日本新聞協会労務委員会が実施した調査（2019年10月現在、回答66社）では、全部門の年次有給休暇消化率の平均は31.8%。上記厚労省調査の平均56.3%を上回る社は８社となっている。

●関連法規 ◇労基法39条（年次有給休暇）

●関連通達 ◇平25.７.10基発710第３号（出勤率の基礎となる全労働日）

●参考判例 ◇エス・ウント・エー事件（最高裁三小平４.２.18）＝労基法39条１項にいう「全労働日」とは、１年のうち労働者が労働義務を課せられている日数を指し、年休の出勤率算定の際、法定外休日を全労働日に含めてはならない。
◇八千代交通事件（最高裁一小平25.６.６）＝不就労日のうち、労働者の責めに帰すべき事由によるとはいえないものは、原則として出勤日数に算入すべきものとして全労働日に含まれる。

用語解説 ▶ 全労働日

労働契約上、労働義務の課せられている日。すなわち労働協約や就業規則などによって、労働日として定められている日をいう。一般には、１年の総暦日数から所定の休日を除いた日がこれに当たる。また、不就労日のうち、労働者の責めに帰すべき事由によるとはいえないものは、原則として出勤日数に算入すべきものとして全労働日に含まれる。ただし、不可抗力や使用者側に起因する経営、管理上の障害による休業日などのように当事者間の衡平等の観点から出勤日数に算入するのが相当でない場合については、全労働日からは除かれる。

8. 年５日間の年休取得義務化

年５日間の年次有給休暇（年休）取得義務への対応と留意点とは。

A 2019年４月施行の改正労基法で、年休が10日以上付与される労働者（管理監督者含む）に対し、付与された日（基準日）から１年以内に５日の年休を時季指定して労働者に取得させることが使用者の義務となった。使用者は、時季指定の対象となる労働者の範囲および時季指定の方法等について、就業規則に記載しなければならず、労働者ごとに年休管理簿を作成し、５年（当面３年）間保存しなければならない。これに違反すると使用者に30万円以下の罰金が科せられる。

解説 すでに５日以上の年休を取得している労働者に対しては、使用者は時季指定する必要はなく、することもできない。また、「労働者自らの請求・取得日数」や「計画的付与により与えられた日数」は、年５日から控除できる。

基準日が４月１日で、新入社員や中途入社者が４月１日に入社した場合、法定通りに年休を付与すると、10月１日に年休が10日付与されることになり、翌年の９月30日までに年休５日取得させることが必要になる。入社時に10日以上の年休を付与した場合（ケース１）や４月と８月に５日ずつ付与した場合（ケース２）も、付与日数の合計が10日に達した日が基準日となり、その日から１年以内に年休５日取得させなければならない。なお、前倒しで付与した年休を労働者自らが取得した場合（計画年休も含む）には、その日数分を５日から控除できる。また、入社した年と翌年で年休の付与日が異なるため、５日の指定義務がかかる１年間の期間に重複が生じる場合、全社的に基準日を統一するため、10月１日（１年目の基準日）から翌々年３月（２年目の基準日から１年後）までの期間に８日（18÷12×５日）以上取得させることも可能になる（ケース３）。

（ケース１）入社時に10日以上の年休を付与

【例】入社日：2021/４/１、休暇付与日：2021/４/１（10日付与）

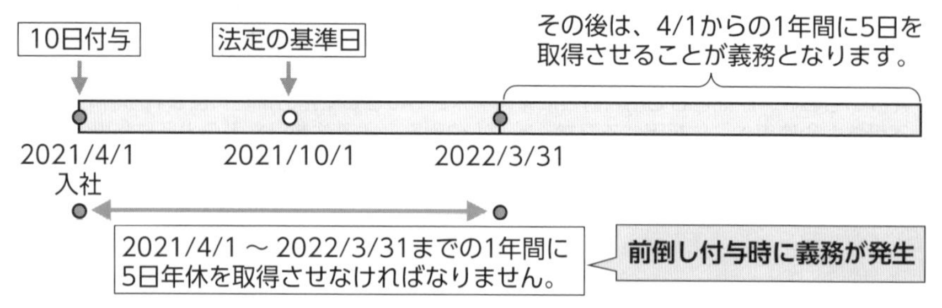

（ケース２）４月と８月に５日ずつ付与
【例】入社日：2021/４/１、休暇付与日：2021/４/１、2021/８/１（５日ずつ付与）

（ケース３）入社した年と翌年で年休の付与日が異なり、５日の指定義務がかかる１年間の期間に重複がかかる場合
【例】入社日：2021/４/１、休暇付与日：2021/10/１（10日付与）、翌年度以降４/１に付与

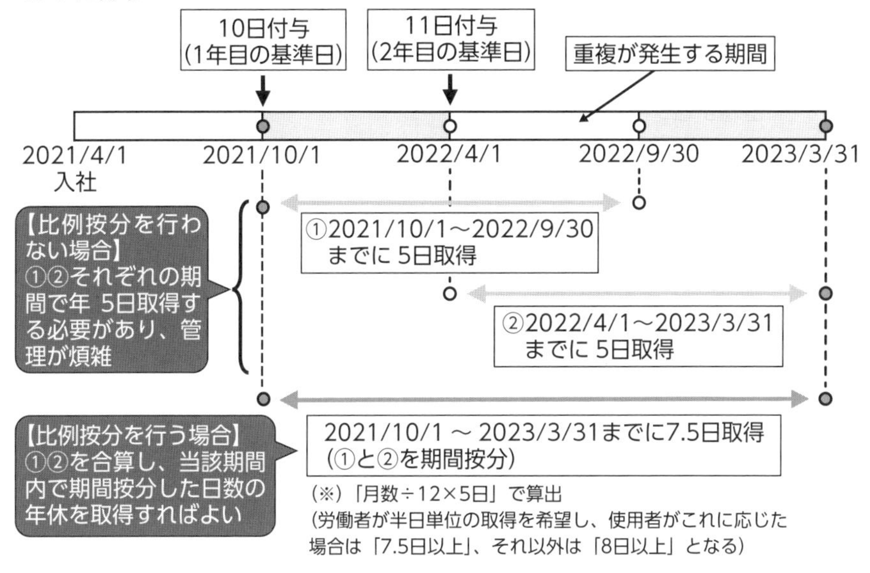

厚労省では、年休５日の確実な取得の方法として、時季指定や計画的付与の他に①ブリッジホリデー（暦の関係で飛び石になっている日に年休を付けて長期休暇とする）②アニバーサリー休暇（記念日などにあらかじめ年休を当てはめる）③プラスワン休暇（土日・祝日に年休を１日足して連続休暇とする）などを推奨している。

制度の詳細は次の通り。

１．対象となる休暇

　ア．時季指定に当たって、労働者の意見を聴いた際に、半日単位での年休の取得希望があった場合は、半日単位で取得することとして差し支えないが、時間単位は時季指定の対象にならない。

イ．前年度からの繰り越し分の年休を取得した場合には、その日数分を使用者が時季を指定すべき年５日の年休から控除できる。

ウ．会社独自の特別休暇の取得日数（前記のアニバーサリー休暇など法定年休と同じ趣旨のものは除く）は、使用者が時季を指定すべき年５日の年休から控除できない。

２．対象者となる労働者

ア．出向者について、在籍出向の場合は出向元、出向先、出向労働者三者間の取り決めによる。移籍出向の場合は、出向先において10日以上の年休が付与された１年間について５日の時季指定を行う必要がある。

イ．休職者は、基準日からの１年間について、それ以前から休職しており、期間中に一度も復職しなかった場合など、使用者にとって義務の履行が不可能な場合は、５日の時季指定を行う必要はない。

ウ．育児休業者が年度の途中に復帰した労働者等については、残りの期間における労働日が、使用者が時季指定すべき年休の残日数より多い場合は、時季指定を行う必要がある。年度の途中で海外特派員となったり、退職するケースも同様。

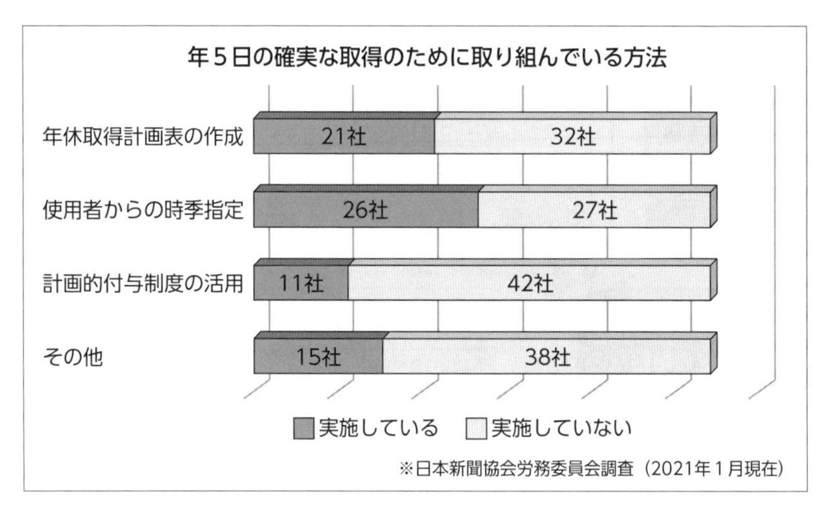

●**関連法規**　◇労基法39条（年次有給休暇）、労基法89条（作成および届出の義務）

●**関連通達**　◇平30.12.28基発1228第15号

9. 年休の申請

年次有給休暇（年休）の申請、受理の手続きで注意すべき点は何か。

A 労基法上、労働者は年休を取得する権利を有し、使用者にはこれを与える義務がある。労働者には、年休をいつ取得するかを指定する時季指定権があり、年休申請の手続きにより時季指定権を行使する。使用者は、休暇を与えることで事業の正常な運営が妨げられる場合に限って、時季変更権を行使できるが、年休の取得そのものを認めるか否かの決定はできない。

解説 労基法は、年休申請手続きの期日について具体的に定めておらず、就業規則に申請期日が規定されていても、前日の終業時刻までに請求された場合は拒否できない。ただし、年休は原則として労働日（午前0時から午後12時）を単位として与えるものであり、当日に請求された場合、始業時刻前でも事後の請求となるため、使用者は拒否できる。病気などで急に出社できなくなった場合、事後の申請でも年休の取得を認めるかどうかは各社の裁量による。

年休は、労働者が休暇を取りたい日を指定して、その意思表示が使用者に到達したときに成立する。手続きは、各社の就業規則などにより、所定の用紙などで事前に行うのが一般的。工場長への口頭による年休取得手続きでも有効とされた判例（三庵堂事件、大阪地裁平10. 2. 9）もある。

手続き上、年休の申請後、会社側の承認を必要とする場合がほとんどと考えられるが、この承認、不承認は労働者からの時季指定権に対する、時季変更権の不行使、行使の意思表示であり、年休の取得そのものを拒否することはできない。年休の申請に理由は不要だが、時季変更権の行使を判断する必要から、申請の理由を尋ねることは違法ではない。

●関連法規 ◇労基法39条５項（時季変更権）

●関連通達 ◇昭48. 3. 6基発110号（年休をどのように利用するかは労働者の自由）

●参考判例 ◇林野庁白石営林署事件（最高裁二小昭48. 3. 2）＝年休の権利は、労基法上、当然に労働者に生ずる権利であり、労働者の請求をまって初めて生ずるものではない。また、「請求」の趣旨は年休の時季の「指定」にほかならない。

10. 年休の繰り越し・積み立て休暇制度

当該年度に消化できなかった年次有給休暇（年休）は年度の終了によって消滅するか、それとも翌年度に繰り越されるか。繰り越されるとすれば、いつまで認められるのか。

労基法および行政通達で翌年度への繰り越しを認めており、2年で時効消滅する。時効消滅した年休残日数を積み立てて、一定の理由で休暇を取得できる制度を設けることはできる。

解説 当該年度に消化できなかった年休の扱いについては次の通り。

◆年休の繰り越し

年休権が発生した年度に使用できなかった年休を翌年度へ繰り越しできるか否かにつき、解釈例規は積極的に解し、年休の繰り越しを認めている。しかし、いつまでも繰り越すことができるわけではなく、時効により消滅する。

年休権は、時効を定めた労基法115条の「賃金、災害補償その他の請求権のうちの年次有給休暇請求権」に該当し、2年の消滅時効にかかる。つまり、繰り越した年休は翌年度中に取得しないと消滅してしまう。就業規則に年度内の年休消化を奨励する規定を設けることは差し支えないが、例えば「年休を翌年度に繰り越してはならない」と定めたとしても、年度経過後の年休権は消滅しない。

日本新聞協会労務委員会調査（2021年1月1日現在）では、年休の繰り越し制度が「ある」と回答したのは54社、「ない」は1社。繰り越せる年数については、「1年」は41社、「2年」は6社、「3年」は1社、「翌年度」は1社。

◆積み立て休暇制度

時効消滅した年休の残日数を積み立てる制度を採用する企業がある。企業の自由任意の制度で、就業規則や労働協約に定めればよい。自由取得の年休にしないのであれば、まとめて取得することが必要な事由に限定しておくことが望ましい。使用目的で多いのは、労働者本人の長期の傷病の療養や育児休業の延長、家族介護である。社会貢献活動、自己啓発のための教育などのために使用を認めている企業もある。

日本新聞協会労務委員会調査（2021年1月1日現在）では、年休の積み立て制度が「ある」と回答したのは17社、「ない」は38社。

●関連通達 ◇昭22.12.15基発501号（繰り越し年休の時効）、昭23.5.5基発686号（就業規則による年休の繰り越し制限）

●参考判例 ◇国際協力事業団事件（東京地裁平9.12.1）＝1年単位の雇用契約であっても、途中中断することなく雇用関係が継続している場合は、継続勤務したものとして、未消化の年休は翌年度に繰り越しが可能。

11. 年休の買い上げ、退職時および再雇用時の年休

Q　年次有給休暇（年休）の買い上げは法律上認められるのか。また、退職時および再雇用時の年休の買い上げは認められるのか。

A　有効期間中の買い上げは、労基法39条に反するため、原則として認められない。しかし、法定日数分を超えて付与した日数（法定外年休）や、時効で消滅した日数、退職・解雇により消滅した日数分は買い上げることができる。

解説　年休は労働者の心身の疲労を回復させ、労働力の維持培養を図ることを目的としており、年休の買い上げはこの趣旨に反する事になる。年休取得促進のため、労基法改正により2019年４月から年10日以上の年休を付与される労働者に対し、年５日の年休の確実な取得が義務化された。行政解釈では、「年次有給休暇の買い上げの予約をし、これに基づいて労基法39条の規定により請求し得る年次有給休暇の日数を減じ、ないし請求された日数を与えないことは、法39条の違反である」とし、原則として認められていない。しかし、①法定日数分を超えて付与した②時効で消滅した③退職・解雇により消滅した－などの日数については、買い上げが認められている。これらの場合でも、使用者が年休を買い上げなければならない法的義務はない。

◆法定日数分を超えて付与した日数

法定日数を超えた分については、労基法が規制する余地はない。超える日数を労使間で協約しているときは、39条によらず労使間で定めるところによって取り扱ってよい。

◆時効で消滅した日数

年休の権利は、２年で時効により消滅するが、その日数についても労基法は関知しない。消滅日以降であれば、その日数を買い上げても違反にならない。

◆退職・解雇により消滅した日数

労働者の退職・解雇によって労働関係が消滅すれば、それに伴って年休の請求権も消滅する。したがって、退職や解雇によって消滅する年休は、退職・解雇時に買い上げても問題はない。ただし、退職予定者から退職を控えて年休の消化を請求された場合、合理的な事由に基づき取得時季の変更をする場合を除き、原則的には付与しなければならない。

いずれの場合も労基法に違反しないとはいえ、結果的に「買い上げ予約」をすることで、年休の取得を抑制することになりかねない。また、退職予定者が退職日までの間、または解雇予告期間中に年休を請求した場合は、買い上げることを理由に請求を拒否することはできない。法定年休の買い上げは、残日数の調整といったやむを得ない措置にとどめるべきである。

また、定年退職後に継続して再雇用される場合、退職金などを支給し、改めて嘱託などの有期雇用に変更して契約するケースでも、実質的には雇用関係が継続する。雇用形態に変更が生じても企業内における単なる身分の切り替えと見なされるため、退職前の未消化分については継続して付与しなくてはならない。アルバイトから社員に登用した場合でも、同様にアルバイト勤務時の年休は継続付与される。再雇用後の年休に関しても同様の考え方に基づき、勤続期間を通算して法定の日数を付与する必要がある。ただし付与日数は再雇用後の勤務形態により決定され、例えばフルタイムで勤務していた社員が週４日以下のパートタイムで再雇用された場合などは、当該勤務日数に応じて比例付与される。

●関連法規 ◇労基法39条（年次有給休暇）、115条（時効）

●関連通達 ◇昭23.３.31基発513号、昭23.10.15基収3650号（法定外休暇の買い上げ）
◇昭30.11.30基収4718号（年次有給休暇の買い上げ）
◇昭49.１.11基収5554号（退職予定者と時季変更権）
◇昭63.３.14基発150号（退職予定者の計画的付与）

●参考判例 ◇東急エージェンシー事件（東京地裁平17.７.25）＝労働慣行として退職時において年次有給休暇の残日数の買い取りを有効としたもの。

12. 年休取得による不利益な取り扱いの禁止

Q **年次有給休暇（年休）取得による不利益な取り扱いの禁止とはどのような内容か。**

A 労基法付則136条で、使用者は労働者が年休を取得しようとしたことを理由として「賃金の減額その他不利益な取り扱いをしないようにしなければならない」と明記されており、さらに通達（昭63.１.１基発１号）により「精皆勤手当や賞与の算定に際して、年次有給休暇を取得した日を欠勤または欠勤に準じて取り扱うことや、年次有給休暇の取得を抑制するすべての不利益な取り扱いはしないようにしなければならない」と指導の徹底が図られている。

解説 年休取得に対する不利益な取り扱いは、労働者が失う経済的利益の程度、年休取得に対する事実上の抑止力の強弱を考慮して判断されている。年休の取得により手当や賞与を減額することが、不利益な取り扱いとはいえないと判断されたケースとして、錦タクシー事件（大阪地裁平８.９.27）、大国自動車交通事件（東京地裁平17.９.26）などがある。これらは、タクシー事業者という事情や売上歩合制による賞与などが考慮された事例だ。

一方で、エス・ウント・エー事件（最高裁三小平４.２.18）では「使用者は年休取得日の属する期間に対応する賞与の計算上、年休取得日を欠勤として扱うことは許されない」とされた。このように、どのようなケースが不利益な取り扱いとなるのかは、各社の事情や労働慣行、個別具体的事実により異なるが、労基法上、年休の取得を抑制する不利益な取り扱いをすることが禁止されていることに変わりはない。年休の権利行使を抑制し、その趣旨を実質的に失わせる場合は不利益な取り扱いとみなされる。

法令順守は当然のこととして、ワーク・ライフ・バランスが叫ばれる昨今、「休みが取れない」という企業イメージは決してプラスにはならない。また、年休の取得を妨げる不適切な労務管理の結果、「ブラック企業」などと評価されることもありうる。優秀な人材を確保するうえで大きな不利益となるばかりか、業界全体に対する信頼にも関わる。あらためて適切な労務管理が求められる。

●関連法規 ◇労基法39条（年次有給休暇）、労基法付則136条

●関連通達 ◇昭63.１.１基発１号（年休取得に伴う不利益取り扱い）

13. 休日と休暇の重複

休日と特別休暇が重複した場合、どのように取り扱うのか。

休日に休暇の請求があっても、労基法上は付与する必要はない。また、特別休暇期間中に休日があっても、休暇をその日数分延長する必要はない。

解説　休日とは労働者が労働契約において労働の義務を負わない日であり、休暇は本来就労すべき日の労働を免除することを指す。したがって、就業の義務がない休日に休暇を請求されても付与する必要はない。

労基法で定められた法定休暇には年次有給休暇、産前産後休業、生理休暇などがあり、会社が就業規則・労働協約により自由に設定できる法定休暇以外の休暇を特別休暇という。慶弔休暇やリフレッシュ休暇、配偶者出産休暇、永年勤続休暇などが代表例だ。こうした独自の休暇でも、その休暇期間中に休日があった場合、休暇をその日数分、延長する必要はない。ただし、就業規則などで「休日を含まない日数とする」と別に定めている場合は、休暇日数に休日数を加算しなければならない。

日本新聞協会労務委員会調査（2021年1月1日現在、55社回答）では、慶弔休暇などの特別休暇と休日が重なった場合、休日分を加算して付与しているのは17社、加算していないのは38社。また休日分を加算して付与している休暇の種類は、「慶弔休暇」６社、「忌引休暇」６社、「結婚休暇」３社、「配偶者出産休暇・妻の出産休暇」２社、「結婚や忌引など特別休暇」１社、「年末年始休」１社、「永年勤続休暇」１社だった。

●関連法規　◇労基法35条（休日）、39条（年次有給休暇）、65条（産前産後）、68条（生理日の就業が著しく困難な女性に対する措置）

●参考判例　◇大成宇部コンクリート工業事件（広島地裁昭49.６.14）＝国民の祝日に関する法律の一部改正で新たに休日とされた日曜日に当たる祝日の翌日は、就業規則の「国民の祝日を休日とする」規定に含まれない。

新型コロナウイルスに感染したら

社員本人が新型コロナウイルスに感染し休業させる場合、どのようなことに気をつけたらよいか。手当と休暇の扱いについて解説する。

・休業手当について

労基法26条では、使用者の責に帰すべき事由による休業の場合には、使用者は、休業期間中の休業手当（平均賃金の100分の60以上）を支払わなければならないと義務付けられている。しかし、厚労省の「新型コロナウイルスに関するQ＆A（企業の方向け）」によると、新型コロナウイルスに感染していて、都道府県知事が行う就業制限により労働者が休業する場合は、一般的には「使用者の責に帰すべき事由による休業」に該当しないと考えられ、休業手当を支払う必要はないと記載している。被用者保険に加入している場合、要件を満たせば、各保険者から傷病手当金が支給される。

また、新型コロナウイルスかどうか分からない時点での発熱などの症状があり自主的に休む場合は、通常の病欠と同様に取り扱う。発熱などの症状があることのみをもって一律に労働者に休んでもらう措置をとる場合のように、使用者の自主的な判断で休業させる場合は、一般的には「使用者の責に帰すべき事由による休業」に当てはまり、休業手当を支払う必要がある。休業期間中の賃金の取り扱いについては、労使で十分に話し合い、労使が協力して、労働者が安心し休むことができる体制を整えておく必要がある。

・休暇について

年次有給休暇（年休）は、原則として労働者の請求する時季に与えなければならないものなので、改正法による年５日の取得付与の不足の場合を除き、使用者が一方的に取得させることはできない。事業場で任意に設けられた病気休暇により対応する場合は、事業場の就業規則などの規定に照らし適切に取り扱うことが重要だ。なお、使用者は、労働者が年休を取得したことを理由として、賃金の減額その他不利益な取り扱いをしないようにしなければならないことを注意しなくてはいけない。

労使の話し合いによって、事業場で有給の特別休暇制度を設けることができる。その場合には、労働者が安心して休めるよう、就業規則に定めるなどにより、労働者に周知することが重要である。

●参考文献　◇「厚労省　新型コロナウイルスに関するQ&A（企業の方向け）４.労働者を休ませる場合の措置」https://www.mhlw.go.jp/stf/seisakunitsuite/bunya/kenkou_iryou/dengue_fever_qa_00007.html#Q４－１

第 4 章

育児・介護

1. 出産と育児に関する制度

Q 妊娠から出産、育児についての勤務上の措置は、どのようなものがあるか。

A 労働者の母性保護と育児に関し、職業生活との調和を図るために、労基法、男女雇用機会均等法、育児・介護休業法で下記のような勤務上の措置を定めている。これらの措置は、労働者の個人的な事由に基づくものであるため無給としている社も多く、また、個人的なプライバシーに関わるものであるから労働者自身の申し出が必要である。

解説

妊娠から産休、育児休業、復職後の流れ

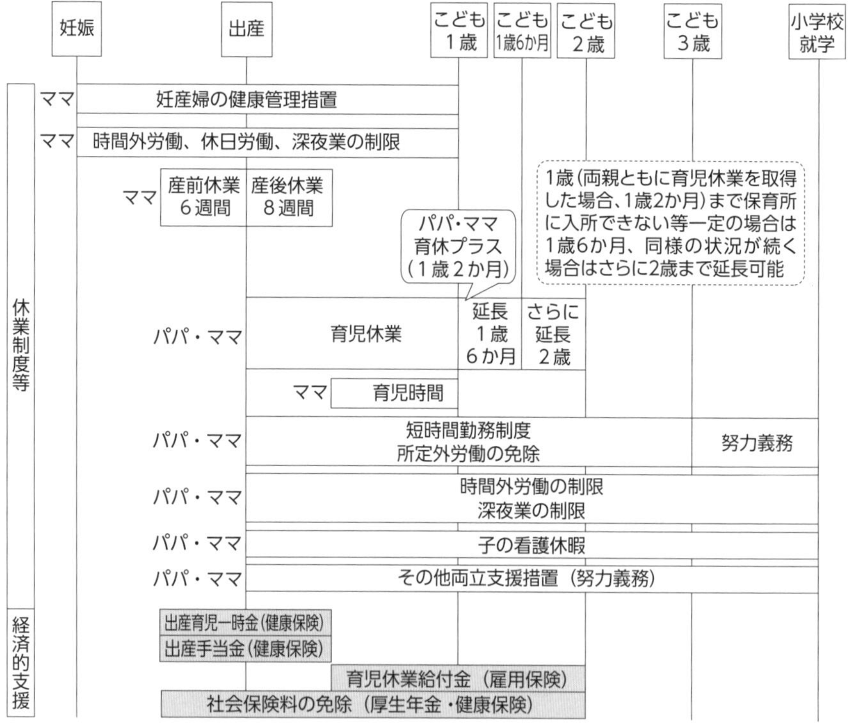

※ママの場合、育休その他制度の適用は８週間の産後休業を終えた以降となる

2. 妊産婦の健康管理

妊娠中ならびに出産後の女性社員に対し、会社が留意すべき点は何か。

A 妊産婦が母子保健法に基づく保健指導、健康診査を受ける場合、事業主は必要な時間を確保しなければならない。医師や助産師の指導に基づき妊産婦から請求があった場合、事業主は勤務時間の変更、勤務の軽減など必要な措置を講じなければならない。また、妊娠、出産、産前産後休業取得などを理由とする不利益な取り扱いは禁止されており、妊娠・出産等に関するハラスメントを防止する措置も講じなければいけない。

解説 男女雇用機会均等法では、保健指導、健康診査を受けるために必要な時間について次の通り定めている。

▷産前＝妊娠23週までは４週に１回、妊娠24週から35週までは２週に１回、妊娠36週から出産までは１週に１回（ただし医師または助産師がこれと異なる指示をしたときはその回数）。

▷産後＝受診回数は特に定められていないが、医師または助産師が保健診査などの受診を指示したときはその回数。妊産婦の通院休暇の付与日については、医師の指導に基づき本人が申請した日とし、事業主が他の日に変更することはできない。

妊産婦が保健指導などに基づく医師の指導事項を守るための措置については、指針で次の通り示されており、本人が請求した場合、これらの措置を講じる必要がある。措置を講じた場合の賃金の取り扱いは、特に法律で定められていない。そのため、賃金の取り扱いを労使協議のうえ決定し、就業規則などに明文化しておくことが必要である。また、指導事項を的確に伝えるため、事業主は「母性健康管理指導事項連絡カード」の利用に努めなければならない。

▷妊娠中の通勤緩和＝時差出勤、勤務時間の短縮、交通手段や通勤経路の変更など、通勤ラッシュを回避できるような措置

▷妊娠中の休憩＝時間延長、回数の増加、時間帯の変更など

▷妊娠中・出産後の症状などに対応する措置＝作業の制限、作業環境の変更、勤務時間の短縮、休業など

労基法では、妊産婦が請求した場合、時間外・休日労働、深夜業への従事を禁止している。さらに、妊娠中の女性が請求した場合には、他の軽易な業務に転換させなければならない。この場合の軽易な業務とは、原則として女性が請求した業務に転換させる趣旨と解され、新たに軽易な業務を創設して与えるまでの必要はない。軽易化には業務内容の変更だけでなく、労働時間帯の変更（早番の遅番への変更など）も含むと解すべきだろう。

また、事業主は、女性労働者が妊娠・出産・産前産後休業の取得、妊娠中の時差通勤など男女雇用機会均等法による母性健康管理措置や深夜業免除など労基法による母性保護措置を受けたことなどを理由として、解雇その他不利益な取り扱いをしてはならない。なお、妊娠中・出産後１年以内の解雇は、妊娠・出産・産前産後休業を取得したこと等による解雇でないことを事業主が証明しない限りは無効となる。

不利益な取り扱いの主な例は次の通り。

▷解雇すること
▷期間を定めて雇用される者について、契約の更新をしないこと
▷退職または正社員をパートタイマーなどの非正規社員とするような労働契約内容の変更の強要を行うこと
▷降格させること
▷減給をし、または賞与などにおいて不利益な算定を行うこと
▷昇進・昇格の人事考課において不利益な評価を行うこと
▷不利益な配置の変更を行うこと（産前産後休業からの復帰に当たって原職または原職相当職につけないことを含む）
▷就業環境を害すること

このほか、個人の健康状態に関する情報は個人情報に当たるため、母性健康管理の措置の運用に当たっては、情報の取り扱いに十分留意する必要がある。

妊娠・出産等に関するハラスメント防止措置については、ハラスメントを発生させないための予防措置と、発生した場合の迅速かつ適切な対応が求められている。防止措置の主な例は次の通り。

▷妊娠、出産等に関するハラスメントの内容と周知・啓発
▷ハラスメントがあってはならない旨の方針の明確化
▷ハラスメントへ厳正に対処する旨の方針の明確化と、事実確認した際の適正な措置
▷相談窓口と適切に対応するための体制の整備
▷職場における妊娠・出産等に関するハラスメントの原因や背景となる要因を解消するための措置（業務体制の整備や、利用できる制度を管理・監督者を含む労働者への周知など）

以上の措置のほか、相談者・行為者等のプライバシーの保護や、相談者や調査協力者へ不利益な取り扱いを行わないよう十分留意して対応しなければならない。

●関連法規 ◇男女雇用機会均等法９条（妊娠・出産等を理由とする不利益取り扱いの禁止）、11条の３～４、12条、13条（妊娠中および出産後の健康管理に関する措置）、男女雇用機会均等法施行規則２条の２、労基法65条、66条（産前産後）

●関連通達 ◇昭61．３．20基発151号、婦発69号（軽易業務転換の趣旨）
◇平９．９．25厚労省告示105号（妊娠中および出産後の女性労働者が保健指導または健康診査に基づく指導事項を守ることができるようにするために事業主が講ずべき措置に関する指針）
◇平18.10.11厚労省告示614号（労働者に対する性別を理由とする差別の禁止等に関する規定に定める事項に関し、事業主が適切に対処するための指針）

●参考判例 ◇日本シェーリング事件（最高裁一小平１．12.14）＝稼働率80％を昇給の要件とし、労基法が保障する産休・年休・生理休暇などの取得日を欠勤扱いとすることは無効。
◇東朋学園事件（最高裁一小平15.12．４）＝賞与の支給対象者規定につき、出勤率の算定に当たって産休や育児のための勤務短縮時間分を欠勤とみなす措置が違法とされた事例。

3. 産前産後休業

産前産後休業付与に当たって留意すべき点は何か。

A　事業主は６週間（多胎妊娠の場合は14週間）以内に出産予定の女性労働者から産前休業の請求があった場合には、本人の請求通り産前休業を認めなくてはならない。また、産後８週間を経過しない者も同様であり、この産前６週間・産後８週間の休業を産前産後休業という。なお、健康保険の被保険者で一定の要件を満たす者には、出産育児一時金と出産手当金の給付がある。産前産後休業中の社会保険料の納付は免除される。

解説　この基準となる「出産」とは、妊娠４か月以上の分娩をいい、出産だけでなく死産や流産も含まれる。産前産後休業期間の計算は、自然の分娩予定日を基準とし、分娩予定日が産前６週間の最終日となるよう計算する。出産翌日からは産後休業となり、そこから８週間を計算する。

実際の出産が予定日と前後しても産前休業の開始日は変更しない。出産が予定日より遅れた場合は、その分だけ産前休業期間を延長したものとし、６週間を超えた日数について欠勤扱いにすることはできず、その分を産後休業期間８週間から差し引くなどの調整もできない。逆に出産が予定日より早まっても、産前休業開始日がさかのぼることはない。

①出産予定日＝出産日のケース

出産日＝予定日

産前６週間	産後８週間

⇒産前産後休業は合計14週間

②出産日が１週間遅れたケース

予定日　　出産日

産前６週間	+1週間	産後８週間

⇒産前休業が１週間延び、産前産後休業は合計15週間

③出産日が１週間早まったケース

出産日　　予定日

産前５週間		産後８週間

⇒産前休業が１週間短くなり、産前産後休業は合計13週間

※いずれのケースも産前休業の日数で調整し、休業開始日と産後休業の８週間は変わらない。

産前休業は本人が請求した場合に与えればよいが、産後休業は本人の請求の有無に関わらず必ず付与しなければならない。ただし、産後６週間以降は本人からの請求があれば医師が支障ないと認めた業務には就かせてもよい。

産前産後休業中の賃金については法の定めはなく、各社ごとに労働協約、就業規則などで定めることになるが、無給でもかまわない。無給の場合も健康保険の被保険者であれば出産手当金が受給でき、金額は休業前のおよそ３分の２が支給されるため、一定の収入は保障される。年次有給休暇の出勤率の算定においては、産前産後休業期間は出勤したものとみなされる。

事業主は、産前産後休業中とその後30日間はいかなる理由があっても解雇することはできない。また、男女雇用機会均等法でも産前産後休業を取得したこと、妊娠または出産に起因する労働率低下などを理由に解雇、その他不利益な取り扱いをすることは禁止されている。

●関連法規　◇労基法65条（産前産後）、健康保険法102条（出産手当金）、108条（傷病手当金または出産手当金と報酬等との調整）、雇用保険法61条の６～７（育児休業給付）男女雇用機会均等法９条（妊娠・出産等を理由とする不利益取扱いの禁止）、12条、13条（妊娠中および出産後の健康管理に関する措置）、男女雇用機会均等法施行規則２条の２

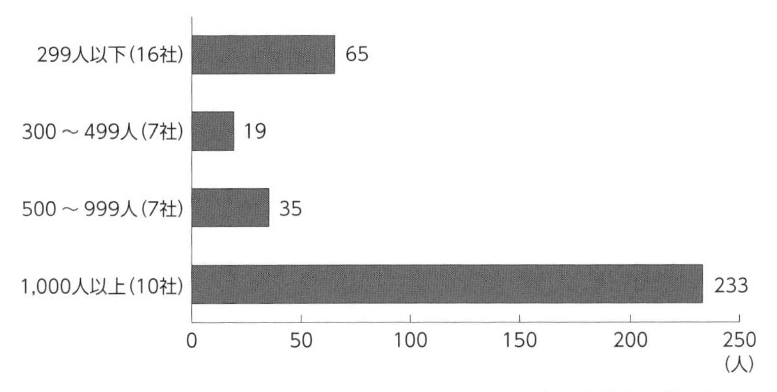

（日本新聞協会労務委員会調査）

4. 育児休業の取得

育児休業（育休）を取得できる期間や延長ができるのはどのような場合か。

A 育休を取得することができるのは、原則として1歳に満たない子を養育する男女労働者。父母がともに育休をとる場合には子が1歳2か月までの間に1年間取得可能。ただし、子が1歳に達する日に保育所への入所がかなわない等の場合は、子が1歳6か月に達する日まで延長することができ、さらに同様の状況が続く場合は、子が2歳に達する日まで延長することができる。

解説 育休を取得できるのは、原則として子の1歳到達日（誕生日の前日）までの間で労働者が請求する連続した期間であるが、男性の育休取得率向上を目指すため、夫婦で育休をとる場合は休業期間を2か月延長できる（パパ・ママ育休プラス）。さらに、父親が産後8週間以内に育休を取得した場合には、通算して1年を超えない範囲で再度育休を取得することも可能である。

なお、子の1歳到達日において労働者本人または配偶者が育児休業中で、次のいずれかに該当する場合には、子が1歳6か月に達する日まで育児休業期間を延長することができ、さらに子が1歳6か月到達日において、依然として次のいずれかに該当する場合は、2歳に達する日まで育児休業期間を延長することができる。

◆保育所に入所を希望しているが、入所できない場合
　保育所とは、認可保育所を指し、無認可保育所に入所しながら、認可保育所の入所待機状態である場合も延長は認められる。

◆子の養育を行っている配偶者（もう1人の親）で、1歳以降も子を養育する予定であった者が、死亡、負傷、疾病、離婚等により子を養育することが困難になった場合

育休取得の対象とならないのは、日々雇い入れられる者、労使協定で対象外にできる一定の労働者（雇用期間が1年未満の者、1年＜1歳以降の育休の場合は6か月＞以内に雇用関係が終了する者、週の所定労働日数が2日以下の者）。一方、期間を定めて雇用される者（アルバイトやパートタイマー）は、同一の事業主に引き続き1年以上雇用されていること、子が1歳6か月＜2歳までの育休の場合は2歳＞を経過する日までに労働契約期間が満了し、更新されないことが明らかでなければ取得が可能となる。

雇用保険から支給される「育児休業給付金」は、1歳または1歳2か月（パパ・ママ育休プラス制度利用）、2歳（先の要件を満たす場合に限る）未満の子を養育するために育休を取得した場合、要件を満たせば、支給対象期間（1か月）当たり、休業開始時賃金日額×支給日数×67％（ただし、育休開始から6か

月経過後は50%）相当額となる。

●関連法規 ◇育児・介護休業法５条（育児休業の申出）、７条（育児休業開始予定日の変更の申出等）、９条（育児休業期間）、育児・介護休業法施行規則５～７条（育児休業の申出）、13条（育児休業開始予定日の変更の申出等）、雇用保険法61条の４（育児休業給付）、雇用保険法施行規則101条の11（育児休業給付）

パパ・ママ育休プラスの例

１．ママの出産直後と職場復帰直後にパパが取得

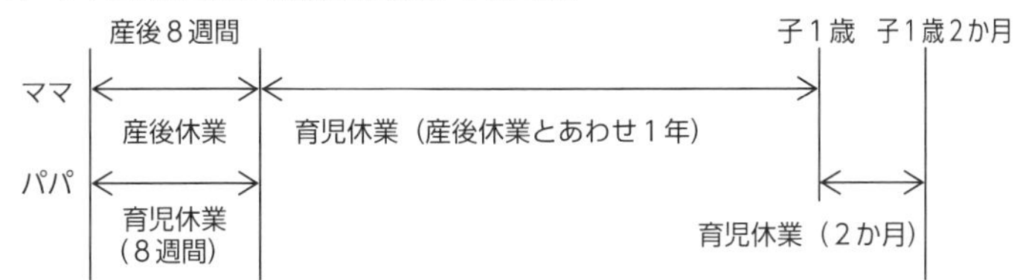

※パパは産後８週間以内の育休取得であれば、もう１度取得可能

２．ママの復帰にあわせてパパが取得

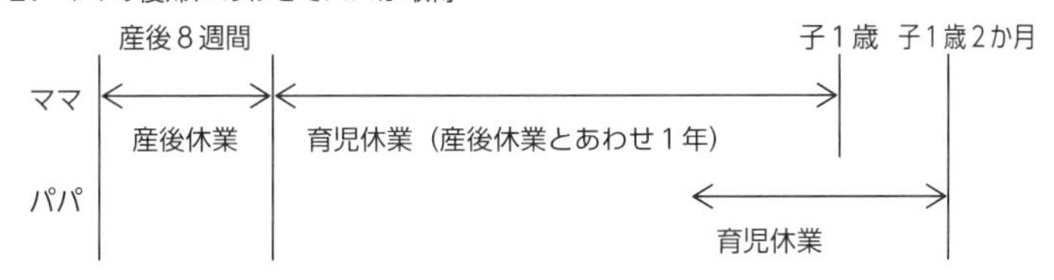

パパ・ママ育休プラスにならない例

「子どもが１歳を超えてからパパが育児休業」は不可

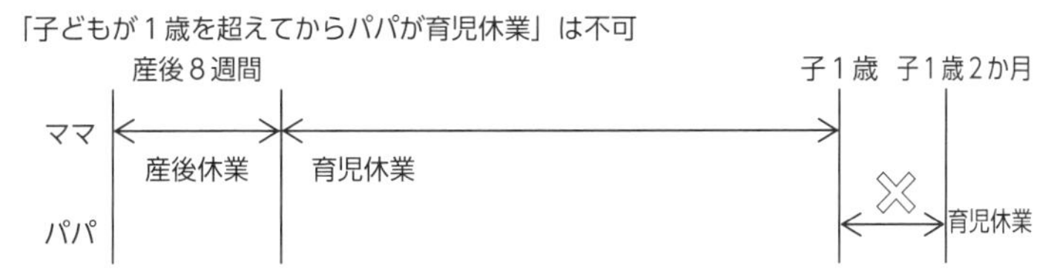

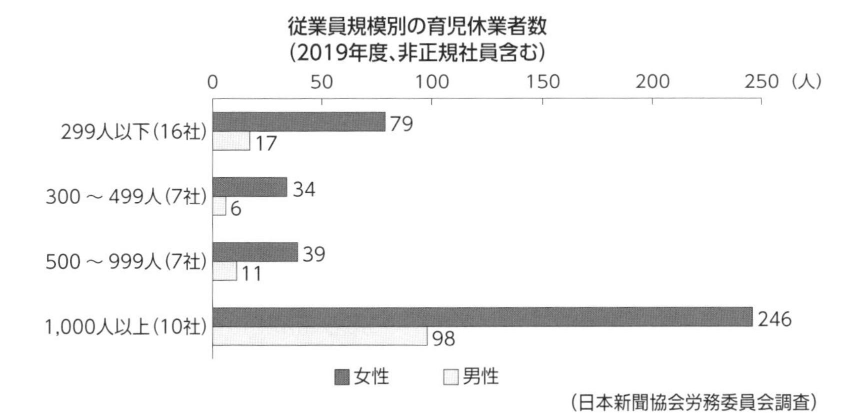

（日本新聞協会労務委員会調査）

5. 男性の育児休業

Q 男性の育休取得を促進したいが、育休を取る際に利用できる制度は。

A 男性も女性と全く同じ制度を利用することができる。男性の妻が専業主婦であっても、育休取得を制限することはできない。男性のみ、産後８週間以内に育休を取得した場合には、育休から復帰した後にもう１度、通算１年を超えない範囲で再度の育休取得が可能である（パパ・ママ育休プラス）。また、男性も育児休業給付金が受給できるので、無給となっても一定の収入が保障される。また、2021年６月に成立した改正育児・介護休業法では「男性版産休」ともいわれる出生時育児休業の新設や、企業に対して子が生まれる男性従業員に休みの取得を促すことを義務化することなどが盛り込まれ、2022年４月以降から順次施行される。

解説 「令和元年度雇用均等基本調査」（厚労省調査）によると、2019年の育休取得率は女性83.0％に対し、男性は7.48％で、年々改善しているとはいえ、女性に比べてかなり低い水準にとどまっている。「平成30年度仕事と育児等の両立に関する実態把握のための調査研究事業」（厚労省委託調査）では、育休を希望する男性は37.5％にのぼっており、希望はあっても満足に育休を取得できていない実態を示している。育休を取得できなかった理由としては、収入が減るため、職場の雰囲気、社内制度の不備などが上位に挙げられている。男性の45.1％は、子の妊娠がわかった当時に育児休業給付金の制度を知らなかったと答えており、会社から給付金についての説明があったと答えた男性も16.5％にとどまっている。このため、男性の育休でも給付金で一定の収入保障があることや、利用できる制度を説明する機会を設けることが、育休取得促進の面からも望ましい。失効した年休を積み立て、育休時にその日数分を有給化できる制度を導入している会社もあり、男性に多い短期間の育休中の収入保障としては有効である。また、職場の雰囲気を改善するため、会社側から育休取得の働きかけを行うことも重要となる。2023年４月から従業員1000人超の企業は、育児休業等の取得状況を公表することが義務付けられている。短期間で取得率を劇的に改善させることは難しいため、継続的に取り組んでいく必要がある。

厚労省では男性の育児休業取得促進事業（イクメンプロジェクト）を2010年から実施しており、効果的な取り組みをしている企業を表彰し、ホームページでその取り組みなどを紹介している。男性育児についての独自冊子を作って社員に配布し、制度の周知や、周囲の理解を深めるよう取り組んでいる例もある。

改正育児・介護休業法により「出生時育児休業」が新設されることになった。男性従業員は子が生まれてから８週間以内に最大４週間の休みを取得できる。２

回まで分割可能で、利用する場合には2週間前までに申し出ることが必要。また、原則分割不可だった育児休業も2回まで分割することも可能となり、産休と育休合わせて最大4回のまとまった休みを取得ができるようになる。また、努力義務にとどまる従業員に対する育休制度の周知と意向確認が義務化される。怠ると社名公表される恐れがある。

●関連法規　◇育児・介護休業法5条（育児休業の申出）、9条の2（同一の子について配偶者が育児休業する場合の特例）

新聞・通信各社の男性の育休取得促進の取り組み

ガイドブックの作成
社報で取得者の記事を掲載
社内イントラネットに制度説明の資料掲示
入社時に取得方法を説明し取得を促す
子が生まれる予定の男性社員らを対象に、育休などの制度を紹介するセミナーを開催
管理職研修等で制度理解を深め、男性社員が仕事と子育てを両立しやすい社内の雰囲気作りに努めている
男性育休取得者との座談会による男性向け育休講座
配偶者が出産する際に7日間の特別有給休暇を取得できる制度
特別有給休暇を1子につき10日間取得可能

（日本新聞協会労務委員会調査）

6. 復帰後の職場配置

社員が育児・介護休業から復帰する場合、休業前の職場に復帰させなければならないか。

A 原職復帰は法的義務ではないので、原職復帰を認めるかどうかは労使間で取り決めることになる。休業前の職種や職務上の地位、本人の事情などを総合的に判断して決めるのがよい。実際には原職相当職に復帰するケースが一般的であるが、本人の希望や組織上の変更などやむを得ない事情により職場を変更するケースもあり得る。

いずれの場合でも、少なくとも休業終了予定日の１か月前までには、具体的な復帰に関する説明を書面などで本人に通知することが望ましい。

解説 「事業主が講ずべき措置に関する指針（平21厚労省告示509号）」では、「育児・介護休業後においては原則として原職または原職相当職に復帰させることが多く行われているものであることに配慮すること」と定めている。これは必ずしも原職復帰を絶対条件としているわけではないが、働き慣れた職場であることや休業者の能力や経験を活用するためにも、原職または原職相当職への復帰が有効な措置だと定義している。

原職相当職の範囲は、会社の雇用管理や組織状況、業務配分により異なり、職務内容などの事情を原職と総合的に比較検討して判断する。育休終了時には、部署の統廃合などにより原職がなくなるというケースが生じない限り、原職に復帰させるのが望ましいが、本人が復帰前に健康面の不安などを理由に職種変更を希望し、これに応じるのは、不利益な取り扱いには当たらない。

社員が休業後、職場に代替要員が入り、本人の復帰によって過剰人員が出る場合など、原職に復帰させることが難しいことがあり得る。こうした場合、本人と十分話し合った上で不利益にならない配置転換をすることは差し支えない。事業主には、社員が休業を申し出た場合、復帰後の賃金、配置、その他の労働条件などについてあらかじめ書面により通知する努力義務が課されている。トラブルを未然に防ぐためにも有効な手段といえる。

●関連法規 ◇育児・介護休業法10条（不利益取り扱いの禁止）、21条（育児休業等に関する定めの周知等の措置）、22条（雇用管理等に関する措置）、同施行規則71条（育児・介護休業後の労働条件などの取り扱いの明示）

●参考判例 ◇コナミデジタルエンタテイメント事件（東京高判平23.12.27）＝産前産後休業後に６か月間育児休業して職場復帰した社員の休業前の業務を、より負担の軽い業務に変更した措置が、育児休業を取得したことを理由とする不利益取り扱いには当たらないと判断された。

7. 育児をしながら働く社員への対応

育児をしながら働く社員について留意すべき点はどのようなことか。

子育て中の労働者は、「育児時間」、「所定外労働の免除」、「時間外・深夜労働の制限」、「短時間勤務制度」、「子の看護休暇制度」などが利用できる。なお、子の看護休暇・介護休暇は時間単位で取得できる。

解説　子育て中の労働者が利用できる制度は次の通り（産前産後休業、育児休業については3、4項目で別途記載）。事業主は、これらの制度の申し出や取得を理由として、解雇などの不利益な取り扱いをしてはならない。また、労働者に就業場所の変更を伴う配置の変更を行おうとする場合に、その就業場所の変更によって子育てが困難になる労働者がいるときは、当該労働者の子育ての状況に配慮しなければならないとされている。

◆育児時間（労基法67条）
生後1年に達しない子を育てる女性労働者は、1日2回少なくとも30分（半日勤務の場合は1日1回30分）の育児時間を請求することができる。育児時間を2回に分けず一括して取得したり、始業・終業時刻を繰り上げ、繰り下げて取得したりすることも認められている。また、短時間勤務制度を利用中でも、本人から請求があれば、育児時間を与えなければならない。

◆母性健康管理措置（男女雇用機会均等法12、13条）
産後1年を経過しない女性労働者は、主治医などから指示があったときには、健康診査に必要な時間の確保を申し出ることができる。また、主治医などから指示を受けた場合には、事業主から必要な配慮措置を受けることができる。

◆短時間勤務制度（育児・介護休業法23条）
事業主は、一定の条件を満たす3歳未満の子を養育する男女労働者が希望すれば利用できる短時間勤務制度（1日の所定労働時間を原則として6時間とする措置を含む）を設けなければならない。

◆所定外労働の免除（育児・介護休業法16条の8）
3歳未満の子を養育する男女労働者は、事業主に請求することにより所定外労働が免除される。例えば、短時間勤務制度の利用によって所定労働時間が6時間となっている者から所定外労働の免除を請求された場合、6時間を超えて労働させないようにしなければならない。

◆就業の制限など
▷時間外労働、休日労働、深夜業の制限、変形労働時間制の適用制限（労基法

66条）
事業主は、妊産婦が請求した場合、時間外・休日労働、深夜業へ従事させてはならず、変形労働時間制を適用してはならない。また、産後1年を経過しない女性労働者にも、妊娠中と同様に制限される。

▷時間外労働、深夜業の制限（育児・介護休業法17、19条）
小学校就学前の子を養育する労働者から請求があった場合は、1か月24時間、1年150時間を超える時間外労働をさせてはならない。また、深夜（午後10時から午前5時まで）において労働させてはならない。

労基法66条に規定する妊産婦の深夜業の制限と育児・介護休業法19条に規定する制限は、その趣旨、目的が異なるため、両方の要件に該当する労働者は、任意に選択して請求することができる。

◆子の看護休暇（育児・介護休業法16条の2～3）
小学校就学前の子を養育する労働者は、職場に申し出ることにより、1年につき、子が1人なら5日まで、子が2人以上なら10日まで、病気やけがをした子の看護、予防接種および健康診断のために休暇を取得することができる。また、子の看護休暇は、時間単位で始業時刻から連続又は終業時刻まで連続して取得できる。
※4章－9項「子の看護休暇」参照

◆その他両立支援措置（努力義務）（育児・介護休業法24条）
事業主は、小学校就学前までの子を養育する労働者について、所定労働時間の短縮措置又は始業時刻変更等、必要な措置を講ずるよう努めなければならない。

◆管理職の取り扱い
職場で「管理職」として取り扱われている者であっても、労基法41条2項で規定する管理監督者に当たらない場合には、短時間勤務制度および所定外労働の免除の適用対象となる。また、管理監督者であっても仕事と家庭の両立支援を図る制度趣旨を踏まえた措置を講じることが望ましい。

●関連法規　◇育児・介護休業法26条（労働者の配置に関する配慮）、28条（指針）、育児・介護休業法施行規則74条（所定労働時間の短縮等の具体的措置）

●関連通達　◇昭33.6.25基収4317号（育児時間を勤務時間の始めまたは終わりに請求した場合にも拒否できない）（有給とするか否かは自由）
◇昭36.1.9基収8996号（1日の労働時間が4時間以内の場合には1日1回の育児時間付与で足りる）

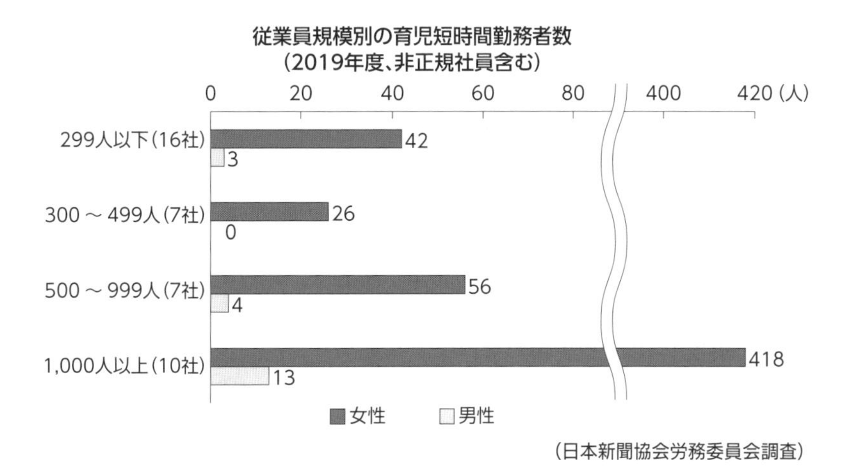

（日本新聞協会労務委員会調査）

8. 短時間勤務中の賃金、残業の指示

Q 育児などで短時間勤務を希望する社員の賃金はどのように計算するのか。また残業を指示することはできるか。

A 賃金などの待遇は各社の定めによる。就業規則などに「業務の必要があれば残業を命じる」旨の規定があれば、残業を指示することは可能だが、過重な負担とならないような配慮が必要。ただし、社員から所定労働時間の短縮措置と併せて所定外労働の免除の請求があれば原則として残業を指示することはできない。

解説 育児・介護休業法により、３歳に満たない子を養育する社員に対しては、申し出により所定労働時間の短縮措置を設けることが義務化されている（ただし、雇用後１年未満の社員については、労使協定を締結すれば、対象外とすることが可能である）。この短時間勤務制度は、１日の所定労働時間を、原則として６時間とする措置を含むものでなければならない。賃金は「ノーワークノーペイ」の原則により、勤務時間に見合った金額を支給しても構わない。また、就業規則などに「業務の必要があれば残業を命じることができる」旨の規定があれば、労働契約上は、残業を指示することができる。残業代の計算は、各社の就業規則などにもよるが、下の図のように８時間を超えた労働時間については、労基法の定めにより割増賃金の支払いが必要になる。

（例）短時間勤務制度を適用し、９時～16時（拘束７時間・所定労働時間６時間）のケース

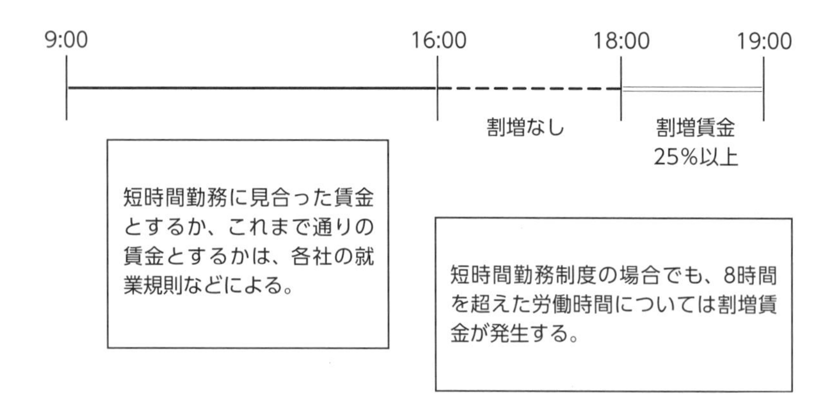

残業を指示することが可能とはいえ、事業主には子育てと仕事の両立を図るという制度趣旨を踏まえた対応が求められ、残業が長時間化、常態化することのないよう配慮が必要だ。

また対象社員に対して、所定外労働を免除する制度の設置も義務付けられている。３歳に満たない子を養育する労働者から、所定外労働の免除の請求があれば、「事業の正常な運営を妨げる場合」を除き残業を命じることはできない。事業主には、労働者がこの請求を行い、あるいは制限期間中に所定外の労働をしなかったことを理由に、解雇その他不利益な取り扱いをすることが禁止されている。

●関連法規　◇育児・介護休業法16条の８（所定外労働の制限）、23条（勤務時間の短縮等の措置等）

9. 子の看護休暇

小学校就学前の子２人を養育する社員には、「子の看護休暇」として年間何日を付与すればよいか。

A　子の看護休暇は、未就学の子が１人であれば年間５日、２人以上であれば年間10日の付与となっている。看護休暇や介護休暇は時間単位で取得することができる。

解説　2010年の改正育児・介護休業法の施行以降、それまで未就学児の人数に関わらず労働者１人あたり年間５日の取得だったものが、２人以上であれば年間10日となった。両親が同じ会社で働いている場合には、両親ともに同日数を取得できることになる。2021年に施行された改正育児・介護休業法施行規則により、これを時間単位で取得できる。

「子の看護休暇」とは、負傷や疾病にかかった子の世話または疾病の予防を図るために必要な措置を行う労働者に対して与えられる休暇であり、予防接種や健康診断の受診も含まれる。病気・けがの種類や程度に特段の制限はなく、子が急に熱を出したときにも休めるように、休暇取得当日の申し出も認められる。

会社は、子の病気やけがの事実を証明する書類の提出を求めることができるが、必ずしも医師の診断書等が得られないケースも考えられる。その際は、例えば購入した薬の領収書で確認するなど、柔軟な取り扱いが求められている。法を上回る回数を付与しても差し支えない。看護休暇により勤務しなかった日については、有給としても無給としても構わないが、年次有給休暇とは別に与えなければならない。2021年１月に実施した日本新聞協会労務委員会の調査では、54社のうち36社が有給扱い。小学校６年生までを取得対象とする社もある。

なお、事業主は、業務の繁忙などを理由に子の看護休暇の申し出を拒否することはできない。期間を定めて雇用される者や配偶者が専業主婦である労働者などについても申し出を断ることはできない。また、休暇の申し出・取得を理由として解雇その他の不利益な取り扱いをすることは禁止されている。

●関連法規　◇育児・介護休業法16条の２～３（子の看護休暇）、育児・介護休業法施行規則34条、35条（子の看護休暇の申出の方法等）、平21厚労省告示509号

●関連通達　◇平21.12.28職発1228第４号・雇児発1228第２号（子の看護休暇）

10. 介護に関する支援制度

Q 介護に関する支援制度とはどのようなものがあるか。介護休業とは、どういった制度か。

A 介護休業とは、負傷や疾病、身体上または精神上の障害により、2週間以上の期間にわたり、常時介護を必要とする状態にある対象家族を介護するために93日を上限として休業することができる制度をいう（1人につき3回を上限として分割取得可）。また、介護休暇は、要介護状況にある家族が1人の場合は5日、2人以上であれば10日間であり、改正育児・介護休業法施行規則が2021年から施行されたことにより、介護休暇は時間単位で取得できるようになった。

解説 育児・介護休業法は、加速していく少子高齢化や労働力人口の減少により、女性の就労促進や介護をしながら仕事を継続する労働者の支援に対応して改正されているが、介護をする労働者の増加や1人あたりの介護負担の増大などで、今後も仕事と介護の両立を支えていく取り組みが必要とされている。休業期間が93日となっているのは、介護が93日で十分ということではなく、おおよそ3か月で病状に対する将来の介護計画が立てられる日数ということで設定されたものである。介護問題は先行きが不透明であり、この休業期間を使って仕事との両立を図っていく方策を考えなくてはならない。介護者はとりわけ働き盛り世代で、企業の中核を担う管理職や職責の重い仕事に就いていることも少なくない。高齢者人口の増加とともに、介護保険制度上の要支援・要介護認定者数も増えると見込まれる。業務のノウハウを持つ労働者の流出を防ぐなど企業経営にとっても大きな課題だ。

●関連法規 ◇育児・介護休業法2条（定義）、11条（介護休業の申出）、15条（介護休業期間）、18条（時間外労働の制限）、20条（深夜業の制限）、23条（所定労働時間の短縮措置等）、26条（労働者の配置についての配慮）

介護に関する両立支援制度の時系列図

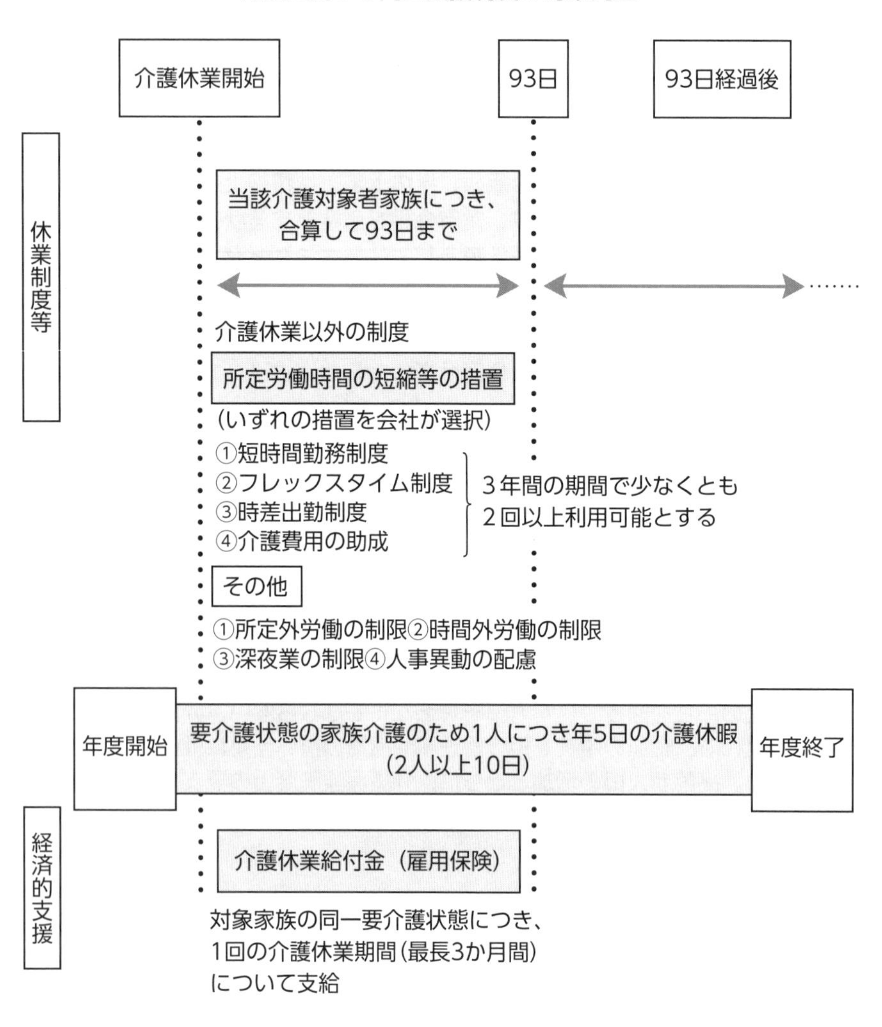

11. 介護休業の取得

Q 社員以外に介護をする家族がいる場合でも、社員は介護休業を取得できるか。

A 介護休業は、ほかに介護従事者がいても取ることができる。介護者の負担が想像以上に大きいことや1人では十分に介護できないケースもあるためで、被介護者と同居していなかったり、施設に入っていたりする場合などでも一定の条件を満たしていれば、取得は可能である。

解説

◆介護休業の対象家族、期間・回数

介護休業の対象となる家族は、配偶者（事実婚を含む）、父母、子、配偶者の父母、祖父母、兄弟姉妹、孫で、同居、別居を問わない。

期間・回数は、対象家族1人につき、介護休業を通算93日までの範囲内で3回まで取得できる。休業期間を約3か月間としたのは、寝たきりや認知症のもっとも多い原因である脳血管疾患の急性期、回復期、慢性期のうち症状が固定するまでの急性・回復期をカバーすることを考慮したためである。この時期までに今後さらに続くであろう介護の計画を検討しなくてはならない。また、短期間の休業や複数回の休業のニーズもあるため、3回を上限として分割しての取得も可能だ。

◆ほかに介護従事者がいる場合

介護休業では、ほかに介護を行う家族がいる場合でも、申し出があれば取得を拒むことはできない。休業が一般に長期化したり、肉体的、精神的な負担が伴ったりするケースが見られることから、そうした負担を少しでも軽減できるようにするためである。

◆介護休業の対象とならない労働者

日々雇い入れられる者、労使協定で定められた一定の労働者（雇用期間が1年未満の者、93日以内に雇用関係が終了する者）。一方、期間を定めて雇用される者（アルバイトやパートタイマー）は、同一の事業主に引き続き1年以上雇用されていること、介護休業開始予定日から起算して93日を経過する日以降も引き続き雇用されることが見込まれる場合などは、介護休業を取得することができる。

●関連法規 ◇育児・介護休業法2条（定義）、11条（介護休業の申出）、15条（介護休業期間）

介護に関する両立支援制度一覧

介護に関する両立支援制度		
介護休業を利用する		
	介護休業	要介護状態にある対象家族1人につき通算93日まで（条件を満たせば、勤務時間の短縮等の措置が講じられた日数を算入することも可）3回まで
	介護休業給付金（雇用保険）	1回の介護休業期間（最長3か月間）について支給
介護休業を利用しないまたは終了したとき		
	所定労働時間の短縮等の措置	①短時間勤務制度②フレックスタイム制度③時差出勤制度④介護費用の助成 ①～③を3年間の期間に2回以上利用できる措置を講じなければならない
	深夜勤務の禁止	請求により深夜業の禁止
	時間外労働の制限	請求により1か月につき24時間、1年につき150時間の延長禁止
	介護休暇	対象家族1人につき年5日（2人以上につき年10日）
その他（努力義務）		
	要介護状態でない家族を介護する労働者に対して、介護休業制度や勤務時間短縮等の措置に準じた必要な措置	
	就業場所の変更を伴う配転についての配慮	
	再雇用特別措置（介護理由で退職した者）	

12. 介護をしながら働く社員への対応

Q **介護をしながら働く社員について留意すべき点はどのようなことか。**

A 高齢者人口の増加とともに、介護保険制度上の要支援・要介護認定者数は増加しており、今後もこの傾向は続くことが見込まれる。介護者はとりわけ働き盛り世代で、中核を担う労働者であることが多い。継続的に介護を行うためには、経済的な負担がかかることからも、厚労省は制度を活用しながら仕事と介護の両立を促進している。介護をしながら働く労働者には、「介護休暇」、「時間外・深夜労働の制限」、「短時間勤務制度等の措置」などの制度が適用される。また、改正育児・介護休業法施行規則が2021年に施行され、介護休暇は時間単位での取得が可能となっている。

解説 要介護状態の家族を介護する労働者が利用できる制度は介護休業のほか次の通り。事業主は、これらの制度の申し出や取得を理由として、解雇などの不利益な取り扱いをしてはならない。また、労働者に就業場所の変更を伴う配置の変更を行おうとする場合に、その就業場所の変更によって介護が困難になる労働者がいるときは、当該労働者の介護の状況に配慮しなければならないとされている。また管理監督者に対しても、仕事と家庭の両立支援を図る制度、趣旨を踏まえた措置を講じることが望ましい（４章７項参照）。

◆介護休暇（育児・介護休業法16条の５）
要介護状態にある対象家族の介護その他厚労省令で定める世話を行う労働者が対象。当該労働者は、事業主に申し出ることにより、要介護状態にある対象家族が１人の場合は年５日、２人以上の場合は年10日を限度として介護休暇を取得でき、時間単位での取得も可能である。介護休暇については、特別な定めをしない限り無給で構わない。

◆時間外、深夜労働の制限（育児・介護休業法18条、20条）
事業主は、要介護状態にある家族を介護する労働者が請求した場合には、１か月24時間、１年150日を超える時間外労働や、深夜（午後10時から午前５時まで）において労働させてはならない。

◆短時間勤務制度等の措置（育児・介護休業法23条の３）
事業主は、就業しながら要介護状態にある家族を介護する労働者に対し、①短時間勤務制度②フレックスタイム制③始業・終業時刻の繰り上げ・繰り下げ④労働者が利用する介護サービスの費用助成その他これに準ずる制度－のいずれかの措置を講じなければならない。①～③については、３年間の期間に２回以上利用できる措置を講じなければならない。

◆その他両立支援措置（努力義務）（育児・介護休業法24条の２）
事業主は、家族を介護する労働者について、介護休業制度や勤務時間短縮などの措置に準じて、その介護を必要とする期間、回数等に配慮した必要な措置を講ずるように努めなければならない。

●関連法規 ◇育児・介護休業法26条（労働者の配置に関する配慮）、育児・介護休業法施行規則74条（所定労働時間の短縮等の具体的措置）

第 5 章

採用・退職

1. 募集・採用時の留意点—法律上の規制—

Q 社員の採用や選考は何に留意すべきか。

A 採用基準や条件、採否決定は原則企業に裁量が認められている。ただし、就職差別防止の観点から、男女雇用機会均等法や労働施策総合推進法は、性別や年齢に関わらず採用機会を均等に与えるよう企業に義務付けている。

解説 憲法29条(財産権)は経済活動の自由を保障しており、労働者の採用基準や条件、採否決定に関し、企業には幅広く裁量が認められている。

一方、男女雇用機会均等法5条(性別を理由とする差別の禁止)は、労働者の募集および採用での性別を理由とした差別を禁じている。男女どちらかに限っての募集や男女枠の設定は、現金輸送車のガードマンなど一部の例外を除き、違法である。

労働施策総合推進法9条(募集および採用における年齢にかかわりない均等な機会の確保)は、年齢制限を原則禁じている。例外規定の1つに、主に35歳未満の正社員採用を対象とする「長期勤続によるキャリア形成」がある。新卒一括採用という雇用慣行に配慮して設けられ、適用要件として、職業経験を不問とするよう求められており、例えば記者経験があることを条件とする中途採用では適用できない。

労働者の募集時には、業務内容や労働時間、賃金などの労働条件の明示が義務付けられている。2020年4月1日から職安法施行規則の一部が改正され、「就業の場所における受動喫煙を防止するための措置に関する事項」が加わった。

労働組合に加入しないことや労働組合の脱退を雇用条件とすることは不当労働行為に該当する。また、採用過程で取得した個人情報は、職安法、個人情報保護法により、収集目的に沿う適切な管理が求められる。

労働施策総合推進法は、外国人の雇い入れや離職を公共職業安定所へ届け出るよう義務付けている。留学生や家族滞在者は原則として就労活動が認められない。留学生をアルバイトとして雇う場合、本人が入管法に基づく資格外活動許可を受けているかを確認し、週当たりの労働時間の上限(28時間)を守らなければならない。

●関連法規 ◇労働施策総合推進法28条(外国人雇用状況の届け出等)、労働施策総合推進法施行規則1条の3(年齢制限の例外)、労組法7条1号(不当労働行為)、職安法5条の4(求職者等の個人情報の取り扱い)、個人情報保護法18条(取得に際しての利用目的の通知等)、入管法19条(在留中の活動の範囲)

●参考判例 ◇三菱樹脂事件(最高裁大昭48.12.12)=採用試験で思想・信条に関する質問をすることや思想・信条を理由に採用を拒否することが憲法違反に当たるかなどが争われた事案。憲法規定は、直接私人相互間の関係には適用されず、企業には経済活動の一環として契約の自由があり違法性はない。

2. 募集・採用時の留意点—採用試験—

Q　採用試験の書類選考や面接試験、健康診断に当たって留意すべき点は何か。

A　採用基準や条件、採否決定は原則として企業に裁量が認められている。ただし、厚労省は、応募者の基本的人権を尊重し、応募者本人の適性、能力とは関係ない事柄で採否を決定しない公正な採用選考を行うよう啓発しており、その趣旨を面接者ら選考実施者とも共有しておくのが望ましい。

解説　職安法3条（均等待遇）は「何人も、人種、国籍、信条、性別、社会的身分、門地、従前の職業、労働組合の組合員であること等を理由として、職業紹介、職業指導等について、差別的取扱を受けることがない」としている。厚労省は関連して、本人に責任のない事項（本籍、出生地、家族等）や思想信条に関わる事項（宗教、支持政党、尊敬する人物、購読紙等）をエントリーシートに記載させたり、面接で尋ねたりすること、また、身元調査や合理的・客観的に必要性が認められない採用選考時の健康診断を実施することなどは、就職差別につながる恐れがあるとしている。

性自認や性的指向への社会的認知が高まる中、性的マイノリティーの応募者に配慮する動きも見られる。日本新聞協会の調査では、何らかの配慮をしているとの回答は23社。具体的には、「エントリーシートに性別欄を設けていない」が15社、「『自認する性』として男性か女性の選択肢を設けている」が3社、「男性、女性のほか『その他の性』という選択肢を設けている」が1社だった。

新聞・通信社が採用試験に記事を用いることはあり得る。厚労省の啓発のポイントは「業務に直結しない形で購読紙をストレートに聞くことは、支持政党や思想信条の類推につながる」という点であり、特定の記事や紙面への意見・感想など、誤解を招かない形で具体的に質問することが求められる。

安衛法は雇い入れ時の健康診断と、結果の本人通知を義務付けている。かつてこの法定健診の診断結果を採否の判断に用いる企業も多かったが、厚労省は1993年、入社後の配置や健康管理を目的に行うとの解釈変更を行い、原則として診断結果を採否の判断に用いることを禁じた。ただし、応募者の任意健診まで規制するものではない。

一方で、合理的・客観的に必要性が認められる限り、事業者として選考過程で健康診断を行うこと自体は禁じられていない。一例として、色覚検査は2001年の労働安全衛生規則改正で雇い入れ時健康診断の項目から削除されたが、色の点検など、業務上の必要性が明白であれば、求人票の「仕事の内容」欄に具体的に詳述し、検査を実施できるとされている。

●関連法規 ◇安衛法66条（健康診断）、労働安全衛生規則43条（雇い入れ時の健康診断）

●参考判例 ◇国民生活金融公庫事件（東京地裁平15.６.20）＝採用前に応募者本人に無断でＢ型肝炎検査を実施したことについて、検査の必要性がなく、プライバシーを侵害したとして検査の違法性を認めた。
◇北海道社会事業協会事件（札幌地裁令１.９.17）＝エイズウイルス（ＨＩＶ）の感染を告げなかったことを理由に病院に採用の内定を取り消したことを違法とし、感染の有無を調べたことについても個人情報の目的外利用で違法とした。

3. 内定取り消し

採用内定は取り消すことができるか。

採用内定が労働契約の成立とみなされる場合、その取り消しは労基法上の解雇に当たり、解雇の合理的理由がある場合に限られる。

解説 内定の法的位置付けには諸説あるが、内定決定通知書を発したり、あるいは入社誓約書を提出させたりしたことをもって、一定条件下で会社側が解約できる（解約権留保付き）労働契約が成立したと解された判例がある。

内定取り消しの合理的理由として認められるのは、「内定当時知ることができず、また知ることが期待できない事実であって、かつ内定を取り消すことが社会通念上相当として是認できるもの」に限られる（大日本印刷事件）。この点、以下のような場合は取り消し事由として判断されやすいとの解釈がある。

▷内定者が卒業できなくなった
▷内定者が健康を著しく害した
▷内定者の提出書類に重大な虚偽があった
▷会社の経営環境が著しく悪化した

解雇の合理的理由があり、内定取り消しが有効であっても、会社側の都合で取り消す場合は、民法上の損害賠償を請求されることがある。取り消しの意思表示は、内容証明郵便がふさわしい。また、会社側の都合で新卒者の内定決定通知後に取り消しをする場合、ハローワークにあらかじめ通知する必要がある。

●関連法規 ◇労基法19条（解雇制限）、26条（休業手当）、民法420条（賠償額の予定）、職安法施行規則35条２項（内定取り消し通知）

●参考判例 ◇大日本印刷事件（最高裁二小昭54.７.20）＝採用内定通知と誓約書提出により、解約権を留保した労働契約が成立。採用内定の取り消し事由は、客観的に合理的と認められ社会通念上相当として是認できるものに限られる。
◇コーセーアールイー事件（福岡高裁平23.２.16）＝正式内定前に人事担当者が内々定通知をしたものの、具体的労働条件の提示、確認や入社に向けた手続き、入社の誓約や企業側の解約権留保を認めるなどの行為がない場合、始期付解約権留保付労働契約が成立したとはいえない。
◇インフォミックス事件（東京地裁平９.10.31）＝経営悪化を理由とする内定取り消しは、整理解雇の４要件を考慮して判断すべきである。整理解雇の４要件とは①人員削減の必要性②解雇回避努力③被解雇者選定の合理性④解雇手続きの妥当性－をいう。

4. 入社前研修やインターンシップの留意点

採用内定者が入社前研修を受ける時間は、労務の提供に当たるか。また、研修中に起きた災害に対して労災保険を適用できるか。

A 内定者が労働契約の成立した労働者に当たる場合、義務性のある入社前研修は労務提供となるため、賃金の支払いが必要で労災が適用される可能性がある。労働者に当たらないケースや自由参加の研修は労災が適用されないので、あらかじめ傷害保険に加入するなどのリスク管理が必要である。

解説 労基法9条は「労働者」を「使用される者で、賃金を支払われる者」と規定している。「使用される」とは、他人の指揮監督下で労務を提供することであり、労働者としての労働義務は正式採用となる入社日に発効するから、内定者には就労義務はなく、会社も業務命令を出せない。

しかし、研修内容が入社後の業務遂行に直接関連し、参加しないことが不利益につながるなど、実態が「強制参加」であれば、一般的に労務の提供とみなされる。こうした場合、正社員としての労働契約とは別の特約が成立したと考えられ、支払う賃金は初任給で計算する必要はなく、法定の最低賃金を下回らない範囲で取り決めればよい。

入社前研修時の災害は、日時や場所などが指定され使用者の管理下で行われる場合が多いことから、研修者の故意や恣意的な行為が原因でない限り、労災保険が適用される可能性もある。しかし、自由参加型で賃金を伴わない研修は、労務の提供に当たらないとみなされ、災害が起こっても労災保険が適用される見込みは薄い。

採用活動を前に学生との接点を持つためのインターンシップを積極的に開催する新聞・通信社は増えている。必要に応じて傷害保険加入を検討すべきである。

●関連法規 ◇労災保険法１条（目的）、７条（保険給付の種類）

●関連通達 ◇昭26.１.20基収2875号（就業時間外の教育訓練）

●参考判例 ◇電電公社近畿電通局事件（大阪高裁昭48.10.29）＝具体的な就労義務を負わず、賃金も支払われない内定者は労基法の適用を受けない。
◇宣伝会議事件（東京地裁平17.１.28）＝学生が学業を理由に研修免除を要請した時には、研修を免除しなければならず、研修の免除を申し出た学生に内定取り消し等の不利益取り扱いをすることはできない。

5. 障害者雇用の現状や雇用率

企業の障害者雇用はどのくらい進んでいるのか。また、新聞・通信各社の現状は。

2020年6月の民間企業の実雇用率は過去最高の2.15%で、全体の48.6%の企業が法定雇用率（2.2%）を達成している。なお、法定雇用率は2021年3月1日に2.3%へ引き上げられた。

解説 国は障害者雇用促進法で、企業に従業員の一定割合の障害者を雇用するよう義務付けてきた。厚労省の「令和2年障害者雇用状況」によると、民間企業（45.5人以上の規模：法定雇用率2.2%）の実雇用率は2.15%であった。また、法定雇用率を達成している企業の割合は全体の48.6%となり、いずれも過去最高を更新した。障害種別の前年対比率をみると、身体障害者が0.5%増、知的障害者が4.5%増、精神障害者が12.7%増と、いずれも前年より増加し、特に精神障害者の伸び率が大きかった。なお、法定雇用率は2021年3月1日に2.3%へ引き上げられ、対象となる事業主の単位は従業員数43.5人以上に広がった。

法定雇用率を達成した企業に対しては、法定雇用率未達成企業から納付金を徴収し調整金や報奨金が支給される障害者雇用納付金制度がある。法定雇用率未達成の企業で常用労働者100人を超える企業から不足1人あたり月額5万円を徴収し、達成している企業に月額2万7,000円の調整金を申請に基づき支給している。また報奨金は常用労働者100人以下の企業が対象で、一定数を超えて雇用している障害者数に月額2万1,000円を乗じて支給するものである。

2020年4月には、短時間のみの就労が可能な障害者の雇用を促進するため、週所定労働時間が20時間未満の障害者を雇用する企業に対して特例給付金制度が施行された。なお、この制度に該当する障害者は実雇用率に算定することはできない。

新聞業界では、日本新聞協会労務委員会調査（2021年1月現在、回答40社）によると、新聞・通信社の平均実雇用率は2.30%だった。これは前回調査（2014年）の1.97%より0.33ポイント増えており、前々回調査（2007年）の1.59%と比較しても、各社とも積極的に障害者雇用を進めているのが分かる。

規模別では、従業員1,000人以上の新聞・通信社の平均実雇用率は2.43%で法定雇用率を達成しているが、500人から999人規模の会社が2.14%となっている。

障害者が働いている部署でみると、「統括管理事務部門」は55社中38社が配属しており、ついで「編集内勤部門」が36社と続いている。マッサージや理容といった特殊技能分野もあるが、「編集外勤部門」に配属している会社も12社あり、障害者が各部署で活躍していることが分かる。

【障害者採用に関し、担当者が苦労していること】

新聞協会労務委員会調査によると、採用担当者が苦労している点で最も多かった回答は、「受け入れ職場の選定が難しい」だった。最近では精神障害者の割合が増えた分、「採用面接では働きぶりなどが想定しづらい」、「トラブルになりやすい」、「サポートする側の精神的負担増」などの難しさがある。精神障害者は個々によって症状がさまざまであるため、「ノウハウを蓄積できない」ことも難しさを大きくしている一因と読み取れる。

精神障害者の雇用を継続していくためには職場や社員のマンパワーだけでは限界なのかもしれず、次項で述べる合理的配慮以外にも産業カウンセラーとの面談を定期的に実施するなど、会社全体でのフォローアップを必要とするのかもしれない。

一方で、社会全体で障害者雇用が浸透し始めた結果、身体障害者に関する苦労の声は少なくなり、エクセルなどの事務能力の高さを評価する声もあるなど職場の戦力となっている傾向がみられる。

●関連法規 ◇障害者雇用促進法１条（目的）、５条（事業主の責務）、43条（一般事業主の雇用義務等）、46条（一般事業主の身体障害者または知的障害者の雇入れに関する計画）、47条（一般事業主についての公表）、49条（納付金関係業務）、56条（納付金の納付等）

新聞・通信社の従業員規模別障害者雇用状況

従業員規模	常用労働者人数	障害者雇用人数（2021年）			参考（2014年）	参考（2007年）
		雇用人数	算定人数	雇用率		
1,000人以上（10社）	30,503	544	742	2.43	2.15	1.63
500～999人（7社）	4,634	63	99	2.14	1.7	1.6
300～499人（7社）	3,081	44	61	1.98	2.16	1.54
299人以下（16社）	4,194	52	72.9	1.74	1.51	1.15
合計	42,412	703	974.9	2.30	1.97	1.59

（日本新聞協会労務委員会調査、2021年１月１日現在）

注）2014年の調査は同年１月現在、2007年の調査は同年１月現在。

6. 障害者雇用の課題

障害者を雇用するに当たってどのようなことに注意しなければならないか。

募集・採用、賃金、待遇など雇用に関するあらゆる場面で差別することなく、また合理的配慮を講じるなど、雇用の安定とキャリア形成につなげていくことが求められる。

解説 雇用率を達成するためには、採用活動はもちろんのこと、既に雇用している障害者が安心して長期間働くことができる環境を整備することが重要となってくる。そのためには、障害者を職場の戦力として育て上げることが求められ、相談・指導などを行う職員を選任するなど受け入れる企業側の意識・体制を高めることも必要となってくる。障害者雇用は企業のコンプライアンスの一環であり、障害者に対する寛容な風土が企業内に醸成されれば、企業価値の向上も期待できる。

障害者雇用促進法は企業に対し、募集や採用、賃金、配置、昇進、教育訓練など雇用に関するあらゆる場面で、▷障害者であることを理由に障害者を排除すること▷障害者に対してのみ不利な条件を設けること▷障害のない人を優先すること、などの差別行為を禁止している。

また、企業には障害者に対して合理的配慮が求められている。具体的には▷募集・採用時に障害者からの申し出により「障害の特性に配慮した必要な措置」（障害者雇用促進法36条２）▷採用後に「障害者でない労働者との均等な待遇の確保又は障害者の有する能力の有効な発揮の支障となっている事情を改善するため、その障害の特性に配慮した職務の円滑な遂行に必要な施設の整備、援助を行う者の配置その他の必要な措置」（同法36条３）を提供することが義務付けられている。その具体例としては▷視覚障害者に対し、点字や音声などで採用試験を行うこと▷聴覚・言語障害者に対し、筆談などで面談すること▷肢体不自由者に対し、机の高さを調整することなど▷知的障害者に対し、図などを活用したマニュアルを作成することなど▷精神障害者に対し、出退勤時刻などに関して通院・体調に配慮することなどがある。企業にはこれらの事項について、障害者からの苦情を自主的に解決することが努力義務とされているが、解決が困難となった場合には各都道府県労働局に紛争解決を援助する仕組みが整備されている。

●関連法規 ◇障害者雇用促進法34、35条（障害者に対する差別の禁止）、36条（障害者に対する差別の禁止に関する指針）（雇用の分野における障害者と障害者でない者との均等な機会の確保等を図るための措置）（雇用の分野における障害者と障害者でない者との均等な機会の確保等に関する指針）

●参考判例 ◇ＪＲ東海（退職）事件（大阪地裁平11.10.４）＝身体障害を負った従業員に復職の意思があるにも関わらず、復職不能と判断し、休職期間満了により退職扱いと決定したことは無効。

7. 障害者雇用に関わる各種助成制度

障害者を新たに採用する際に、企業が活用できる助成制度にはどのようなものがあるか。

障害者雇用に特別に配慮した子会社を設置する特例子会社制度をはじめ、賃金に対する助成やトライアル雇用助成金などさまざまな制度がある。

解説 障害者雇用率制度では、事業主が障害者雇用に特別に配慮した子会社を設立し、一定の要件を満たす場合、特例としてその子会社に雇用されている労働者を親会社に雇用されているものとみなして、実雇用率を計算できる「特例子会社」制度がある。親会社の要件としてその子会社の意思決定機関を支配していること、子会社の要件として親会社との人的関係が緊密であることなどいくつかの要件があるが、企業にとって▷親会社と異なる労働条件の設定が可能となり、弾力的な雇用管理ができる▷障害者受け入れに当たり、集中した設備投資ができる▷障害の特性に配慮した仕事の確保や職場環境の整備ができる―などのメリットがある。厚労省によると2020年６月現在、全国で542社がこの制度を利用している。

障害者を雇用するに当たり、ハローワークを窓口にした主な助成制度は次の通り。

◆特定求職者雇用開発助成金

障害者や高齢者などの就職困難者をハローワークや有料・無料職業紹介事業者（一定の要件あり）の紹介で継続して雇用する事業主に対して、その労働者に支払った賃金相当額の一部を一定期間支給する制度（限度額あり）である。ただし、継続して雇用する雇用保険一般被保険者として採用し、この助成金の支給終了後も引き続き相当期間雇用することが確実であると認められることが、条件になっている。

◆障害者トライアル雇用助成金

障害者を初めて受け入れる事業主等が、就職が困難な障害者をハローワークの紹介により、一定期間試行雇用を行う場合に助成するものである。事業主側の障害者雇用に対する不安感を軽減し、新たな障害者雇用に取り組むきっかけづくりや一般雇用への移行の促進を目的とする。対象者１人につき、月額最大４万円を最長３か月間支給している。また対象者が精神障害者の場合は、１人につき月額最大８万円を３か月、その後、月額最大４万円を３か月（最長６か月間）支給し、雇用時に短時間（週所定労働10時間以上20時間未満）を希望している精神障害者または発達障害者を対象に、１人につき月額最大４万円を最長12か月間支給している。助成金を利用した社は、日本新聞協会労務委員会調べ（2021年１月現在）で55社中10社だった。ほかにも、全国にある高齢・障害者雇用支援機構を窓口にした助成制度がある。

●**関連法規**　◇障害者雇用促進法44条（子会社に雇用される労働者に関する特例）、雇用保険法40条（特定求職者雇用開発助成金）、110条の３（トライアル雇用助成金）

8. 高年齢者雇用安定法の改正点

改正高年齢者雇用安定法（2021年４月施行）のポイントは何か。

現行では65歳までの雇用機会を確保するために高年齢者雇用確保措置を講じることを義務付けられていたが、改正では70歳までの就業機会確保を講じることを努力義務としている。

解説 2021年４月１日には現行法に加えて、個々の労働者の多様な特性やニーズを踏まえて70歳までの就業機会の確保について多様な選択肢を法制度上整えることを努力義務とする改正法が施行された。改正法では、事業主として、①70歳までの定年引き上げ②70歳までの継続雇用制度の導入③定年廃止④高年齢者が希望する時は70歳まで継続的に業務委託契約を締結する制度の導入⑤高年齢者が希望する時は70歳まで継続的に、ａ）事業主が自ら実施する社会貢献事業、ｂ）事業主が委託、出資等する団体が行う社会貢献事業、に従事できる制度の導入、のいずれかの措置を講じる努力義務がある。このうち④と⑤については、労働者の過半数を代表する者等の同意を得た上で導入することができる。

また、これまで45歳以上65歳未満を対象としていた▷再就職援助措置を講じる努力義務および▷多数離職届出を行う義務を、法改正により70歳未満までを対象とすることとした。前者には、教育訓練の受講等のための休暇付与や求職活動に対する経済的支援、再就職の斡旋、教育訓練受講等の斡旋、再就職支援体制の構築などがある。後者は同一事業所において１月以内の期間に５人以上の高年齢者等が解雇等によって離職する場合の、離職者数や当該高年齢者等に関する情報等の公共職業安定所長への届け出が義務付けられている。

これまで通り、連結子会社など緊密性のある企業に限定されていた雇用先企業範囲は、関連会社を含むグループ企業内にまで拡大されている。当該事業主間で継続雇用に関する契約を締結することで、より広い範囲で雇用先を確保できるようになっている。

高年齢者雇用確保措置を実施していない企業には、ハローワークが実態調査を行い、状況に応じて助言・指導・勧告が行われる。それでも是正されない場合は、企業名の公表やハローワークでの求人の不受理・紹介保留、助成金の不支給等の措置が取られることになっている。ただし、個別労働者の65歳までの雇用を義務付ける法ではないので、雇用条件等の不合意により雇用しなかった場合は、違反対象外であるとされている。

2021年に施行される同一労働同一賃金に則り、嘱託や臨時社員となる高年齢者の賃金や待遇に配慮しなければならない。雇用契約に当たっては、正社員時代との責任や考課などの待遇面での違いを明確にしておく必要がある（第５章10項、

11項、第７章１項参照）。

また、2022年以降に年金法（令和２年６月５日公布）が順次改正される。今回の法改正では▷被用者保険の適用拡大（2022年10月に100人超規模、2024年10月に50人超規模）▷在職中の年金受給の在り方の見直し（2022年４月に在職老齢年金の支給停止基準額を47万円に引き上げなど）▷受給開始時期の選択肢の拡大（現行60歳〜70歳→2022年４月60歳〜75歳）▷確定拠出年金の加入可能要件の見直し等が行われる。

●関連法規 ◇高年齢者雇用安定法９条、10条（指導、助言および勧告）、10条の２（高年齢者雇用就業確保措置）
◇年金制度改正法

●参考判例 ◇トヨタ自動車事件（名古屋高裁平28．９．28）＝従前とは全く異なる再雇用条件を提示され拒否したところ、再雇用されなかったことにつき不法行為の成立を認めた。

改正高年齢者雇用安定法の内容（努力義務）

1 70歳までの定年引き上げ
2 定年の廃止
3 70歳までの継続雇用制度の導入（現行の特殊関係事業主の雇用制度に加えて他の事業主への雇用も含む）
4 創業支援等措置（委託契約の締結等に基づき金銭を支払いその就業を確保する措置。ただし、過半数代表者等の同意）
　⑴フリーランス・起業支援等
　⑵社会貢献活動への参加の支援
　　①当該事業主が実施する場合
　　②当該事業主から委託を受けて法人団体等が実施する場合
　　③法人団体等が実施する場合であって当該事業主が資金提供等の援助を行っている場合

9. 再雇用時の留意点

Q **再雇用の契約を行う場合、定年前と同じ部署や勤務時間でなければならないか。また、留意点はなにか。**

A 高年齢者雇用安定法は65歳までの希望者全員を対象とすることを義務付けたが、雇用条件については契約時に本人の合意が得られれば問題はない。ただし短時間勤務制度や短日数勤務制度を活用する場合、勤務時間数や勤務日数によっては健康保険・厚生年金保険の加入対象とならない場合があることなどに留意する必要がある。また再雇用可能な企業範囲がグループ企業内にまで拡大されているが、当該高年齢者を定年後に関連会社等で雇用する場合には、あらかじめ事業主間でその旨を約する契約を締結しておく必要がある。65歳以降については努力義務であり、雇用しなくても罰則はない。

解説 厚労省は、2012年11月に告示した高年齢者等職業安定対策基本方針で、「公的年金報酬比例部分の支給開始年齢が段階的に65歳に引き上げられることから、雇用と年金の確実な接続を図ることが重要である」とし、個々の労働者の意欲および能力に応じた雇用確保のための環境整備について指針を提示している。中でも再雇用契約に関係する事項として、知識・経験等を活用できる配置・処遇の推進や、勤務時間制度の弾力化などを挙げ、高齢期に差が出る個々の労働意欲や体力等に合わせた、多様な雇用形態を促している。

1日の所定労働時間または1か月の所定労働日数が一般社員のおおむね4分の3未満であれば、事業主が当該労働者を健康保険・厚生年金保険に加入させる必要がない。この場合、公的年金支給開始年齢に達すれば、在職老齢年金は減額されずに全額支給される。

また、雇用保険被保険者であって、賃金が定年時（60歳時）の賃金額の75%未満に低下した場合は、低下率に応じて、ハローワークから0.44～15%に相当する額が高年齢雇用継続給付として支給される。毎月の賃金が一定額（2020年8月現在は36万5114円。毎年8月に変更される）を超える場合には支給されない。ただし、2025年度に60歳になる人から段階的に縮小され、上限が15%から10%相当額となる。

このように短時間勤務などの多様な雇用形態を活用する際には、賃金だけでなく健康保険への加入や、在職老齢年金、高年齢雇用継続給付などさまざまな要素に留意しながら総合的に雇用条件を決定する必要がある。

●関連法規 ◇高年齢者雇用安定法9条（高年齢者雇用確保措置）、雇用保険法61条（高年齢雇用継続基本給付金）

●関連通達 ◇昭50.3.25職発97号（厚生年金保険の適用基準）
◇平24.11.9職発1109第2号（高年齢者等の雇用の安定等に関する法律の一部を改正する法律等の施行について）

≪参考資料≫年金支給停止の仕組み

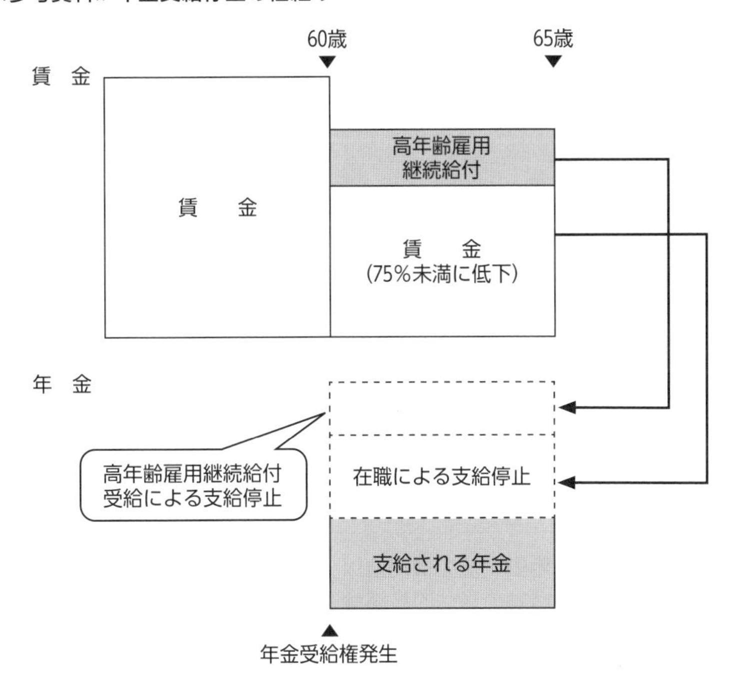

日本年金機構HP
https://www.nenkin.go.jp/service/jukyu/roureinenkin/koyou-chosei/20140421-02.html
雇用保険の高年齢雇用継続給付との調整

65歳になるまで老齢年金を受けている人が高年齢雇用継続給付を受ける場合、在職による年金の支給停止に加えて年金の一部が支給停止となる。

支給停止される年金額は、最高で賃金（標準報酬月額）の６％に当たる額。

10. 再雇用時の待遇

Q 65歳までの希望者全員を継続雇用の対象者とするが、再雇用契約時の待遇や賃金の設定について、当該労働者の意向に沿うものでなければならないのか。

A 厚労省は「最低賃金などの雇用に関するルールの範囲内で、労働時間、賃金、待遇などに関して、事業主と労働者の間で決めることができる」としている。事業主に定年退職者の希望に合致した労働条件での雇用を義務付けるものではないため、合理的な裁量の範囲の条件を提示していれば、労働条件等についての合意が得られず、結果的に労働者が継続雇用されることを拒否したとしても、法的に問題はないとされている。ただし、正社員との待遇の差自体が直ちに問題にはならないが、性質によっては不合理となりうるので注意が必要である。

解説 高年齢者雇用安定法では60歳以上の雇用確保が義務付けられているが、待遇についての具体的基準はない。そのため、事業主が提示した内容で労働者が納得せず労働契約が成立しなければ、再雇用契約は成立しないことになる。この場合、提示した条件が合理的な裁量の範囲内であれば、法的にも問題はない。したがって、再雇用後の賃金は、定年時の賃金水準と切り離し、各企業の人事・労務政策に沿って決めることができる。

2019年に行われた「高年齢者の雇用に関する調査」(独立行政法人労働政策研究・研修機構)では、フルタイム勤務の継続雇用者の60歳直前の平均年収を100とした場合、61歳時点では78.7となり、60歳を境に収入が4分の3ほどに減少していることが分かった。

また同調査によると、賃金水準決定の要素としては、①60歳到達時の賃金水準(48.0%)②個人の知識、技能、技術(47.8%)③担当する職務の市場賃金・相場(20.5%)④業界他社の状況(18.4%)⑤自社所在地域の最低賃金(14.1%)となっている(無回答が15.4%)。

裁判例では、定年後嘱託として再雇用された原告が、再雇用後の賃金が正社員当時と比べ極めて低額であることを違法として、その差額支払いを求めたX運輸事件(大阪高裁平22.9.14)がある。「賃金が正社員時の54.6%となりその格差は軽視できないものの、公序良俗に違反しているとまでは言えず、労使間で労働契約も締結されていた」ことから、結果的に請求は退けられた。このように定年時の賃金と比べ低額になることは認められるが、その程度によっては合理的な裁量の範囲を超えるものであると判断される場合には、損害賠償請求が認められる可能性もあるため、適正な条件を提示するよう留意する必要がある。

同じく正社員との賃金格差が不合理であると訴えたY運輸事件(最高裁二小

平成30. 6. 1）では有期労働契約者が定年退職後に再雇用された者であることは、労働契約法20条にいう「その他の事情」として考慮されることとなる事情に当たると判断。さらに賃金差を考慮する場合には「両者の賃金の総額を比較することのみによるのではなく、当該賃金項目の趣旨を個別に考慮すべきものと解するのが相当である」とした。つまり賃金差については「定年後再雇用である」という事情は一定の合理性があるとされる一方で、手当の性質によっては不支給とすることは不合理となりえることが示された。

※有期労働契約者の労働条件については、７章２項参照。

●関連法規 ◇高年齢者雇用安定法９条（高年齢者雇用確保措置）

●関連通達 ◇平24.11.９職発1109第２号（高年齢者等の雇用の安定等に関する法律の一部を改正する法律等の施行について）

●参考判例 ◇長澤運輸事件（最高裁二小平成30.6.1）＝定年後再雇用のトラックドライバーが正社員との賃金格差が不合理として訴えた。精勤手当と超勤手当については不合理な差と判断したが、その他については不合理ではないとされた。

11. 高齢者のキャリアを生かすには

Q **継続雇用制度を利用する高年齢者が増えるなか、職域・業務の確保や待遇面での対応を迫られる社が少なくない。高年齢者が、長年培ってきた知識・経験を生かし、労使または若年層との関係において、双方にとってプラスになる働き方をしていくために、事業主としてどのような配慮をしていけばよいだろうか。また、定年延長や同一労働同一賃金についての考え方はどうか。**

A 厚労省は、2012年11月に告示した高年齢者等職業安定対策基本方針で、高年齢者の意欲および能力に応じた雇用機会の確保等のために事業主が行うべき諸条件の整備に関して、高齢化に対応した職域の拡大や、勤務時間制度の弾力化などを挙げている。新聞協会労務委員会調査でも、継続雇用制度についての関心事項として、職域・業務の確保、給与等の処遇、モチベーションを維持してもらう方法、といった意見が寄せられている。定年前の業務にこだわらず、また体力低下等も考慮に入れ、柔軟に配置や役割を提示していく必要もある。また待遇面では、定年延長や同一労働同一賃金への対応、70歳までの雇用努力義務など対応するべきテーマが多く、コスト増大は避けては通れない。

解説 日本新聞協会労務委員会の調査（2021年1月現在）によると、定年前後で異なる職種に就くことがある社は、55社中30社に上った。編集・広告の内外勤の異動や関連会社に出向するケース、印刷から他部署の内勤業務に変わる例などが見られた。会社としては後進の育成や技術継承への期待が大きいといえる。

給与等の処遇は、モチベーションの維持・向上にも大きな影響を与えていると思われるが、評価を反映した功労金を支給する社もあれば、原則として賃金が増額しない社もあった。年金無受給者への対応については、55社中13社が、「対応を行った」と回答。5社が手当を加算していた。うち3社が新たにフルタイム勤務（月給制等）を導入し、4社が給与に手当を加算する措置を取っている。

同一労働同一賃金の観点から、手当の統廃合を行うケースもあった。廃止したのは55社中3社。新設したのは54社中24社だった。新設した手当は通勤手当や資格手当、賞与手当、法定超の深夜割増手当など多岐にわたる。

定年延長についても新聞協会の調査では、導入済みが4社、検討中が10社、予定なしが37社（全体54社）だった。「現役社員に不公平感を与えずに、再雇用者に経験を生かしてもらう業務の拡大が課題」「70歳までの就業機会確保に向けた賃金体系、業務内容の見直しが必要」などの意見もあった。

改正高年齢者雇用安定法では65歳以降の雇用についても努力義務化され、「70歳定年」も現実味を帯びてきた。同一労働同一賃金の要素も勘案すると、高齢者の原資の増大は避けては通れない。人件費の原資を増やせないとするならば、若手中堅の給与に手を付けざるを得ないという議論も出てくる可能性が大きい。高齢者のキャリアを生かしつつ、法や社会の要請に応えるためには、制度や運用などを研究する必要がある。

●関連法規 ◇高年齢者雇用安定法９条（高年齢者雇用確保措置）、同10条の２（高年齢者就業確保措置）

●関連通達 ◇平24.11.９職発1109第２号（高年齢者等の雇用の安定等に関する法律の一部を改正する法律等の施行について）

第 6 章

人事異動・出向・転籍

1. 人事権と人事異動

使用者は、人事権に基づき自由に人事異動できるのか。

A　就業規則や労働協約に、人事異動（配置転換や職種変更など）に関する定めがあり、異動の理由が合理的かつ業務上の必要性に基づくものであれば、使用者は原則として個別の同意を得なくとも異動を命じることができる。

入社時に職種を限定した上で労働契約を結んだ労働者の職種を人事異動により変える場合は、労働契約の変更に当たることから、原則として当該労働者の同意が必要である。ただし、人事異動に経営上の合理性があり、法令や労働契約、就業規則に抵触せず、権利の乱用や信義則違反、不当労働行為に該当するなどの特別な事情がなければ、同意がなくとも人事異動が可能とされる場合もある。

解説　人事異動を行うポイントは、①就業規則に「業務の都合により転勤、職場、職務の変更を命じることがある」旨の定めがあり、従業員に明示している②異動の理由が業務上の必要性に基づいている③不当な動機や目的がない④限定正社員（地域限定・職種限定など）で人事異動を制限する個別の契約がない－などが挙げられる。

①の就業規則への記載は、人事権を行使する上での必須条件であり、包括的に従業員と同意している根拠となる。②③は、異動命令が人事権の乱用としてとらえられるかどうかを判断する上で重要な要素になる。④のように職場や勤務地を限定した上で労働契約を結んだ場合、それらを変更する際は、原則として改めて労働者の同意が必要となる。労使双方の合意が成立して初めて労働契約の内容が変更され、職種などの変更や配置転換の人事異動が可能となる。労働組合と人事異動に関する協約を締結しておくことが必須条件と考えられる。また、労働者の了解を得るための努力をする必要もある。会社が誠意をもって相応の努力をしたにも関わらず、本人の配置転換の同意が得られなければ、労働契約の解除、解雇もあり得ることになる。

法律などの制約を逸脱した異動命令は、当然、無効となる。具体的には、国籍、信条、性別による差別的取り扱いは労基法で禁止されているほか、育児・介護を行う者への配慮については厚労省より指針が出されている。また、組合役員の人事異動は、組合との関係や組合活動への影響を考慮し、不当労働行為と疑われないよう留意する必要がある。

●関連法規　◇労基法３条（均等待遇）、15条１項（労働条件の明示）、労基法施行規則５条１項（使用者が明示すべき労働条件）、男女雇用機会均等法６条１項（労働者の配置）、労組法７条（不当労働行為）

●関連通達　◇平21.12.28厚労省告示509号（子の養育又は家族の介護を行い、または行うこととなる労働者の職業生活と家庭生活との両立が図られるようにするために事業主が講ずべき措置に関する指針）

●参考判例　◇よみうり事件（名古屋地裁平４.９.９）＝中部読売新聞社（昭和63年解散）の編集局整理部員に対する報道局報道課への配置転換が争点に。会社は一定の範囲で労働の種類、態様、場所を一方的に変更することはできるが、その範囲を超える変更については本人の同意が必要として、配置転換は無効と判断。

◇同控訴審（名古屋高裁平７.８.23）＝採用に当たり、職種を「整理」と特定することまでの明示はなく、整理部員としてのみ労務提供する旨特約したとは認められない。この配置転換は、機構組織に伴う異動の一環である以上、整理部在職年数が長く、将来管理職として処遇するためには報道の仕事を経験する必要があったとして、原判決を取り消し、配転命令は有効と判断。

◇ケンウッド事件（最高裁三小平12.１.28）＝保育園に通う子を養育していた共働きの女性労働者に対する、目黒から八王子への異動転勤命令に対する出勤命令無視等を理由とする、停職処分後の懲戒解雇を有効。

◇ＮＴＴ東日本配転事件（配転無効確認等請求事件）（札幌地裁平18.９.29）＝配転は権利の乱用として違法と判断（転勤命令の権利乱用）。

◇同控訴審（札幌高裁平21.３.26）＝労働者が通常甘受すべき程度を著しく超える不利益を負わせるとして、配転命令は無効とした。

▷限定正社員制度の導入状況

（日本新聞協会労働委員会調査、2021年１月現在）

▷【導入社】限定正社員の処遇水準（正社員比、複数回答あり）　(社)

	70%台以下	80%台	90%台	100%	個別決定
給与	4	5			1
賞与	4	4		1	1
退職金	3	2	1	2	1

（日本新聞協会労務委員会調査、2021年1月現在）

用語解説 労働条件の明示

労基法15条は、使用者は労働契約を締結する際、賃金・労働時間その他の労働条件を明示しなければならないと定めている。特に絶対的明示事項とされる▷労働契約の期間▷就業の場所、従事すべき業務▷始業・終業の時刻、所定労働時間を超える労働の有無、休憩時間、休日・休暇ならびに労働者を２組以上に分けて就業させる場合の就業時転換▷賃金の決定、計算・支払いの方法、賃金の締め切り・支払いの時期に関する事項▷退職に関する事項（解雇の事由を含む）－については、書面によって明示する必要がある。ただし、明示すべき事項が就業規則に規定されていれば、就業規則の交付で足りる。

用語解説 人事異動

人事異動とは、労働者の職種、勤務地、労務提供の相手方などを変更させることをいい、昇格・降格、配転、出向、転籍などがある。

配転とは、職務内容または勤務場所が相当長期にわたって変更されるものをいい、同一勤務地（事業所）内で相当程度長期にわたって職種を変更するもの（配置転換）と、同一企業内で相当程度長期にわたって勤務地を変更するもの（転勤）に分けることができる。また、出向は、企業の範囲を超えて行われる人事異動であり、それまでの企業（出向元）の従業員としての地位を維持しながら他企業（出向先）の指揮下に入って働く「在籍出向」と、従来の企業との雇用関係を解消し異動先の企業に新たに雇用される「移籍出向」（転籍）に区分することができる。

用語解説 人事権

使用者の「人事権」は法律に定められた権利ではなく、使用者が一方的意思によって人事を決定する権限を、実務上「人事権」と呼んでいる。人事権は労働契約を機能させる不可欠な権利とされている。

用語解説 限定正社員

限定正社員とは、無期労働契約でありながら、職種、勤務地、労働時間などが限定的な「多様な形態による正社員」のことで、従来の正社員でも非正規労働でもない中間的な雇用形態である。

2. 転勤命令と家庭の事情

転勤命令を下す場合、家庭の事情を考慮しなければならないのか。

単身赴任や遠隔地配転というだけでは「通常甘受すべき程度を超える不利益」とはいえない。一方で、本人・家族の生活面への影響を考慮し、不利益軽減の努力が必要である。

解説　夫婦共働きや家族の介護、子供の教育・受験などの家庭の事情がある場合、転居を伴う転勤は労働者の生活環境に大きな影響をもたらす。一方で裁判例では、▷労働協約などに転勤規定がある▷転勤の慣行がある▷労働契約に職種、勤務地を特定する合意がない－などの場合、使用者の転勤命令権を認め、各命令に労働者の個別的な同意は不要としている。しかし、①業務上の必要がない②不当労働行為や思想信条などの差異を理由とする③人選の公平さ、妥当性がない④労働者の不利益が「通常甘受すべき程度を著しく超える不利益」に該当する－場合には、転勤命令権の乱用になり、命令は無効になる。

①②の場合は論外として、従業員の「家庭の事情」については、④に該当するか否かが問題になる。例えば、共働き夫婦に対する転勤命令は、一方の単身赴任か一方の退職という事態を招くが、裁判例は労働者側のこの不利益も「通常甘受すべき程度のもの」と判断しており、正当な転勤拒否理由には当たらない。

転勤命令を無効とした裁判例もある。▷持病がある社員の遠距離通勤▷病気や発達遅延の子の養育、両親の看護をしていた社員の転勤▷病気を持つ子を養育する共働き夫婦の夫の転勤－については「通常甘受すべき程度を超えた不利益」だとした。これらの事例のように最近は、本人や家族の健康、育児・介護の状況への配慮がより求められる傾向にある。これは育児・介護休業法が、育児や介護をする労働者の配置に際しての使用者の配慮義務を定めたことにも反映されている。

労働協約などに転勤規定があるからといって、無制限に人事権の行使ができるわけではない。転居を伴う転勤を命ずる場合、業務上の必要性が優先されるのは当然だが、社員の不利益の軽減・回避のための最大限の配慮をすべきといえる。

●関連法規　◇育児・介護休業法26条（転勤による子の養育、家族介護困難者への配慮）

●参考判例　◇東亜ペイント事件（最高裁二小昭61．7．14）＝単身赴任の配転拒否をめぐる初の最高裁判例。配転命令権の３つの基準（本文中の①②④）を判示。
◇帝国臓器製薬事件（最高裁二小平11．9．17）＝同一会社の共働き夫婦で夫のみ東京から名古屋への配転事案。社会通念上受忍すべき範囲内で、転勤命令は正当。
◇ミロク情報サービス事件（京都地裁平12．4．18）＝メニエール病（強度の耳鳴り、難聴等の聴覚症状や自律神経症状）の従業員の通勤に１時間40分かかる支社への異動は転勤命令権の乱用。

◇北海道コカ・コーラボトリング事件（札幌地裁平９．７.23）＝そううつ病の疑いのある長女、精神運動発達遅延の次女、体調不良の両親の面倒をみていた従業員の転勤は、人選に妥当性を欠く。
◇明治図書出版事件（東京地裁平14.12.27）＝重症のアトピー性皮膚炎の子を養育する共働き夫婦の夫の、東京から大阪への転勤による不利益は甘受すべき程度を超える。
◇ネスレ日本事件（大阪高裁平18．４.14）＝家族を介護しなければならない事情を無視した遠隔地配転は「配転命令によって受ける不利益が通常甘受すべき程度を著しく超える」「配転命令権の乱用」とし、配転命令は無効とした。

3. 危険地域への業務命令

Q **災害や紛争など命に関わる危険地域や感染症に罹患する恐れの強い地域への人事異動（転勤）や取材に行かせるなどの業務命令をすることはできるのか。**

A 命の危険や感染症のリスクを伴う業務命令は、本人の同意を得て行かせるということが必要である。新聞・通信社の仕事というのは、危険地域に出かけて行くのが仕事の一部であるが、客観的に生命や身体を害するなど危険の蓋然性が高い場合は、本人の同意がないと業務命令はできない。

解説 業務命令が正当であるかの判断は、危険地域に対する政府の発表や取り扱いによらざるを得ない。家族の心配について配慮はすべきだが、法的には、政府が「その地域は安全」と発表している場合は、業務命令できる。

被災した建物での取材の場合、使用者の判断が「安全」であれば、労働者が「危険」と判断し拒否することは、正当な理由にはならない。また、社員の正当な理由のない業務命令拒否を受け入れると、公平性に欠ける。使用者は安全配慮義務の観点から、危険地域へ人事異動（転勤）させる場合は任期を２年に限るなどの対応策を講じておくとよい。

なお、東日本大震災後、放射性物質の除染をしている会社は、従業員本人の同意を得て仕事に従事させた。

また、危険地域への出張の際は、会社側には従業員に対する安全配慮義務があるので、労働者が労務提供を行うに当たって予想される危険に対しては万全の対策を講じなければならない。海外出張における治安状況など、危険が具体的なものと考えられる場合、現地情勢を把握した上で、安全対策をとることが必要だ。会社として十分な安全対策をしたことを説明し、緊急時の取り扱いについて措置しない限り、その出張命令を拒否することは可能であり、拒否したとしても懲戒の対象にならないと考えられる。

感染症に関しても災害などと同様に法的には業務命令できる範疇であるが、赴任先や出張先で感染した場合は労災認定される可能性があることを踏まえて判断するべきである。

就業規則には非常事態について何も書かれていないことが多い。「～の場合には本人の同意がいる」「～の場合には業務命令することができる」あるいは「～の場合には休業できる」など非常時態勢における就業規則「災害時対策就業規則」などを準備しておくことが望ましい。

●参考判例 ◇電電公社千代田丸事件（最高裁三小昭43.12.24）＝生命の危険のある海域への業務命令に対する就労拒否を理由とする解雇は無効。

4. 出向の労働契約上の扱い

Q 出向における労働契約はどのようなものか。また、出向先からさらに出向させることは可能か。

A 出向とは、自分が在籍している会社（出向元）との労働契約を維持したまま、別の会社（出向先）に異動し、出向先の指揮命令下で業務に従事することをいう。在籍出向とも呼ばれる。労働契約上の地位の変更を命ずる権利義務は出向元との間に存在しており、出向元の同意を得ない出向先からの再出向はできない。

解説 出向は、①就業規則に出向規定がある②出向中の労働条件の保障③業務上の必要性④人選の合理性―などがあれば業務命令として命じうると考えられる。

労働契約上は、出向元と労働者、出向先と労働者との間に二重の労働契約が成立し、契約上の権利義務が出向元と労働者、出向先と労働者間に分かれて存在している。

労働者の地位の変更を命ずる権利義務は、出向元と労働者間に存在するため、出向先が出向社員を他社に一方的に再出向させることはできない。どうしても必要な場合は、いったん出向元に復帰させたうえで出向元から再出向、あるいは転籍出向（転籍）といったことが考えられる。しかし、こうした出向命令は権利の乱用と判断される危険性が高くなるので、できれば避けた方がよい。

転籍出向とは、労働者と従来の雇用関係のあった企業との間の労働関係が解消され（退職）、新たに他の企業に雇い入れられる（採用）ことであり、原則として個別に労働者の同意が必要となる。転籍は、労働者にとって退職という重大な意思表示と身分・地位の変更を伴うため、「同意なく一方的に転籍を命じた命令は無効」（日本石油精製事件、横浜地裁昭和45．9．29）となる。

なお、出向先から出向元への復帰に関しては、後日復帰することが予定されているか否かによって、本人同意の要・不要が変わってくる。一般的には、出向規定で出向期間を定めておく（つまり出向期間終了後の復帰を予定している）ことが多く、こうしたケースでは復帰命令について本人同意を得る必要はない。出向期間中の復帰要求に対しては、原則として応じる必要はないが、復帰を求める理由がやむを得ない事情と判断されれば、出向を解くこともあるだろう。また、復帰時の職場については、出向規定で「原則として出向前の職場とする」「復職後の所属はその都度定める」などと定めておくケースが多いが、前者の場合でも「業務上の都合で異なる職場に配属することがある」旨のただし書きを加えておいた方がよい。

●**関連法規**　◇労契法14条（出向）

●**参考判例**　◇栃木合同輸送事件（名古屋高裁昭62．４．27）＝出向元から解雇された在籍出向者が出向先との雇用関係の確認を求めた事案で、出向元とならんで出向先とも通常の労働契約が成立しているとした。出向は二重の労働契約関係があるとの見解に立つ裁判例。

◇新日本ハイパック事件（長野地裁松本支部平１．２．３）＝仕事上のミスをした労働者に対して研修を目的としてなされた福島市所在の系列工場への出向命令について、①遠隔地で再教育する合理的な理由がない②家庭生活に及ぼす重大な支障について配慮していない―などとして、不当人事で権利の乱用に当たると判断。出向命令拒否を理由とする解雇も、無効とされた。

◇新日本製鐵（日鐵運輸第２）事件（最高裁二小平15．４．18）＝経営悪化を背景に雇用調整策として行われた中高年労働者に対する関連会社への出向について、出向元への復帰が困難であっても①出向を規定した就業規則が存在する②出向の必要性がある③労働条件・生活環境面で問題とすべき事情がない④適切な人選など合理的な方法で行われている―場合、出向者の個別具体的な同意を得ることなく出向を命じることができる。

◇生協イーコープ・下馬生協事件（東京高裁平６．３．16）＝本件退職の意思表示は、転籍先との雇用関係の成立を条件とするものと認めるのが相当とし、転籍先と雇用契約が締結されるまでは、転籍元と雇用契約が存在するとした。

◇リコー事件（東京地裁平25.11.12）＝退職勧奨を断った労働者全員を出向対象とした点で人選の合理性は認められず、出向命令は人事権の乱用であり無効とした。

5. 出向者の労務管理

出向者の労務管理は出向元と出向先どちらが行うのか。

一般的には、労働時間や休憩、服務規律、安全衛生など勤務に関する事項は出向先、退職や休職など労働者の地位に関する事項は出向元が行う。

解説　出向は、出向元と労働者、出向先と労働者との間に二重の労働契約が成立しており、「出向元および出向先に対しては、それぞれ労働契約関係が存する限度で労働基準法等の適用がある」（昭61. 6. 6基発333号）。出向元と出向先どちらの就業規則が適用されるかでいえば、一般的には、労務の提供が出向先に対してなされるので、労務の提供に関係する事項（始業、終業の時刻などの労働時間関係、休憩、休日、休暇、出張などの勤務関係、作業方法、職場遵守事項などの服務規律関係、安全や衛生に関する事項など）は、現実の指揮監督権を有する出向先の就業規則が適用になり、それ以外の基本的な労働者の地位に関する事項（解雇、退職、人事異動など）については、出向元の就業規則がそのまま継続して適用になると考えられる。

働き方改革関連法で義務付けられた年５日の年次有給休暇（年休）取得については、労基法上の規定はなく、出向元、出向先、出向労働者３者間の取り決めによることになる。年休を付与した日（基準日）や、出向元で取得した年休日数を出向先の使用者が指定すべき５日から控除するかどうかについても、取り決めによる。なお、転籍の場合は、転籍先との間にのみ労働契約関係があることから、転籍先は10日以上の年休が付与された日から１年間について５日の時季指定を行う必要がある。

出向先が時間外労働・休日労働を命ずるには、出向先の就業規則に時間外労働・休日労働を命ずる規定のほか、労基法36条に定める労使協定（３６協定）が必要となる。特段の取り決めがない限り、出向先の３６協定で定める範囲内で時間外労働・休日労働を行わせることができる。時間外労働の上限規制は労働者個人に適用されるものであり、出向元と出向先の労働時間が通算される。３６協定の適用時間は事業場単位なので通算されない。過労自殺に関して使用者の安全配慮義務違反などを理由とする損害賠償請求事件も起きており、出向先だけでなく、出向元も出向先における出向者の労働実態については十分把握し、出向者の健康面に関する配慮をすべきである。

●関連通達 ◇平30.12.28基発1228第15号（働き方改革を推進するための関係法律の整備に関する法律による改正後の労働基準法関係の解釈について）

●参考判例 ◇ＪＦＥスチール（ＪＦＥシステムズ）事件（東京地裁平20.12.８）＝出向者が長時間労働や過大な精神的ストレスでうつ病となり、自殺したことに対して、出向者の家族が、出向元と出向先に損害賠償を求めた。判決は、出向先に対して、うつ病にり患させないような適切な措置を講じる安全配慮義務違反があると認定。出向元については「日常的に（出向者の）労働環境、健康状態等を把握することは困難であった」などとして、「安全配慮義務違反を負っていたということはできない」とした。

6. 出向時の不利益変更

社員を在籍出向させる際、労働条件が低下してしまう部分についてどのように対処したらよいか。

労働時間や休日など基本的な労働条件が大きく低下する場合、出向手当を支給するなど何らかの救済措置を講じた方がよい。

解説 具体的な救済措置としては、▷賃金の差額を出向手当として支給する▷出向先の所定労働時間が出向元を上回るとき、超過時間を時間外労働として取り扱う▷休日不足分を復帰した際に付与する▷減じた有給休暇日数を買い上げる－などの方法が考えられる。こうした救済措置を講じないと、出向命令自体が業務命令権の乱用とみなされる恐れもある。

したがって、就業規則で「業務上の必要がある場合、出向を命ずることがある」旨を規定するだけでは十分とはいえず、出向先や出向期間、出向社員の身分・待遇などの基本的労働条件について定めた出向規定の整備が不可欠である。

また、出向先と労働者との間に新たな労働契約関係が生じるため、原則として書面による労働条件の明示が必要とされる。出向期間は出向中の身分や労働条件が保障されている限り、明確にしなくても違法ではないが、労働者への配慮から期間を定めた方がよい。出向期間の伸縮については、それに関し出向規定に記載があり、正当な理由があれば可能である。

●関連法規 ◇労基法15条１項（労働条件の明示）

●参考判例 ◇神鋼電機事件（津地裁昭46.５.７）＝出向により労働条件が相当に低下する例について「不利益を解消するだけの条件提示もなく、本人の意向を無視して行った出向命令は信義則上是認しがたく無効」と判断。

◇神戸高速鉄道事件（神戸地裁昭62.９.７）＝出向の取り扱いについて組合と協議するという労働協約があるからといって、本人の同意もなく出向を命じることは、労働契約の範囲を超えるものとして無効とした。

◇新日本製鐵（三島光産）事件（福岡高裁平12.２.16）＝出向期間延長の可能性を示した出向協定を理由に出向期間を延長することが認められるかどうかが争われ、判決は本人同意のない出向期間延長を正当とした。

7. 出向社員の個人情報

出向させる社員の個人情報を出向先に提供してもよいか。

「第三者提供」に該当するため、出向元は本人の同意を得ずに個人データを出向先に提供できないが、共同利用の措置を講じれば、本人の同意を得なくても個人情報を提供することができる。

解説　出向先が出向元のグループ会社であっても、別法人であることから、個人情報保護法23条１項の「第三者」に該当する。したがって、同条の例外に該当する場合を除き、出向元はあらかじめ出向者本人の同意を得ることなく、出向先に個人データを提供することはできない。ただし、「共同利用」の措置を講じれば、出向者本人の同意なく、出向先に個人データを提供することが可能となる。

◆共同利用（個人情報保護法23条５項３号および同条６項）

特定の者との間で共同して利用される個人データを当該特定の者に提供する場合は、第三者提供に該当しない。共同利用は、情報提供にあたって①共同利用すること②共同利用される個人データの項目③共同利用する者の範囲④利用する者の利用目的⑤当該個人データの管理について責任を有する事業者の氏名または名称―について、あらかじめ本人に通知し、または本人が容易に知り得る状態に置いておくことが要件となる。さらに、④または⑤を変更する場合は、変更する内容をあらかじめ本人に通知し、または本人が容易に知り得る状態に置いておくことも求められる。したがって、共同利用の場合は、出向者本人に通知を担当する部署や個人情報管理責任者をあらかじめ設置するなど、出向先との間で情報管理体制を整備しておくことが不可欠である。

【マイナンバーについて】

出向先に特定個人情報（マイナンバーを含む個人情報）を提供すること、出向元から同情報の提供を受けることは、番号法19条、20条に違反する。そのため、出向先が直接出向者から特定個人情報の提供を受ける必要がある。ただし、出向元が出向先と委託契約または代理契約を交わして個人番号関係事務の一部を受託し、労働者から番号の告知を受け、本人確認を行うこととされている場合は、出向元が改めて本人確認を行ったうえで、出向先に特定個人情報を提供することも認められる。

8. 出向者の懲戒処分

出向者の懲戒処分は出向先、出向元のどちらで行うべきか。

出向先、出向元ともに懲戒処分を行うことができるが、出向先は解雇を伴う処分を行う権限までは有しない。出向元、出向先両方での「二重処分」とならぬよう留意すること。

解説　出向は、出向元と労働者、出向先と労働者との間に二重の労働契約が成立し、契約上の権利義務が出向元と労働者、出向先と労働者間に分かれて存在している。労働者の地位の変更を命ずる権利義務は出向元と労働者間に、労務提供を前提とする指揮命令に関する権利義務が出向先と労働者間にそれぞれ存在すると考えられている。

したがって、出向社員は、出向先の指揮命令および就業規則に基づく服務規律によって業務を遂行する義務を負う。出向先は、出向社員が業務命令に服従しなかったり、服務規律に違反したりするなど企業秩序違反行為を行った場合は、会社の就業規則、懲戒規定に基づいて懲戒処分を行う権限を有することになる。しかし、労働契約上の地位に関する権利義務は出向元に残るため、出向先が行える懲戒処分は、「戒告」「けん責」「減給」「降格」「降職」「出勤停止」などに限られ、懲戒解雇や諭旨解雇など解雇を伴う処分を行うことはできない。

また、出向先で企業秩序違反行為が出向元の立場から見ても同様に考えられる場合には、出向元は出向元の懲戒規定などに基づいて懲戒処分を行うことができる。出向先、出向元の両方で懲戒処分を検討している場合には、「二重処分の禁止」に該当しないよう留意が必要だ。

実務的には、出向先に懲戒権限がある場合でも、出向元と十分協議し、どちらで懲戒処分を行うのが適当か判断すべきであろう。

●参考判例　◇日本交通事業者事件（東京地裁平11.12.17）＝出向先での懲戒事由は、出向元の懲戒規定の適用ないし準用は許されるが、諭旨解雇は権利の乱用に当たり無効。

◇岳南鉄道事件（静岡地裁沼津支部昭59.2.29）＝出向先での勤務怠慢や上司の命令違反について、出向命令を解除したうえでの出向元の懲戒解雇は有効である。

第 7 章

雇用形態・労働条件

1. 同一労働同一賃金について

同一労働同一賃金のポイントは。

A 同一企業内の正規雇用労働者（無期雇用）と非正規雇用労働者（短時間や有期契約労働者）の間の不合理な待遇差の解消を目指す考え方。労働者間の均衡待遇・均等待遇を確保することなどが求められている。不合理な労働条件の差は禁止され、待遇に差がある場合には理由があることを説明しなければならない。裁判外紛争解決手続（行政ＡＤＲ）の整備も盛り込まれた。既存の労働契約法（労契法）では有期労働契約について無期労働契約への転換や「雇い止め法理」の法定化などのルールが定められている。

解説 正規雇用と非正規雇用にある不合理な待遇の格差を禁止することで、多様な働き方の選択を広げることが目的とされる。2018年の働き方改革関連法の枠組みの中に同一労働同一賃金の考え方が盛り込まれ、関連する法律とともにパートタイム労働法が「パートタイム・有期雇用労働法」に改正された。大企業は20年４月から、中小企業は21年４月から対象となった。厚労省は同一労働同一賃金のガイドラインを提示し、均衡待遇と均等待遇について解説している。

均衡待遇とは職務内容などが異なればバランスの取れた待遇にしなければならないこと、均等待遇とは職務内容などが同じであれば同一の待遇が求められることである。待遇差そのものを禁止するのではなく、個々の待遇ごとに、当該待遇の性質や目的を照らし合わせて判断することが示された。

待遇は賃金のほか、福利厚生、教育訓練、休日、休暇におよぶ。休みの制度趣旨によっては差をつけることは不合理となる。

また、労働者に対する待遇に関する説明義務が強化された。待遇差について説明を求められた場合には、当該労働者の待遇内容および待遇決定に際しての考慮事項に関する説明をする義務がある。また、説明を求めたことによる不利益な取り扱いも禁止となっている。労働者と会社側で紛争となった場合には行政ＡＤＲを活用できることも盛り込まれた。

派遣会社からの派遣社員については「同一企業内」ではないものの、①派遣先の労働者との均衡・均等待遇②一定の要件を満たす労使協定による待遇―のいずれかを確保することが義務化された。

正規雇用同士や非正規雇用同士の待遇差についての規定はなく、無期転換した有期雇用労働者（フルタイム）は正規雇用扱いとなる。

○ガイドラインに示された考え方

基本給	・基本給が、労働者の能力または経験に応じて支払うもの、業績または成果に応じて支払うもの、勤続年数に応じて支払うものなど、その趣旨・性格がさまざまである現実を認めた上で、それぞれの趣旨・性格に照らして、実態に違いがなければ同一の、違いがあれば違いに応じた支給を行わなければならない。 ・昇給であって、労働者の勤続による能力の向上に応じて行うものについては、同一の能力の向上には同一の、違いがあれば違いに応じた昇給を行わなければならない。
賞与	・ボーナス（賞与）であって、会社の業績等への労働者の貢献に応じて支給するものについては、同一の貢献には同一の、違いがあれば違いに応じた支給を行わなければならない。
各種手当	・役職手当であって、役職の内容に対して支給するものについては、同一の内容の役職には同一の、違いがあれば違いに応じた支給を行わなければならない。 ・そのほか、業務の危険度または作業環境に応じて支給される特殊作業手当、交替制勤務などに応じて支給される特殊勤務手当、業務の内容が同一の場合の精皆勤手当、正社員の所定労働時間を超えて同一の時間外労働を行った場合に支給される時間外労働手当の割増率、深夜・休日労働を行った場合に支給される深夜・休日労働手当の割増率、通勤手当・出張旅費、労働時間の途中に食事のための休憩時間がある際の食事手当、同一の支給要件を満たす場合の単身赴任手当、特定の地域で働く労働者に対する補償として支給する地域手当等については、同一の支給を行わなければならない。
福利厚生・教育訓練	・食堂、休憩室、更衣室といった福利厚生施設の利用、転勤の有無等の要件が同一の場合の転勤者用社宅、慶弔休暇、健康診断に伴う勤務免除・有給保障については、同一の利用・付与を行わなければならない。 ・病気休職については、無期雇用の短時間労働者には正社員と同一の、有期雇用労働者にも労働契約が終了するまでの期間を踏まえて同一の付与を行わなければならない。 ・法定外の有給休暇その他の休暇であって、勤続期間に応じて認めているものについては、同一の勤続期間であれば同一の付与を行わなければならない。特に有期労働契約を更新している場合には、当初の契約期間から通算して勤続期間を評価することを要する。 ・教育訓練であって、現在の職務に必要な技能・知識を習得するために実施するものについては、同一の職務内容であれば同一の、違いがあれば違いに応じた実施を行わなければならない。

【労働契約法について】

就業形態の多様化に伴い個別労働関係紛争が増加する中、労働契約に関する基本的なルールを定めた労契法が2008年に施行された。労基法は労働基準監督官の監督指導や罰則を科すことにより最低労働基準を確保する刑事法規だが、労契法は、都道府県労働局長の助言・指導等により、労働契約当事者（使用者と労働者）の合理的な労働条件の決定・変更を確保する民事法規である点が大きく異なる。労契法では以下の内容などが規定されている。

1．無期労働契約への転換（18条）

同一使用者との間で有期労働契約が繰り返し更新されて通算５年を超えた場合は、労働者の申し込みにより、期間の定めのない労働契約に転換できる。

※有期雇用から無期雇用への転換については、７章３項参照。

2．「雇い止め法理」の法定化（19条）

使用者が有期労働契約の更新を拒否した場合は、契約期間満了で雇用が終了する（雇い止め）が、過去の最高裁判例により一定の場合にこれを無効とするルール（雇い止め法理）が確立しており、そのままの内容で条文化した。

※有期労働契約の解約、雇い止めについては、７章５項参照。

【パート・有期法について】

非正規雇用（短時間・有期）労働者と正規雇用との不合理な待遇格差などを禁止することを規定している。

1．不合理な労働条件の禁止（８条）

事業主は非正規雇用労働者の待遇について、正規雇用労働者と差がある場合に、当該待遇の性質や目的を考慮した際に不合理な待遇差があってはならない。待遇の相違と業務内容の間にバランス（均衡待遇）を求めている。これまでは「有期雇用と無期雇用」の差については労契法20条、「パートタイムとフルタイム」の差についてはパートタイム労働法８条に別々に定められていたものが統合された。

2．差別的取り扱いの禁止（９条）

事業主は雇用する非正規雇用者と正規雇用者の間でその全雇用期間において職務内容や範囲、責任が同一の場合、非正規であることを理由に待遇差を設けてはならない。すなわち「均等待遇」を定めている。

3．待遇差の説明義務（14条）

事業主は、非正規雇用労働者から求めがあったときは、正規雇用労働者との間の待遇差の理由を説明しなくてはならない。また、説明を求めたことによる不利益扱いは禁止とされた。

ただし、厚労省の施行通達では、事業主が必要な説明をしたにも関わらず、繰り返し説明を求めてきた場合、職務に戻るよう命じ、それに従わない場合に当該不就労部分について就業規則に従い賃金カットを行うようなことについては不利益な取り扱いではないとしている。

均衡待遇	職務内容や責任の程度、配置等の変更の範囲、その他の事情の違いに応じた範囲内でバランスの良い待遇にしなければならない
均等待遇	職務内容や責任の程度、配置等の変更の範囲が同じ場合、待遇も同じにしなくてはならない

●関連通達 ◇平30.12.1厚労省告示430号（不合理な待遇差禁止等に関する指針）
◇平31.1.30短時間労働者および有期雇用労働者の雇用管理の改善等に関する法律の施行について

●参考判例 ◇東芝柳町工場事件（最高裁一小昭49.7.22）＝反復更新された2か月の臨時工契約が「期間の定めのない契約」と異ならない状態だったとして、雇い止めの効力を否定。
◇日立メディコ事件（最高裁一小昭61.12.4）＝2か月の臨時工契約の5回の更新によって、期間の定めのない契約に転化したり、期間の定めのない契約がある場合と実質的に異ならない関係が生じたということもできないとして、雇い止めを是認。
◇大阪医科薬科大学事件（最高裁三小令2.10.13）＝正社員とアルバイト職員では賞与と退職金に差があることについて争われ、「不合理ではない」とした。
◇メトロコマース事件（最高裁三小令2.10.13）＝正社員と元契約社員の間で退職金の有無について、業務内容はおおむね共通していても配置転換などで差があるとして支給されないことは「不合理ではない」とした。
◇日本郵便事件（最高裁一小令2.10.15）＝正規社員と非正規社員の間で扶養手当、年末年始勤務手当、夏季・冬季休暇の差があることについて「待遇差は不合理」と判断した。

2. 有期労働契約者の労働条件

Q **有期労働契約の非正規社員（契約社員、アルバイト、パートタイマーなど）を雇用する際、注意すべき点とは何か。**

A 会社が従業員を雇う場合には、正社員、非正規社員に関わらず、労基法、最低賃金法、安衛法、労災保険法、職安法、男女雇用機会均等法、育児・介護休業法、雇用保険法などの労働関係法令を順守する必要がある。なお、パート・有期法では、▷正社員と非正規社員との間の不合理な待遇の相違を設けること▷正社員と就業の実態が同一である非正規社員の全ての待遇について、非正規社員であることを理由に差別的な取り扱いをすること―を禁止している。

解説 非正規社員には、契約社員、アルバイト、パートタイマーなどが挙げられる。パート・有期法は、「１週間の所定労働時間が同一の事業主に雇用される通常の労働者の１週間の所定労働時間に比べて短い労働者」を短時間労働者（パートタイム労働者）、「事業主と期間の定めのある労働契約を締結している労働者」を有期雇用労働者と定義し、契約社員、パートタイマーなどの名称に関わらず、前記にあてはまる労働者を対象としている。

労基法は、全ての労働者との労働契約の締結に際し、労働条件を明示することを義務付けている。特に、▷労働契約の期間▷有期労働契約を更新する場合の基準▷仕事をする場所と仕事の内容▷始業・終業時刻や所定労働時間を超える労働の有無、休憩時間、休日、休暇▷賃金の決定、計算および支払いの方法・時期、昇給に関する事項▷退職・解雇に関する事項―などについては書面の交付などで明示しなければならない（労基法15条１項、同法施行規則５条）。これに加えて、短時間・有期雇用労働者を雇い入れたときは、▷昇給の有無▷退職手当の有無▷賞与の有無▷相談窓口―の４つの事項を書面の交付などより、速やかに明示することが義務付けられている（パート・有期法６条１項、同法施行規則２条）。なお、労働者が希望した場合は、ＦＡＸや電子メール、ＳＮＳ等の方法で明示できる。

短時間・有期雇用労働者の基本給、賞与その他の待遇それぞれについては、通常の労働者との間で不合理と認められる相違を設けることを禁止している（パート・有期法８条）。比較対象となる「通常の労働者」の基本的な考え方は、正社員その他期間の定めなく雇用されたフルタイム労働者がこれに該当する。

待遇の違いが不合理と認められるかどうかの判断は、個々の待遇ごとに、①職務の内容（業務の内容や責任の程度）②職務の内容および配置の変更範囲（昇格や配置転換が想定されているかなどのいわゆる人材活用の仕組み）③その他の事情（職務の成果、能力、経験。労働慣行、事業主と労働組合との交渉の経緯など）―のうち、「当該待遇の性質および当該待遇を行う目的に照らして適切と認められるもの」を考慮して行うことが明示して定められている。

また、通常の労働者と就業の実態（職務の内容、職務の内容・配置の変更の範囲）が全雇用期間において同じと判断された場合は、賃金、職業訓練、福利厚生施設、解雇などの全ての待遇について、短時間・有期雇用労働者であることを理由として差別的に取り扱うことを禁止している（パート・有期法９条）。

なお、パート・有期法８条は、旧労契法20条（有期契約労働者と無期契約労働者との間の不合理な労働条件の相違の禁止）と旧パートタイム労働法８条（短時間労働者と通常の労働者との間の不合理な労働条件の相違の禁止）を統合し、規定されたものである。旧労契法20条を争点とした主な訴訟について、最高裁判決で確定した労働条件の相違に対する判断は下表の通り。

※有期労働契約の締結については、７章４項参照。

旧労契法20条関連の最高裁判決で確定した判例の概要

事件名	（正社員と非正規社員との）		結論	判断された労働条件
	職務内容	配置の変更の範囲		
ハマキョウレックス事件	同じ	異なる	違法×	無事故手当、作業手当、給食手当、通勤手当、皆勤手当
			適法○	住宅手当
長澤運輸事件	同じ	同じ	違法×	精勤手当、時間外手当（精勤手当が算定基礎に含まれていない点が不合理）
			適法○	定年後再雇用の基本給、賞与等労働条件全て
メトロコマース事件	異なる	異なる	違法×	住宅手当、早出残業手当の割増率、褒賞
			適法○	本給（正社員は月給：年齢給＋職能給、契約社員は時給：正社員の72～75％）、資格手当、賞与、退職金
日本郵便（東京・大阪・佐賀）事件	異なる	異なる	違法×	年末年始勤務手当、年始期間の勤務に対する祝日給、住宅手当（一定の条件）、夏期冬期休暇
			適法○	基本給（時給、月給制の相違による基本給、通勤手当）、外務業務手当、早出勤務等手当、夏期年末手当、夜間特別勤務手当、郵便外務・内務業務精通手当
			△（相応の継続勤務見込み）	扶養手当、私傷病有給休暇
大阪医科薬科大学事件	異なる	異なる	違法×	夏期特別有給休暇
			適法○	基本給、賞与、私傷病欠勤中の賃金

※「違法×」は正社員と有期雇用労働者との相違に不合理性があるとされたもの、「適法○」は相違に不合理性がないとされたもの。「△」は一定の条件が要件とされたもの。

手当・労働条件の考え方

労働条件の趣旨類型	具体例	基本的考え方
特定の業務に従事したことに対して支給するもの	作業手当、危険手当、特殊業務手当、外務業務手当、年末年始勤務手当※など	同一の業務（同一の作業度、危険度、作業環境）に従事するのであれば同一水準を検討 ○業務量等に有意な差がある場合には差異の余地 ※年末のみ勤務を行う労働者は除外可能
特定の役割・責任を負うことに対して支給するもの	役職手当、店長手当、主任手当など	同一の責任・役割を負っているのであれば同一水準を検討 ○責任が異なれば金額に差異の余地
特定の業務目標の達成を支給要件とするもの	皆勤手当、精勤手当、営業（目標達成）手当、無事故手当	同じ成果を達成した場合には同水準を支給 ○業務日数・時間・量に有意な差がある場合は差異の余地
業務遂行を前提として必要となる費用補助	通勤手当、（手当）旅費交通費、在宅勤務手当、給食手当※1、単身赴任手当※2など	同一の業務態様である場合には同一水準を支給 ※1　同じ時間帯の勤務が前提 ※2　転勤状況が同じである前提
割増賃金に関する手当	時間外手当、休日割増（法定以上の割増率）、祝日給	勤務シフト・業務量が同一、または有意な差がなければ同一水準を支給 ○労働時間や休日労働日数に有意な差がある場合は差異の余地
生活保障的手当	家族手当、扶養手当、物価手当、住宅手当※など	同一の業務態様で相応に継続的な勤務が見込まれる場合には同一の支給を検討。短期・期間限定であれば差異は不合理ではない。 ○役割責任が大幅に異なる等の場合に不合理でないとする余地や勤続期間により支給額に差をつける余地 ※住宅手当の趣旨については争いがあるものの、高年齢者の不支給が不合理でないため、家族手当と同じ位置づけとした。転居を伴う転勤や高年齢者という事情があれば不合理ではない
福利厚生的手当	スポーツクラブ会費補助、人間ドック補助	相応に継続的な勤務が見込まれる場合で区分 ○役割責任上の地位で区分する余地 ○従業員たる地位に基づく「労働条件」とは言えない場合（大阪医科薬科大学事件の医療費補助）には労働条件ではないため不合理性の問題にならない
国民の慣習を前提とする休暇	夏季冬季休暇、年末年始休暇、慶弔休暇※、結婚休暇※	臨時的雇用者以外は同一付与を検討 ※付与日数に差を設ける措置 ※種類により、雇用期間による差異の余地
福利厚生的休暇	アニバーサリー休暇、リフレッシュ休暇、病気休暇、有給の私傷病欠勤制度、休職制度など	相応に継続的な勤務が見込まれる場合であれば支給を検討 ○日数については差異の余地 ○休職については有期期間終了まで ○パートタイマーについて一律は検討余地
福利厚生的労働条件	永年勤続褒賞、定年褒賞、カフェテリアプラン、選択型福利厚生など	相応に継続的な勤務が見込まれる場合に対象とすることを検討 ○給付内容につき差異の余地
福利厚生	保養所、保育施設その他福利厚生施設の利用、食堂・休憩室・更衣室※	純然たる福利厚生については相応に継続的な勤務の有無で相違を肯定しうる ○物理的制約がある場合の優先順位については肯定の余地 ※食堂・休憩室・更衣室など業務関連の福利厚生については物理的制約がなければ同一にすべき

〔注〕代表的な例を挙げているが、支給要件・効果次第では別の趣旨と認定される場合がありうる。

日本新聞協会労務委員会調査（2021年１月現在）では、同一労働同一賃金の観点から、手当を廃止した社は55社中３社、新たに手当を支給開始した社は24社あった。廃止した手当には、そば代手当、住宅手当、住宅厚生手当があり、新たに支給された手当には、通勤手当、食事手当、資格手当、技能資格手当、緊急呼出手当、休刊日手当、積雪・寒冷地手当、結婚手当、配偶者出産手当、法定超の深夜割増手当などがあった。

●参考判例
◇ハマキョウレックス事件（最高裁二小平30.６.１）＝契約社員の運転手が正社員のみに支給されている手当の格差解消を求めた事案。無事故手当、作業手当、給食手当、皆勤手当および通勤手当の相違は不合理であり、住宅手当の相違は不合理ではないと判断した。
◇長澤運輸事件（最高裁二小平30.６.１）＝定年後再雇用された運転手が正社員との間で職務などに違いがないにも関わらず、賃金をはじめとする不合理な労働条件の相違があるのは違法と訴えた事案。定年後の有期雇用契約については「賃金の低下は社会一般で広く行われている」として賞与不支給を含む労働条件の相違は不合理ではないとする一方、精勤手当と時間外手当を支払っていないことは不合理と判断した。
◇メトロコマース事件（最高裁三小令２.10.13）＝正社員と契約社員との退職金の差異について、「業務内容はおおむね共通していても配置転換などで差がある」として、支給されないことは不合理ではないと判断した。
◇日本郵便事件（最高裁一小令２.10.15）＝正規社員と非正規社員の間で年末年始勤務手当、夏季冬季休暇、祝日給の待遇差は不合理であると判断した。また扶養手当と私傷病休暇の相違は相応に継続勤務が見込まれる場合は不合理と判断した。その他の夏期年末手当（賞与）や勤務業務関係の諸手当の相違は、職務内容等の相違で不合理ではないと判断した。
◇大阪医科薬科大学事件（最高裁三小令２.10.13）＝正職員と契約職員に支給される賞与と退職金をアルバイト職員には不支給とすることについて、アルバイト業務の内容が「相当に軽易」と認定し、不合理とはいえないと判断した。また、私傷病有給休暇や休職制度を適用しない相違も、長期継続勤務の雇用維持確保目的で不合理ではないと判断した。

3. 有期労働契約から無期労働契約への転換

Q 有期労働契約が繰り返し更新されて5年を超えたときに、労働者の申し込みによって無期労働契約に転換しなければならないルールとは。

A 同一の使用者との間で、有期労働契約が反復更新されて通算5年を超えた場合は、労働者が使用者に対して無期転換申込権を有することとなり、労働者の申し込みによって期間の定めのない労働契約（無期労働契約）に転換されるルールのこと（労契法18条）。

解説 有期労働契約を無期労働契約に転換するためには、①同一使用者との間で有期労働契約が1回以上更新されていること②通算の契約期間が5年を超えること③前記①②の要件を満たした有期労働契約の期間満了時までに申し込みを行うこと―が要件となる。なお、高度専門職および継続雇用の高齢者（定年後再雇用者）については、「専門的知識等を有する有期雇用労働者等に関する特別措置法」において、無期転換ルールの特例が設けられている（次ページ図表1参照）。

有期雇用労働者が使用者に対して無期労働契約への転換を申し込む権利は、次ページ図表2のように契約を繰り返し更新し、通算期間が5年を超えることとなる有期労働契約の期間内に発生する。ただし、有期労働契約の契約期間が満了した日と、次の有期労働契約期間の初日との間に一定以上の「クーリング期間」を置けば、そのクーリング期間より前の有期労働契約の期間は5年の契約期間には通算されない（146ページ図表3参照）。

通算期間が5年を超えた後、労働者が無期転換を申し込まないまま当該有期労働契約が終了した場合、それ以降に無期転換を申し込むことはできない。一方、労働者が申し込みをしないまま新たに有期労働契約が更新された場合には、労働者は次の更新以降の契約期間中に無期転換の申し込みをすることができる。

労働者が申し込みをすると、使用者が申し込みを承諾したものとみなされ、無期労働契約がその時点で成立する。無期に転換されるのは、申し込み時の有期労働契約が終了する翌日からとなる。したがって、申し込みがなされると無期労働契約が成立するため、転換の時点で、使用者が雇用を終了させようとする場合は、無期労働契約を解約（解雇）することになる。しかし、「客観的に合理的な理由を欠き、社会通念上相当であると認められない場合」には、解雇は権利乱用に該当するものとして無効となるため、慎重な判断が必要である。なお、無期転換を申し込まないことを契約更新の条件とするなど、あらかじめ労働者に無期転換申し込み権を放棄させることはできない。

無期労働契約に転換する場合の労働条件は、「別段の定め」がある部分を除き、直前の有期労働契約と同一の労働条件が適用される（労契法18条1項）。有期雇用労働者には通常適用されない定年などの労働条件を無期転換後の労働条件として適用する必要がある場合には、あらかじめ労働協約、就業規則、個々の労働契約で定めておく必要がある。
※有期労働契約の終了については、７章５項参照。

図表１　無期転換の特例

1．特例の対象となる労働者 ①「５年を超える一定の期間内に完了することが予定されている業務」に従事する高収入、かつ高度な専門的知識・技術・経験を持つ有期雇用労働者 ②定年後に、同一の事業主または「高年齢者等の雇用の安定等に関する法律」における「特殊関係事業主」に引き続き雇用される有期雇用労働者 2．特例の対象となる事業主 対象労働者に応じた適切な雇用管理の措置に関する計画を作成し、厚生労働大臣から認定を受けた事業主 3．特例の具体的な内容 次の期間は無期転換申込権が発生しない。 ①の労働者：一定の期間内に完了することが予定されている業務に就く期間（上限10年） ②の労働者：定年後に引き続き雇用されている期間

図表２　有期から無期労働契約への転換の仕組み

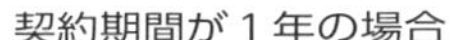
契約期間が１年の場合

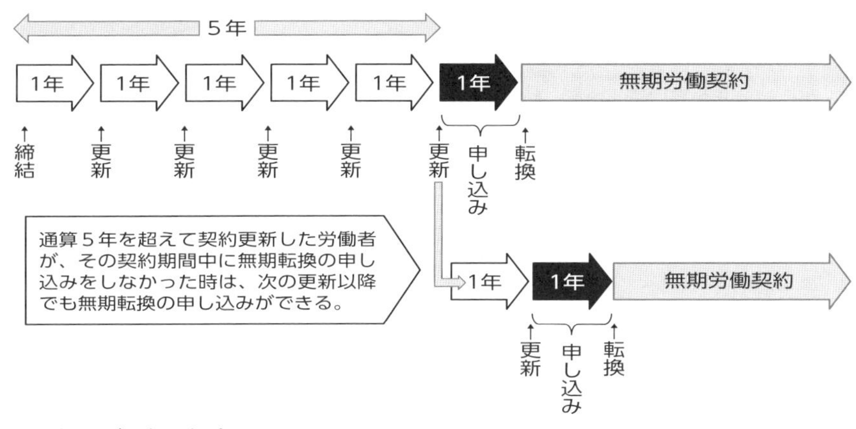

契約期間が３年の場合

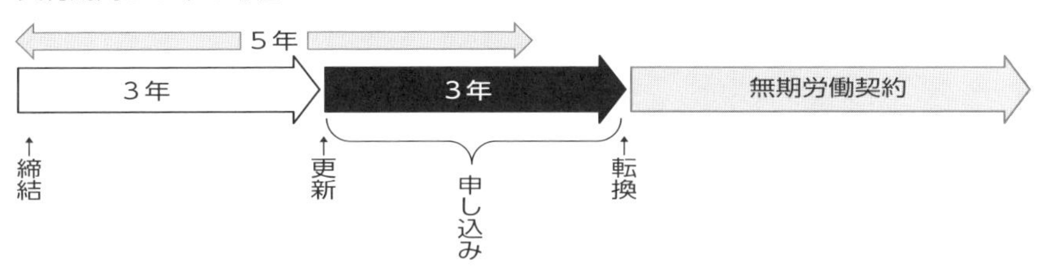

図表３　契約期間とクーリングの関係

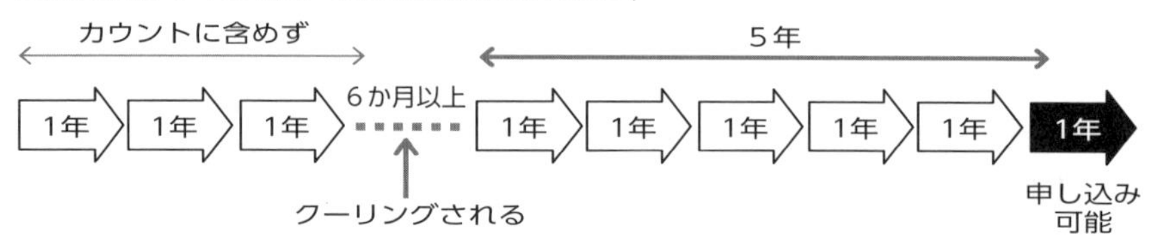

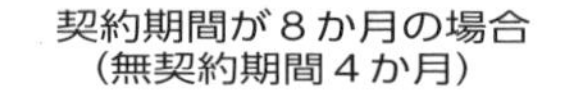

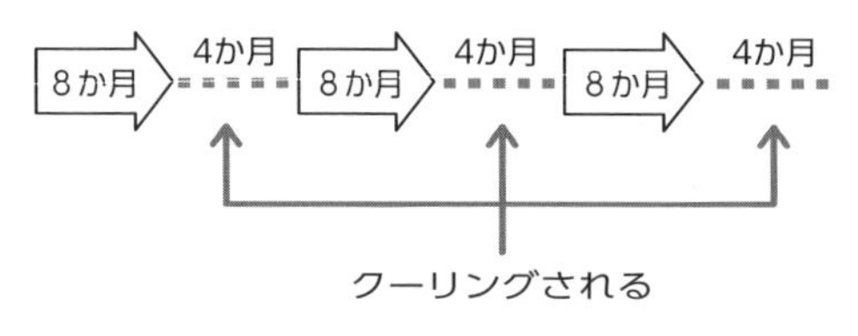

契約期間（＊）	通算されないための クーリング期間
２か月以下	１か月以上
２か月超～４か月以下	２か月以上
４か月超～６か月以下	３か月以上
６か月超～８か月以下	４か月以上
８か月超～10か月以下	５か月以上
10か月超～	６か月以上

＊ ２回以上の有期契約がある時は通算した期間。

4. 有期労働契約締結について

有期労働契約の締結や更新に関して留意すべき点は何か。

A 有期労働契約は、契約更新を繰り返し、一定期間雇用を継続することにより「期間の定めのない契約」とみなされ、契約期間満了時であっても、合理的理由なしには終了できない場合がある。こうしたトラブルを避けるために、契約締結時に契約期間、契約更新の有無とその判断基準について、労働条件通知書や契約書など書面で明示する必要がある。

解説 有期労働契約の締結時は、契約期間とともに▷契約の更新の有無▷有期労働契約を更新する場合があると明示したときには、契約を更新する場合または更新しない場合の判断基準―を書面の交付により、有期契約労働者に対して明示しなければならない（労基法施行規則5条）。

有期労働契約の1回あたりの契約期間は、原則3年を上限としている（労基法14条）。ただし、特例として①高度の専門的知識等を有する労働者（公認会計士、弁護士、一級建築士など）で、その知識等を必要とする業務に就く者②満60歳以上の労働者―は上限が5年とされている。また、「一定の事業の完了に必要な期間」を定める労働契約（有期の建設工事等）の場合は、3年（特例に該当する者は5年）を超えて、その事業の終期までの契約期間を定めることが認められている。

行政通達によると、有期労働契約締結時の絶対的明示事項である「契約を更新する場合の基準」の内容は、「有期雇用労働者が、契約期間満了後の自らの雇用継続の可能性について一定程度予見することが可能となるものであることを要する」とされている（平24.10.26基発1026第2）。同通達は、「更新の有無」として▷自動的に更新する▷更新する場合があり得る▷契約の更新はしない―などが考えられるとしている。ただ、「自動的に更新する」との記載は、契約期間満了時の雇い止めの選択肢を排除してしまうことになる。更新の可能性がある場合は「更新する場合があり得る」旨を、更新が予定されていない場合には「契約の更新はしない」と記載するべきである。

更新する場合の判断基準は、①契約期間満了時の業務量②労働者の勤務成績、態度③労働者の能力④会社の経営状況⑤従事している業務の進捗状況―などが考えられるとし、①～⑤全てを列挙しておく例が多い。しかし、いずれの場合も具体的かつ明確な基準でないと、トラブルになる可能性がある。

契約を更新する際には、期間満了前に契約内容について十分な説明を行い、労働者の合意を得たうえで更新手続きを行う。更新の必要がない場合は、雇用継続の期待を持たせるような言動をしないよう注意することが肝要である。

5. 有期労働契約の終了、雇い止め

Q　契約社員、アルバイトおよびパートタイマーなどの有期労働契約を終了する際、注意すべき点は何か。

有期労働契約を期間満了で終了する場合でも、客観的・合理的理由がないと終了できないことがある。

解説　有期労働契約においては、契約期間が過ぎれば原則として自動的に労働契約が終了することとなる。有期労働契約の期間満了によりいったん終了する契約について、労働者からの更新の申し込みを使用者が拒絶することを「雇い止め」という。

形式的には雇用期間を定めた契約を反復更新していても、その実態などから、実質的に期間の定めのない契約と変わらないといえる場合や、雇用の継続を期待することが合理的であると考えられる場合には、使用者は労働者から申し込みがあれば、「客観的・合理的な理由がなく、社会通念上相当である」と認められない限り、雇い止めができない。この場合は、従前と同一の労働条件で、有期労働契約が更新されることになる（労契法19条）。

厚労省は、雇い止めをめぐるトラブルの防止や解決を図るために、使用者が講ずべき措置について、次のような基準を定めている（有期労働契約の締結、更新および雇い止めに関する基準<厚労省告示>）。

◆雇い止めの予告：有期労働契約が、①３回以上更新されている②１年以下の期間の契約が更新または反復更新されて通算１年を超える③１年を超える期間の契約を締結している―のいずれかに該当する場合は、少なくとも雇い止め日の30日前までに、その予告をしなければならない。

◆雇い止めの理由の明示：雇い止め予告後または雇い止め後に、労働者が雇い止めの理由について証明書を請求した場合は、使用者は遅滞なく交付しなければならない。

◆契約期間についての配慮：契約を１回以上更新し、かつ１年以上継続して雇用している有期契約労働者との契約を更新する場合は、契約の実態および当該労働者の希望に応じて、契約期間をできる限り長くするよう努めなければならない。

【雇い止めについて争われた裁判例の傾向】

次ページ図表１の６つの要素により、契約関係の状況を総合的に勘案したうえで、雇い止めの有効性が判断される傾向にある（次ページ図表２も参照）。

※有期労働契約から無期労働契約への転換は７章３項、有期労働契約の締結については７章４項参照。

図表1　雇い止めに際しての6つの判断要素

判断要素	具体例
業務の客観的内容	○従事する仕事の種類・内容・勤務形態（業務内容の恒常性・臨時性、業務内容についての正社員との同一性の有無等）
契約上の地位の性格	○契約上の地位の基幹性・臨時性（嘱託・非常勤講師等） ○労働条件についての正社員との同一性の有無等
当事者の主観的態様	○継続雇用を期待させる当事者の言動・認識の有無・程度など（採用に際しての雇用契約の期間や、更新ないし継続雇用の見込み等についての使用者からの説明等）
更新の手続き・実態	○契約更新の状況（反復更新の有無・回数、勤続年数等） ○契約更新時における手続きの厳格性の程度（更新手続きの有無・時期・方法、更新の可否の判断方法等）
他の労働者の更新状況	○同様の地位にある他の労働者の雇い止めの有無等
その他	○有期労働契約を締結した経緯 ○勤続年数・年齢等の上限の設定等

図表2　契約関係のタイプ別に見た雇い止めの可否

契約関係のタイプ	純粋有期契約タイプ	実質無期契約タイプ	期待保護（反復更新）タイプ	期待保護（継続特約）タイプ
	契約関係が継続するものと期待することに合理性は認められないもの	期間の定めのない状態に至っている契約であると認められるもの	雇用継続への合理的期待が認められる契約であるとされ、その理由として相当程度の反復更新の実態が挙げられるもの	雇用継続への合理的期待が、当初の契約締結時から生じていると認められる契約であるとされたもの
雇い止め可否	可	ほとんどの事案で雇い止めは認められていない	経済的事情による雇い止めの例で、雇い止めが認められやすい傾向にある	特殊な事情等の存在を理由として雇い止めが認められない傾向にある

●関連通達　◇平15.10.22厚労省告示357号

●参考判例　◇東芝柳町工場事件（最高裁一小昭49.7.22）＝反復更新された期間2か月の臨時工契約が「期間の定めのない契約」と異ならない状態だったとして、雇い止めの効力を否定。

◇日立メディコ事件（最高裁一小昭61.12.4）＝期間2か月の臨時工契約の5回にわたる更新によって、期間の定めのない契約に転化したり、期間の定めのない契約がある場合と実質的に異ならない関係が生じたということもできないとして、雇い止めを是認。

6. 短時間・有期雇用労働者の就業規則

Q 短時間・有期雇用労働者に適用する就業規則を作成する必要はあるか。短時間・有期雇用労働者との労働契約で定めていない事項は、正社員の就業規則が適用されるのか。

A 短時間・有期雇用労働者に対して正社員の就業規則を適用しない場合は、短時間・有期雇用労働者に適用する就業規則を別に必ず作成する必要がある。短時間・有期雇用労働者の就業規則がなく、個別の労働契約に定めていない事項は、正社員の就業規則に定める労働条件が適用されることになる可能性がある。

解説 労基法上、常時10人以上の労働者を使用する使用者は、就業規則を作成して所轄労働基準監督署長に届け出なければならない（労基法89条）。労基法89条の就業規則は、その事業所の全労働者を対象としたものであるから、正社員の就業規則を作成し届け出ていても、短時間・有期雇用労働者にその就業規則が適用されていなければ、短時間・有期雇用労働者に適用する就業規則を別に作成して届け出なければ労基法違反となる。

短時間・有期雇用労働者について正社員と異なる労働条件を定める場合は、正社員の就業規則に短時間・有期雇用労働者に関する特別規定を設けるか、短時間・有期雇用労働者に適用される就業規則を別に作成し届け出る必要がある。どちらも存在しない場合には、個別の労働契約に定めのない事項は、正社員の就業規則が適用されることになる可能性がある。

なお、個別合意等で定められた労働条件（労働契約内容）の中に、短時間・有期雇用労働者に適用される就業規則が定める基準よりも労働者に不利な部分が存在する場合、当該不利な部分については個別合意等の定めによるのではなく、就業規則が定める基準が労働契約の内容となる（労契法12条）。

就業規則の作成・変更に当たっては、労働者の過半数で組織する労働組合がある場合はその労働組合、労働組合がない場合は労働者の過半数を代表する者の意見を聴かなければならない（労基法90条）。だが、短時間・有期雇用労働者に適用する就業規則を作成・変更する際に意見聴取するのは、全労働者の過半数組合あるいは代表者であり、短時間・有期雇用労働者の過半数代表ではない。

このため、短時間・有期雇用労働者に適用する就業規則であっても、短時間・有期雇用労働者の代表が意見を述べることができないということが起こりうる。したがって、パート・有期法７条は、短時間・有期雇用労働者の過半数を代表すると認められる者の意見を聴くことを努力義務としている。

7. 短時間労働者の社会保険

Q 短時間労働者（アルバイトやパートタイマー）にも、社会保険、労働保険の加入手続きは必要か。

A 社会保険、労働保険の加入については、正社員・非正規社員などの雇用形態に関わらず、勤務時間や勤務日数等により判断する。要件を満たす場合は、本人や事業主の意思に関わらず、保険加入させる必要がある。

解説 社会保険（厚生年金保険・健康保険）は、厚生年金保険の被保険者数が常時501人以上の企業に勤務する短時間労働者に加えて、被保険者数が常時500人以下の企業のうち、▷労使合意に基づき申し出をする法人・個人の事業所▷地方公共団体に属する事業所―のどちらかに該当する事業所に勤務する短時間労働者も厚生年金保険・健康保険の適用対象となる。なお、「労使の合意」の考え方は、①従業員（厚生年金保険の被保険者、70歳以上の被用者および短時間労働者）の過半数で組織する労働組合がある場合は、当該労働組合の同意②前記①で規定する労働組合がない場合は、従業員の過半数を代表する者の同意、または従業員の２分の１以上の同意―とされている。

適用対象となる短時間労働者は、勤務時間・勤務日数が常時雇用者の４分の３未満で、①週の所定労働時間が20時間以上あること②雇用期間が１年以上見込まれること③賃金の月額が8.8万円以上であること④学生でないこと―の全ての要件を満たす労働者である。

なお、2020年10月の年金法の改正により、被用者保険の適用が拡大され特定適用事業者の要件として、被保険者の総数が「常時500人を超える事業所」から2022年10月に「常時100人を超える事業所」（2024年10月に「常時50人を超える事業所」）に見直された。短時間労働者の適用要件も、雇用期間が上記②「雇用期間が１年以上見込まれること」から、「雇用期間が２か月を超えて見込まれること」に見直され、通常の被保険者と同じ期間になる。

労働保険のうち労災保険は、常勤・アルバイト・パートタイマーなどの名称や雇用形態に関わらず、原則として労働者を１人でも雇用していれば、労働保険の適用事業となるため、事業主は成立手続きを行い、労働保険料を納付しなければならない。

雇用保険については、１週間の所定労働時間が20時間以上であり、31日以上の雇用見込みがある場合は、原則として加入させる必要がある。

8. 労働者派遣法の改正

労働者派遣法の改正経過と最新の改正法のポイントは。

A 施行以来、規制緩和の方向で改正を重ねてきたが、2018年に成立した「働き方改革関連法」を受けて20年４月に施行された改正法では、派遣先の正規雇用労働者との均等・均衡待遇による派遣社員の待遇決定を推進するなど、全ての派遣労働者について不合理な待遇差が禁止された。

解説 労働者派遣法が施行される以前は、職安法44条により、労働者派遣は労働者供給事業に該当するものとして禁止されていた。しかし、失業者に対する就業機会の増加への期待、多様な人材を活用したい企業の要望など、人材派遣に対するニーズが高まったことから、1985年に労働者派遣法が成立し、86年７月に施行された。当初は専門職13業種に限定するかたちで、労働者派遣が合法化された。労働者派遣法はその後も改正を繰り返し、対象業務の原則自由化・拡大、派遣可能期間の延長などがなされるとともに、派遣労働者のキャリアアップ措置の導入、均等・均衡待遇の推進など、派遣労働者の雇用や待遇を保護するための法整備も進んでいる。

2018年に成立した「働き方改革関連法」により、正規雇用労働者と非正規雇用労働者（派遣労働者を含む）との間の不合理な待遇差が禁止されることになり、これを受けて、20年４月に改正労働者派遣法が施行された。改正法では、派遣労働者の均等・均衡待遇を実現するために、派遣元に「派遣先均等・均衡方式」（30条の３第１項）または「労使協定方式」（30条の４）のいずれかの方法で派遣労働者の待遇を決定することを義務付けた（次ページ表１参照）。さらに、派遣元が派遣労働者に対して均等・均衡待遇を実現できるよう、派遣先には、派遣料金について配慮する義務が課されている（26条11項）ことにも留意が必要である。なお、派遣法上は、派遣先均等・均衡方式が原則形態として定められているが、実態は労使協定方法によるのが大多数である。

待遇決定方式が派遣先均等・均衡方式、労使協定方式のいずれの場合も、派遣先は派遣元に対し、派遣労働者が従事する業務ごとに、比較対象労働者の賃金等の待遇に関する情報をあらかじめ提供しなければならない（26条７項）。また、派遣先は派遣元の求めに応じて、派遣先の正規雇用労働者に対して行っている教育訓練を同種業務の派遣労働者にも実施する等必要な措置を講じる義務（40条２項）や、福利厚生施設（給食施設、休憩室、更衣室）の利用機会を派遣労働者にも付与する義務（40条３項）を負う。

表１　派遣先均等・均衡方式と労使協定方式

派遣先均等・均衡方式	労使協定方式
派遣先の「正規雇用労働者」（一般に正社員を指す）と派遣労働者との間で均等・均衡待遇を維持する方式 **均等待遇**：職務内容（業務の内容および責任の程度）、職務内容・配置の変更の範囲（人材活用の仕組みや運用等）が同じ場合には差別的取り扱いを禁止 **均衡待遇**：職務内容、職務内容・配置の変更の範囲、その他の事情の相違を考慮して不合理な待遇差を禁止	派遣元が過半数労働組合または過半数代表者との間で一定の要件を満たす労使協定を締結し、協定に基づいて待遇を決定する方式 ※労使協定で定めた事項を遵守しているときは、この労使協定に基づき待遇が決定される。ただし、協定に必要な事項が定められていない場合、過半数代表者が適切に選出されていない場合、労使協定で定めた事項を遵守していない場合には、労使協定方式は適用されず、派遣先均等・均衡方式が適用される

労働者派遣法の沿革

年	可能業種	派遣先の受け入れ期間制限
1986年	13業種のみ	９か月
1996年	26業種のみ	１年
1999年	５業種を除き全業種可能 （建築・港湾・警備・医療・製造）	無制限（26業種） １年（26業種以外の業種）
2004年	４業種を除き全業種可能 ※製造業が派遣可能に	無制限（26業種） ３年（26業種以外の業種） ※製造業は解禁時１年、 2007年に３年に変更
2012年	可能業種・受け入れ期間制限は変わらず、以下の主な規制が追加 ・日雇派遣の原則禁止 ・グループ企業への派遣割合は派遣労働者全体の８割以下に制限 ・マージン申し込み情報提供義務化 ・労働契約申し込みみなし制度の創設（違法な派遣の場合）	
2015年	４業種を除き全業種可能（許可制へ一本化） ※2004年から変更なし	無期雇用・60歳以上派遣は制限なし 同一の事業所・同一業務で３年
2020年	可能業種・受け入れ期間制限は変わらず、以下の主な規制が追加 ・派遣社員について不合理な待遇差が禁止 ・派遣元には「派遣先均等・均衡方式」または「労使協定方式」のいずれかの方法により派遣社員の待遇を確保することが義務化	

9. 契約の形態と違い（派遣・請負・業務委託）

Q **労働者派遣と請負、業務委託の違いは何か。また、正規雇用労働者と同じ職場で働く派遣労働者や、請負契約により働いている他社の労働者に対し、使用者責任は問われるのか。**

A **直接の雇用関係にない外部の労働力に対し、直接指揮命令ができるか否かが違いとなる。派遣労働者に対しては、契約に定める業務に関する指揮命令権が派遣先にあるため、使用者責任を問われる可能性が高い。一方、請負で働く他の事業所の従業員に対しては指揮命令権がなく、直接の業務指示、人事管理、服務規律指示は行えないため、使用者責任を問われることは通常ない。しかし、違法状態での派遣や、偽装請負には当該労働者に対して労働契約を申し込んだとみなされることがあるため、注意が必要。**

解説　労働者派遣とは、派遣元が直接派遣雇用契約を結んでいる労働者を、派遣先の指揮命令の下で派遣先の業務に従事させることをいう。一方、請負とは、発注企業との請負契約に基づき、請負企業が雇用する労働者を直接指揮命令して仕事を行うことをいう。民法上では「当事者の一方がある仕事を完成することを約し、相手方がその仕事の結果に対してその報酬を支払うことを約することによって、その効力を生ずる」（民法632条）と定義される。業務委託とは、法律上明確な定義はないが、「準委任」という法律行為以外の業務を委託する契約を指すことが多く、必ずしも仕事の完成を目的とするものではない。民法上の定義で請負と業務委託を区別する実務上の必要性はほとんどない。

派遣契約は、本来雇用主が持っている指揮命令権を、派遣先に与える雇用形態のため、派遣労働者に対し、契約で指定された業務や職場での服務に関する指示を行うことは当然であり、雇用主である派遣元と指揮命令をする派遣先とで労基法上など派遣労働者に対する責任の分担が発生する。これに対し、請負では請負企業が労働者に対する責任を全面的に負う。

請負契約により働いている他社の労働者が、発注企業の労働者と同じ職場で働いているケースでは、働き方が派遣労働者の場合と表面的によく似ていることから、無意識のうちに管理的な立場にいる発注企業の労働者が業務指示をしたり、服務規律を求めたりしがちである。しかし、請負企業の労働者に対し、発注企業が作業の内容やその遂行方法について指示、命令することは労働者供給事業とみなされ、偽装請負として労働者派遣法違反に問われる可能性がある。偽装請負にあたるか否かは契約の名称ではなく実質的な使用従属性が認められるかで判断される。こうしたトラブルを避けるため、請負企業の職制を通じて業務指示を出すよう徹底させる必要がある。近年増加しているフリーランスの業務委託契約者も同様で、雇用関係にないため指揮命令や業務上の拘束はしてはならない。

2015年10月に施行された改正労働者派遣法によって、派遣契約も請負契約も、違法な契約であると判断された場合には労働契約申込みみなし制度が適用される。派遣元・発注企業より当該労働者に対して労働契約を申し込んだとみなされ、申し込みが承諾されれば直接雇用義務が発生する。

●関連法規 ◇労働者派遣法２条（用語の定義）、44条（労働基準法の適用に関する特例）、40条の６（違法な派遣についての派遣先等への直接雇用みなし）

●関連通達 ◇平24厚労省告示518号（労働者派遣事業と請負により行われる事業との区分に関する基準）、平30厚労省告示428号（派遣先が講ずべき措置に関する指針の最終改正）、平27.９.30職発13号（労働契約申し込みみなし制度について）

●参考判例 ◇パナソニックプラズマディスプレイ事件（最高裁二平小21.12.18）＝仮に労働者派遣法に違反する労働者派遣が行われた場合でも、そのことだけで派遣労働者と派遣元の間の雇用契約関係が無効になることはなく、また、発注企業と当該労働者との間で雇用契約関係が黙示的に成立していたものと評価することはできないとされた。

◇イヤシス事件（大阪地裁令和元.10.24）＝業務委託契約のマッサージ店員の労働者性が争われた事案。業務従事時間の拘束性、報酬の労働対価性、諾否の自由、指揮命令の有無、業務従事場所の拘束性等から判断し、労基法上の労働者にあたるとした。

直接雇用、派遣、請負、業務委託の違い

① 直接雇用

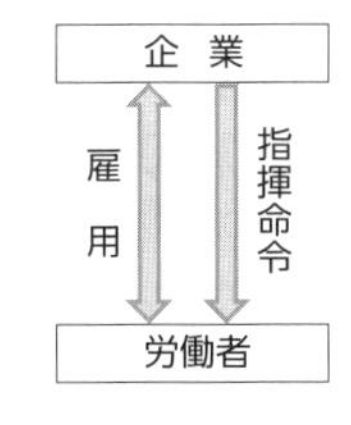

② 労働者派遣

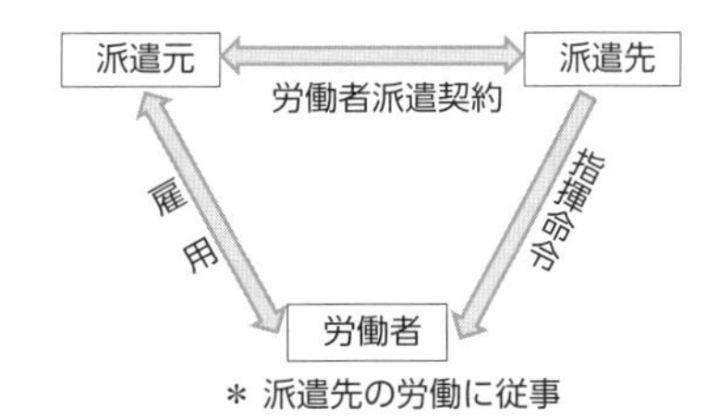

③ 請負

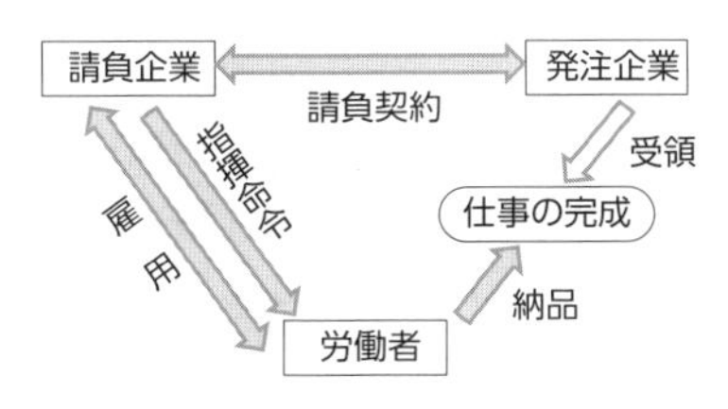

④ 業務委託

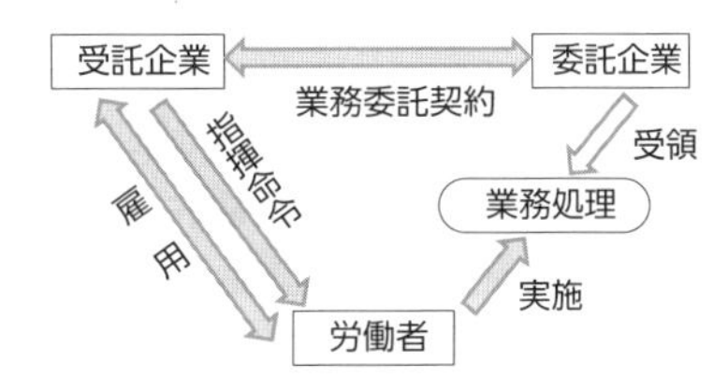

⑤ 偽装請負・違法委託

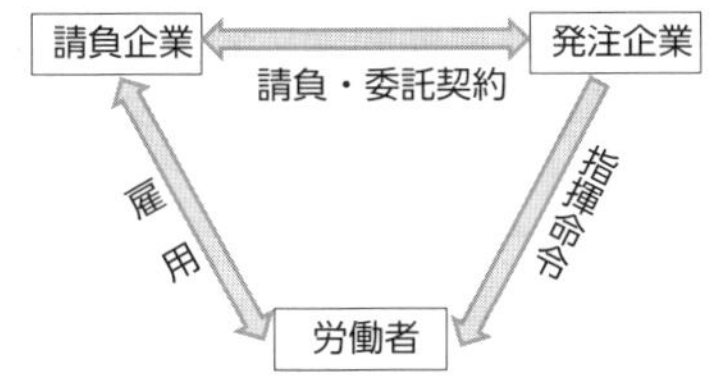

＊ 実質的に発注企業への労働提供

10. 派遣労働者の契約について

Q 派遣先が派遣労働者の交代を派遣元に要求することや、懲戒処分を行うことができるか。クーリング期間とは何か。

A 明らかな業務遂行能力の不足や無断欠勤が多いなど合理的な理由があれば、派遣労働者の交代を派遣元に要求することは可能であるが、派遣労働者の業務上の過失等により多大な損害が生じた場合でも、派遣先は派遣労働者に対して懲戒処分を行うことはできない。

クーリングとは、３年を経過した派遣労働者が再び「同一就業場所の同一業務」に就くまで断絶しているとみなされる期間（３か月超）のことをいう。

解説 派遣労働者の国籍、信条、性別や派遣労働者が正当な組合活動をしたことなどを理由に派遣先が労働者派遣契約を解除することは労働者派遣法27条で禁じられている。しかし、派遣元は派遣先に対し、派遣契約で約束した役務を提供する債務を負っており、明らかな業務遂行能力の不足や無断欠勤の頻発、派遣先の指揮命令に従わないなど、派遣契約に照らして債務不履行となる場合には、派遣先は派遣元に対して派遣労働者の交代を要求できる。

使用者が労働者に対して懲戒処分を行うには、両者の間に雇用契約関係が存在することが前提となるが、派遣労働の場合の雇用契約関係は派遣元と派遣労働者の間にあり、派遣先と派遣労働者の間には指揮命令関係しかない。したがって、派遣先は派遣労働者に対して懲戒処分を行うことはできない。

派遣労働者の機密漏えいや業務上の過失などによる損害賠償への対応については、派遣契約に損害賠償責任に関する項目を設定するなど、必要に応じた措置を講じておくべきである。

労働者派遣可能期間は最長３年である。その期間が終了した後、派遣の受け入れが再び可能になると判断されるためには、クーリング期間（３か月超）が必要となる。厚労省の「派遣先が講ずべき措置に関する指針」では、「派遣の終了から次の派遣受け入れ開始の期間が３か月を超えない場合、継続して派遣を受け入れているとみなす」としている。

このとき留意が必要なのは、派遣期間の算定は派遣会社との派遣契約や派遣労働者ごとではなく、「同一就業場所の同一業務」における派遣契約について行うという点である。契約する派遣会社や派遣労働者を派遣期間中に変更したとしても、それらの期間は通算されることになる。派遣可能期間を延ばすためには、労働組合か労働者代表から意見聴取が必要である。

派遣受け入れから３年経過後、派遣に代わる労働力をどう確保するかという課題が生じる中、派遣先が派遣労働者をいったん直接雇用し、クーリング期間経過後に再び派遣元が雇用して派遣する方策が浮上。こうした動きに対し厚労省は

2008年の通達で、派遣可能期間を超えても同一の役務が必要な場合は直接雇用か請負にすべきだと指摘。ただし、60歳以上の定年退職者については禁止対象から除外されている。これにより、クーリング期間の脱法的な運用は事実上不可能になった。

●関連法規 ◇労働者派遣法２条（用語の意義）、27、28条（契約の解除等）、40条の２（労働者派遣の役務の提供を受ける期間）、40条の９（離職した労働者について　労働者派遣の役務の提供の受け入れの禁止）、民法540条（解除権の行使）

●関連通達 ◇平30厚労省告示第427号（派遣元事業主が講ずべき措置に関する指針、令２厚労省告示第347号）
◇平30厚労省告示428号（派遣先が講ずべき措置に関する指針、令２厚労省告示第346号）
◇平20．９．26職発0926001号（いわゆる「2009年問題」への対応について）

●参考判例 ◇アラコム事件（東京地裁平12.11.14）＝派遣先で勤務態度、言動に問題があった派遣スタッフの解雇を派遣元に対して認めた。
◇三都企画建設事件（大阪地裁平18．１．６）＝派遣労働者の交代要請に派遣元が応じた場合、派遣労働者の賃金請求権は消滅するとし、派遣元への契約残存期間中の休業手当の請求権を認めた。

11. 派遣労働者の働き方について

Q 派遣労働者に残業や契約外の業務、出張を命じることはできるか。

A 派遣先は、派遣元で時間外・休日労働協定（３６協定）が締結されて就業規則等に規定がある場合にのみ、派遣契約に明示して時間外・休日労働を命じることができる。協定や契約の範囲を超えて派遣労働者に契約外の業務や時間外・休日労働をさせることは許されない。また、出張に関しても派遣契約に明示すれば可能である。

解説 派遣労働において、業務の指揮命令は派遣先が行うが、派遣労働者を雇用しているのは派遣元である。このため、派遣元は時間外・休日労働の有無や内容に関し、派遣労働者を雇い入れる際に労働条件通知書や就業規則等で明示し、さらに時間外・休日労働協定（３６協定）を締結しなければならない。派遣先は、派遣労働者に時間外・休日労働をさせる可能性がある場合、あらかじめ派遣元の３６協定の有無・内容を確認したうえで、派遣元との派遣契約締結の際に時間外・休日労働に関する規定を盛り込んでおく必要がある。実際に時間外・休日労働をさせた場合、割増賃金の支払い義務は派遣元にあるので、派遣先は就業時間等について派遣元に正確に通知しなければならない。

派遣労働者が派遣先で就業するのは、あくまでも派遣元と派遣先との間で締結する派遣契約で決められた業務の処理に当たるためであり、労働者派遣法は派遣先に対し「派遣契約の定めに反することのないように適切な措置」を講ずるよう義務付けている。したがって、派遣先は契約業務以外の仕事を派遣労働者に命ずることはできない。派遣労働者に契約外の業務を依頼する場合は、派遣元および当該派遣労働者と協議の上、派遣契約の内容自体を変更する必要がある。

派遣労働者の出張の可否に関して法的な規定はないが、派遣契約に定める業務の遂行に必要な場合において、出張させることは可能である。ただし、派遣労働者の業務内容や就業場所については、あらかじめ労働者派遣契約に明示することが労働者派遣法で定められている。厚労省が定めた労働者派遣事業関係業務取り扱い要領では、派遣労働者に提示する就業条件明示書で「出張等により就業の場所が異なることがある場合には、備考欄に記載」することを求めている。なお、出張先からの指揮命令を受けることは二重派遣に該当し、職安法44条（労働者供給事業の禁止）違反となる。

●関連法規 ◇労基法36条（時間外および休日の労働）、労働者派遣法26条（契約の内容等）、34条（就業条件等の明示）、39条（労働者派遣契約に関する措置）

●関連通達 ◇令３．１厚労省職業安定局（労働者派遣事業関係業務取り扱い要領）

第 8 章

服務規律

1. 就業規則

就業規則とは何か。

A　労働条件や就業上の規律を統一的、画一的に使用者が定め明文化したもの。法令に反せず合理的である限り法規範性も認められている。

その事業場の労働者は、就業規則の存在や内容認知の有無に関わらず、適用を受ける。つまり、労働者は就業規則で定める労働条件で契約したことになる。使用者には周知義務がある。作成（変更）方法や記載事項などの要件・効力は労基法に定めがある。法的効力は、法令＞労働協約＞就業規則＞労働契約—の順。

解説　就業規則の作成および届け出の義務（労基法89条）について、常時10人以上の労働者を使用する使用者は、就業規則を作成し、所轄の労働基準監督署長に届け出なければならない（違反した場合は30万円以下の罰金＝労基法120条１項）。

就業規則への記載事項は次の通り。

◆絶対的必要記載事項（労基法89条１～３号）

始業・終業の時刻、休憩時間、休日、休暇、労働者を２組以上に分けて交替で就業させる場合の就業時転換に関する事項、賃金の決定、計算、支払いの方法、賃金の締め切りおよび支払いの時期、昇給に関する事項、退職に関する事項（解雇の事由を含む）。

◆相対的必要記載事項（労基法89条３号の２～10号）

退職手当、臨時の賃金（賞与など）、最低賃金額、労働者に食費・作業用品その他を負担させること、安全衛生、職業訓練、災害補償および業務外の傷病扶助、表彰および制裁の種類・程度に関する事項のほか、事業場の労働者全員に適用される事項（採用、異動、休職、福利厚生、出張旅費規定など）。

◆任意的記載事項

就業規則に記載することが義務付けられていない事項。就業規則の趣旨、目的といった総則的事項や従業員として守るべき事項など、使用者が自由に記載できる事項が当たる。

就業規則の作成・変更の手続き（労基法90条）について、使用者が就業規則を作成または変更する場合、事業場に労働者の過半数で組織する労働組合がある場合にはその労働組合（労働組合がない場合は、労働者の過半数を代表する者）の意見を聴き、所轄労基署長への届け出の際には、この意見書（労働者を代表する者の記名のあるもの）の添付が必要となる。

意見書の内容については、当該就業規則に全面的にまたは部分的に反対するものであっても、また反対事由が何であろうと、就業規則の効力発生について他の要件を備えている限り、影響は受けない（昭24. 3. 28基発373号）。また労働組合が故意に意見書を提出しない場合や意見書に署名押印しない場合でも、意見を聴いたことが客観的に証明できる限り、所轄労基署長は受理することとしている（昭23. 5. 11基発735号、昭23. 10. 30基発1575号）。

労基法では労働者に対する就業規則の周知を義務付けており（労基法106条）、これに違反した使用者は罰則の適用を受ける（労基法120条）。周知については、作業場の見やすい場所に常時掲示、または備え付け、書面（印刷物、複写した書面も含む）の交付、パソコン等での閲覧方法によって行うこととしている（労基法施行規則52条の2）。磁気テープ、磁気ディスクなどに記録、記録の内容を常時確認できる機器を設置することでもよい。この場合は、各作業場にパソコンなどの機器を設置し、労働者に機器操作の権限を与えるとともに、その操作方法を周知させ、必要なときに容易に確認できるようにしなければならない（平11. 1. 29基発45号）。

法令、労働協約、労働契約と就業規則の関係（労基法92、93条、労契法12、13条）について、法的効力の順位は、①法令②労働協約③就業規則④労働契約―の順に強い。就業規則で定める基準に達しない労働条件を定める労働契約は、その部分については無効。無効となった部分は、就業規則で定める基準となる（労契法12条）。ただし、個別の労働契約のうち、就業規則の定めを上回る部分については、個別労働契約の内容が優先する。例えば、就業規則では時給1,000円と定めた時、個別の労働契約では時給900円とした場合は無効となり、就業規則の時給1,000円で締結しなければならない。時給1,100円とした場合は、就業規則で定める基準に達しているため、時給1,100円の合意は有効となる。

出向社員への適用について、出向社員の就業規則の適用については、出向元と出向先との間で協議して決定すべきもので、出向に際して、労働者にどちらの就業規則（賃金規定など）がどのような条件（所定労働時間、休日等）で適用されるかを明らかにしておく必要がある。

2. 労働者の契約上の義務

労働者の契約上の義務とは何か。

労働契約を結んだ労働者は、使用者の指揮命令に従って誠実に労働する義務が生じる。労働者の義務の細かな内容については、就業規則に任意に定めなければならない。

解説 労働者は、労働契約によって義務を負うことになる。このことは、労契法に「労働者および使用者は、労働契約を遵守するとともに、信義に従い誠実に、権利を行使し、および義務を履行しなければならない」（労契法３条４項）と定められ、労働契約の原則の１つとされている。

労働者が負う義務には、次のような種類がある。

▷命じられた仕事が完全にできる状態で出勤する労働義務
▷業務命令に従う服務義務
▷職場の秩序を守る義務
▷職務に専念する義務
▷誠実に業務を遂行する信義誠実義務
▷人間関係配慮義務（セクシュアルハラスメントなどの禁止）
▷意欲を持って業務促進を図る義務
▷会社の名誉・信用を守る義務
▷競業避止義務
▷企業秘密を守る義務
▷職場環境整備への協力義務（生産性向上や安全衛生を目的とする）
▷各種ハラスメントの防止など就労環境向上義務

労働契約と義務の内容については、理解の食い違いから、労使間でトラブルが発生しやすい。これを未然に防ぐためにも、使用者は労働条件の詳細や職場において守るべきルールを就業規則に明文化し、労働者に周知しなければならない。

3. 就業規則の不利益変更

使用者は、就業規則を一方的に変更することにより、賃金などの労働条件を労働者にとって不利に変更することができるか。

同意なく不利益変更を行うことは原則としてできない。ただし、変更の内容に合理性があり、周知される場合には変更できる。

解説 労契法９条は「使用者は、労働者と合意することなく、就業規則を変更することにより、労働者の不利益に労働契約の内容である労働条件を変更することはできない」と規定している。就業規則の変更は、使用者と労働者の合意によることが原則（労契法８条）であることを確認した内容になっている。

労契法10条は、就業規則の変更という方法によって労働条件を変更する場合は、①使用者が変更後の就業規則を労働者に周知させたこと②就業規則の変更が合理的なものであること―の２要件を満たした場合に限り認められるとしている。①の周知は、実質的な周知であれば足りると解されている。

労契法９条と10条は、秋北バス事件（最高裁大昭43.12.25）、第四銀行事件（最高裁二小平９．２.28）など、最高裁判所の判例法理に沿って規定されたものである。

●参考判例

◇秋北バス事件（最高裁大昭43.12.25）＝就業規則改定で従前に比べ労働条件が低下しても、「労働条件の集合的処理、特にその統一的かつ画一的な決定を建前とする就業規則の性質からいつて、当該規則条項が合理的なものであるかぎり、個々の労働者において、これに同意しないことを理由として、その適用を拒否することは許されない」とした。

◇第四銀行事件（最高裁二小平９．２.28）＝就業規則変更により定年延長に際し、賃金の減額を行った事案。就業規則の不利益変更については、当該条項が不利益を労働者に受忍させることを許容し得る高度の必要性に基づいた合理的な内容のものである場合に、その効力を生ずるとした。

4. 就業規則の改定で労使の意見が食い違う場合

Q 就業規則の改定で労使の意見が食い違う場合はどうするか。

A 就業規則を改定する際に、労働組合の同意を得て行うことを労働協約に定めていない限り、労働者代表の意見書が添付されていれば、労働基準監督署長は就業規則の変更を受理する。ただし、裁判所は、変更を行う際の会社と労働者側との協議・説明・団体交渉の経緯や意見の反映などを判断要素として重視するため、これらを踏まえた上での改定が望ましい。

解説 就業規則の改定に当たっては、作成時と同様、使用者は過半数で組織する労働組合または過半数の代表者の意見を聴取し、その意見を記した書面（意見書）を添付して労基署長に届け出なければならない（労基法90条）。この意見聴取とは諮問することであって、同意を取ったり協議をしたりするところまでは要求しないと解釈されている（昭25. 3.15基収525号）。したがって、就業規則の変更に賛成であろうが、反対であろうが、労働者代表の意見書が添付されていれば、労基署長は就業規則を受理し、たとえ反対であっても就業規則自体の効力には影響しない（昭24. 3.28基発373号）。

ただし、労働協約で「就業規則の作成・変更については労働組合の同意を得て行う」「労働組合との協議のうえ決定する」といった協議約款や同意約款が定められている場合は、協議、同意を得ることなく就業規則を改定しても無効となる。

意見書には、労働者代表の署名または記名押印が必要だが、意見を聞いたにも関わらず、意見書への署名・押印を拒否され、応じてもらえない場合がある。その場合、経緯を説明した「意見書不添付理由書」を提出し、意見を聞いたことが客観的に証明できれば、労基署長は受理するとされている（昭23. 5.11基発735号）。

これらの通達は、労基法違反として取り扱うかどうかの行政当局の見解であって、変更された就業規則の民事上の効力を最終的に判断するのは裁判所である。就業規則の不利益変更の合理性の判断基準の項目には、労働組合等との交渉の状況（協議や説明、団体交渉の経緯、意見の反映など）も含まれている。

●関連法規 ◇労契法10条（就業規則による労働契約の内容の変更）

5. 不利益変更を有効とする「合理性」の判断基準

Q　就業規則の不利益変更を有効とする「合理性」の判断基準とはどのようなものか。

A　労契法10条には、変更の合理性を判断する基準として、①労働者の受ける不利益の程度②労働条件の変更の必要性③変更後の就業規則の内容の相当性④労働組合等との交渉の状況⑤その他の就業規則の変更に係る事情—の5項目が規定されている。

解説　労契法10条には、就業規則の合理性を判断する上で考慮する基準について、上記の5項目を定めている。これは、第四銀行事件（最高裁二小平9．2．28）の判例で示された就業規則の合理性の判断基準7項目が基になっている。7つの項目の中には、内容的に互いに関連し合うものもあり、それらを含めた判例法理に沿って整理統合された労契法10条のポイントを列挙すると、以下の通りとなる。

◆労働者の受ける不利益の程度

労働者が就業規則の変更により、どの程度の不利益を被るか。世間相場や業界相場等との比較もポイントとなる。

◆労働条件の変更の必要性

使用者に労働条件の変更の必要性が生じているかどうか。特に賃金や退職金の変更の必要性については「高度の必要性」を要すると解されている。

◆変更後の就業規則の内容の相当性

不公平な適用（いわゆるねらい撃ち）は行わない。大幅な賃金カットを55歳以上の従業員に限定し、そのカット分を中堅層に配分するというような事例（みちのく銀行事件、最高裁一小平12．9．7）。これは、一部の従業員に対するねらい撃ちに当たるため相当性が認められず、合理性もないと判断される。

代償措置や経過措置、他の労働条件の改善状況については、一方的な労働条件の引き下げではなく、関連する労働条件の改善など、代償措置による労働者の不利益を緩和しているか、急激に労働条件を引き下げるのではなく、経過措置を講じたか、労働者の納得性を高める対応をしたかが問われる。

変更した内容と同業他社、他産業の水準との比較など社会的妥当性については、いわゆる世間相場が考慮される。

◆労働組合等との交渉の状況

労使協議実施の有無。労働組合との団体交渉とその経緯、妥結の有無などが問われる。

第8章

以上の項目は、就業規則の変更が合理的なものであるかどうかを判断するにあたっての規準として例示した。裁判所等が実際に判断する場合は、個別の具体的な事案に応じて、これらの判断基準に該当する事実を含め、就業規則の変更に関わる諸事情を総合した上で判断する。

就業規則の合理性を判断する基準例

労契法10条の合理性判断基準（5項目）	第四銀行事件の合理性判断基準（7項目）
1．労働者の受ける不利益の程度	①就業規則の変更によって労働者が被る不利益の程度
2．労働条件の変更の必要性	②使用者側の変更の必要性の内容・程度
3．変更後の就業規則の内容の相当性	③変更後の就業規則の内容自体の相当性
	④代償措置その他関連する他の労働条件の改善状況
	⑤変更した内容と同業他社、他産業の水準との比較などから見た社会的妥当性
4．労働組合等との交渉の状況	⑥労働組合等との交渉の経緯
	⑦他の労働組合または他の従業員の対応
5．その他の就業規則の変更に係る事情	該当なし

6. 就業規則の不利益変更に関する判例

就業規則の不利益変更に関する判例にはどのようなものがあるか。

労契法９条、10条として条文化される基となった最高裁判例をはじめ、多数の判例がある。

解説 企業が労働条件の不利益変更を行うとき、実際の手続きにおいて重要となるのは、労契法10条の規定により規律される合理性をどれだけ確保できるかである。いかに企業側の必要性を論理的に説明できるか、代償措置の設定も含めて労働者側の不利益をいかに小さいものとし得るか、労働者側にどのような説明を行い、どのような同意を取り付けて手続きを進めるかなど、判例を参考に設計し、合理性の判断基準の各項目について検討した上で臨むべきであろう。

不利益変更に関する判例

事件名など	主な内容
タケダシステム事件 (最高裁二小昭58.11.25)	賃金に関しても就業規則の変更が合理的なものであれば、労働者に拘束力が及ぶ。
大曲市農協事件 (最高裁三小昭63.２.16)	特に賃金・退職金など重要な労働条件に関する不利益変更は、労働者に重大な不利益を与える恐れが高いことから、高度の必要性に基づいた合理性がある場合に限り労働者を拘束する。
北都銀行（旧羽後銀行）事件 (最高裁三小平12.９.12)	週休２日制導入に伴って行われた労働時間の延長につき、労働量総量の減少を埋め合わせる必要性が高く、労働時間の延長の幅は日によって必ずしも大きいものではなく、休日増加は大きな利益として合理性を認めた。
函館信用金庫事件 (最高裁二小平12.９.22)	完全週休２日制の実施に伴い１日の就業時間が長くなったものであっても、導入前の週所定労働時間と比べて見劣りするものでもないなど、労働時間の変更には合理性がある。
日本大学事件 (東京地裁平14.12.25)	労働慣行は、それが事実たる慣習として、労働契約の内容を構成するものとなっている場合に限り、就業規則に反するかどうかを問わず、法的拘束力を有するというべきである。
ノイズ研究所事件 (東京高裁平18.６.22)	従業員の労働生産性を高めて競争力を強化する高度の必要性があり、変更は賃金原資の配分の仕方をより合理的なものに改めようとするもので、人事評価制度についても最低限度必要とされる程度の合理性を肯定し得るなどとして、賃金制度の変更の合理性を認めた。

事件名など	主な内容
御國ハイヤー事件 （最高裁二小昭58.7.15）	退職金の算定期間の規定をある日を境に一方的に廃止することは、この変更を認めるべき特別な事情も代償措置も何もない限り、合理的なものということはできない。
みちのく銀行事件 （最高裁一小平12.9.7）	就業規則を変更し、専任職制度を創設する経営上の必要性は認められるが、労働実態を変えず賃金を半減させる就業規則の変更は、合理的ではなく相当でない。
キョーイクソフト事件 （東京高裁平15.4.24）	賃金制度を年功序列から業績重視型に改めた変更につき、不利益が高年齢層にのみ負わされる形であった、賃金面の不利益の程度が重大であった、代償措置も十分ではなかったなどにより合理性が否定された。
エーシーニールセン・コーポレーション事件 （東京地裁平16.3.31）	就業規則自体に賃金減額規定があっても、その規定自体に合理性がなければならないほか、どのような場合に、どの程度減額されるのかということについて規定がなければならず、具体的な降給決定過程に合理性等が要求される。
クリスタル観光バス事件 （大阪高裁平19.1.19）	従来の年功序列型の賃金体系を成果主義型の賃金体系に変更することを主眼とした賃金減額につき、差し迫った必要性があったとは言えず、減額の幅が減額率30％と非常に大きいほか、代償措置・経過措置も設けられていないとして合理性が否定された。
山梨県民信用組合事件 （最高裁二小平28.2.19）	就業規則による労働条件の不利益変更における労働者の同意の認定は慎重になされるべきであり、同意の有無を判断するに際しては、不利益の内容・程度、同意に至るまでの経緯・態様、同意を得る前に使用者が十分な情報提供と説明を行っているか等が考慮されなければならないとした。
トライグループ事件 （東京地裁平30.2.22）	賃金制度を年功序列型から成果主義、能力主義型賃金制度への変更について賃金原資総額は変更せず、労働者全体からみれば従前と比べて不利益になるわけでもなくて制度としての合理性すなわち新就業規則等の内容は合理性があり有効とした。
東京商工会議所事件 （東京地裁平29.5.8）	年功序列型から成果主義型賃金体系への変更は制度変更の合理性があり、激変緩和の経過措置を講じられており、労働組合と交渉し意見を取り入れながら具体的設計を行っており労契法10条の諸要素に照らし、変更の合理性が認められるとした。

7. 懲戒解雇の留意点

懲戒解雇を行う場合の留意点は何か。

A 懲戒解雇とは、事業主が労働者の責に帰すべき事由で解雇することである。懲戒解雇事由としては、勤務態度不良、職場秩序違反、会社の名誉・信用棄損、業務命令違反等その態様は種々だが、就業規則にどのような事実がある場合に解雇されるのか明示しておく必要がある。またこれらに該当したからといって直ちに懲戒解雇が有効となるものではなく、違反の程度、態様、情状等が考慮され重大・悪質なものが該当する。

解説 懲戒解雇は、懲戒処分として労働契約を一方的に解除して労働者を企業から排除する、労働者に対する最も厳しい処分である。ただし、業務上傷病（労災）と産前産後休業中およびその後30日間は従業員を解雇することができない。

懲戒解雇を有効にするためには、①解雇の事由が就業規則、労働契約、労働協約等で明確になっている②その事由が客観的に合理的であり、社会通念上相当である③本人に弁明の機会を与え、懲戒委員会の開催等、適正手続きを経ている－ことが必要である。

②は、解雇権乱用法理であり、判例法理で確立されたものを法改正により労基法18条の２において明文化した後、2008年施行の改正で労契法16条に移行したものである。

解雇予告または解雇予告手当の支払いをしないためには、労基署長の除外認定を得る必要がある。この認定事由は、解雇予告制度により労働者を保護するに値しないほどの重大または悪質な義務違反ないし背信行為が労働者に存する場合であって、会社内における懲戒解雇事由とは必ずしも一致しない。この点につき、厚労省は次のような認定基準を示している。

▷事業場内において盗取、横領、傷害等の刑法犯に該当する行為のあった場合
▷賭博、風紀びん乱などで職場規律を乱し、他の労働者に悪影響を及ぼす場合
▷採用時に、採用条件の要素となるような経歴を偽った場合
▷他の事業へ転職した場合
▷２週間以上、正当な理由なく無断欠勤し、出勤の督促に応じない場合
▷出勤不良または出欠常ならず、数回にわたって注意を受けても改めない場合

なお、この除外認定を得られなくても、懲戒解雇の有効要件を整えた上で解雇予告をする、あるいは解雇予告手当を支払えば、懲戒解雇することができる。

●関連法規 ◇労基法20条（解雇の予告）、89条（就業規則の作成および届け出の義務・退職に関する事項）、労契法16条（解雇）

●関連通達 ◇昭23.11.11基発1637号、昭31．３．１基発111号（労働者の責に帰すべき事由＝労基署長の除外認定基準）

●参考判例 ◇高知放送事件（最高裁二小昭52．１．31）＝寝過ごしによる２度の放送事故を起こした労働者に対する解雇について、悪意や故意によるものではなく、平素の勤務成績も別段悪くないこと等から、本件解雇を解雇権の乱用として無効とした。
◇フジ興産事件（最高裁二小平15.10.10）＝使用者が労働者を懲戒するには、あらかじめ就業規則に懲戒の種別および事由を定め、その適用を受ける事業場の労働者に周知させる手続きが取られていることを要する。
◇中央林間病院事件（東京地裁平８．７．26）＝就業規則の定めに反して懲戒委員会を開催せず、これに代替する措置が取られたとも認められないこと等を理由として、懲戒解雇が無効とされた。

用語解説▶ 整理解雇の４要件

整理解雇が、労契法16条に定める解雇権乱用法理に該当しないための要件。裁判例の集積により、一般的に①人員削減の必要性②解雇回避努力義務③人選の合理性④労働者に対する説明・協議義務－の４つが要件として挙げられる。

「人員削減の必要性」は、倒産回避までの深刻さを求めない判例が多いが、必要性の判断には整理解雇の実施後に新規採用を行っていないかなども考慮される。「解雇回避努力義務」は、事前に役員報酬カットを含む経費削減、新規採用停止、希望退職募集などの措置を講じ、解雇を回避するための努力を尽くしたのかがポイントとなる。

「人選の合理性」については、恣意性を排除した合理的な基準が求められるが、各社特有の要素も併せて検討される。「労働者に対する説明・協議義務」は、解雇に関する労働協約の有無に関わらず、整理解雇を行う際には必ず求められる要件とされる。

8. 懲戒処分の法的根拠

懲戒権行使の効力を有効にするために決めておくべきことはどのようなことか。

懲戒事由と懲戒処分の種類・内容のほか、処分決定に至る手続きについても就業規則に定めておくことが必要である。

解説 懲戒処分は、とかくトラブルの原因となり、訴訟に発展するケースも少なくない。訴訟にならなくとも処分内容や手続きが適正・公正でなければ、労働者の間に不満や不信が生まれ、結果として使用者に対する信頼感が失われることもある。

処分決定に至る手続きは法定されていないが、訴訟になった場合、処分が正当であったとしても、手続き面に不備があれば、処分そのものに対する不当性の一因となる。このため、就業規則には懲戒事由や懲戒処分の種類・内容（労基法89条９号）だけでなく、▷懲戒委員会の設置▷労働者の弁明機会－など手続きに関する事項についても明確かつ具体的に定めておく必要がある。

なお、労基法91条は減給制裁の限度を規定しているが、就業規則で出勤停止についてその期間中無給と定めたとしても同条の適用は受けない。

このほか懲戒権を行使するに当たっては、▷懲戒処分の相当性▷二重処罰の禁止▷就業規則の遡及（そきゅう）適用禁止▷平等な取り扱い－などに留意しなければならない。

懲戒処分の相当性については、それぞれ個別事情が異なるため、事案に対する処分の種類・内容について具体的な判断基準を示すことは困難だが、相当性を逸脱した場合は権利の乱用として無効になる。特に懲戒解雇では、懲戒事由に該当するとしても重きに失するとして無効となる裁判例もみられるので注意を要する。

また、処分決定までの間、自宅待機を命じた場合、自宅待機が懲戒処分でなく前置措置として就業を禁止した業務命令（その期間の賃金。少なくとも60％以上の支払を要する）にすぎなければ、その後に処分したとしても二重処罰には該当しない。

●関連法規 ◇労基法89条（就業規則作成および届け出の義務・退職に関する事項）

●関連通達 ◇昭23.７.３基収2177号（出勤停止期間中の賃金を受けられないことは減給の制裁ではない）

●参考判例 ◇京浜電測器事件（東京高裁昭41.４.20）＝懲戒事由に当たる行為をした労働者を排除しなくても企業秩序が損なわれる恐れがない場合、あえて解雇処分とすることは解雇権の乱用となる。

◇平和自動車交通事件（東京地裁平10.２.６）＝諭旨解雇処分が、過去に懲戒処分の対象となった行為について重ねて懲戒することはできず、また過去に懲戒処分の対象となった行為について反省の態度が見受けられないことだけを理由とする懲戒処分も許されないとして、解雇無効とされた事例。

第8章

9. 懲戒対象者への給与・賞与・退職金の支給

Q **懲戒処分を受けた社員に対して、給与や賞与を全額支給しないことは可能か。**

A 労基法では、減給について一定額の限度を設けている。減給とは確定した賃金を減額することで、懲戒対象者に対し給与の減額を行う旨を就業規則などに定め、制限以内であれば減額は可能。賞与は、通常、業績などに基づきあらかじめ確定しないので、査定減額は制限に該当しない。

解説 社員に減給の制裁をする場合、労基法91条では、▷1回の減給の額がその社員の1日分の平均賃金の50%を超えてはならない▷減給総額が一賃金支払期における賃金総額の10%を超えてはならない－とされている。例えば、1日の平均賃金が1万円、月次給与が30万円の場合、1回の処分の限度額は1日5,000円で1か月の限度額は3万円となる。出勤停止処分に関しては、停止期間中は給与を支給しないことが可能なため、上記のような金額では処分が足りないと判断する場合、これより重い処分として選択することになる。

賞与支給額の決定に際しては、一般的に人事考課が行われている。査定には、期間中の懲戒処分を含めた勤務態度や勤務実績を基にする考課査定部分や、欠勤や遅刻・早退等を加味した勤怠査定部分などがある。懲戒処分をマイナス評価として賞与そのものを減額することは、「確定した賞与額からの控除」ではなく「当初から減給後の賞与が発生した」という形になるので、減給の制裁に該当しない。なお、全額不支給とすることは、労働者が期間中に労務提供をしながら、賞与を全く受けられないということになり、労基法91条に定める減給の制裁制限の趣旨から、違法と判断される可能性がある。

また、退職金を不支給とするには、就業規則、労働契約、労働協約等に懲戒解雇時の退職金不支給規定がある場合に限られるが、規定があったとしても、必然的に不支給になるわけではない。退職金制度の趣旨からして不支給にしても問題がないほどの懲戒解雇事由かどうかが、個別ケースでの判断のポイントとなる。懲戒解雇の有効性と退職金の減額・没収の有効性とは判断基準が異なる。退職金は、長期間の勤続の功を抹消するほどの不信行為があった場合のみ不支給が可能で、それに至らない場合は減額にとどめるべきとされている。

●関連法規 ◇労基法91条（制裁規定の制限）

●関連通達 ◇昭22.9.13基発17号（賞与の意義）
◇昭63.3.14基発150号（賞与からの減給による制裁）

●参考判例 ◇小田急電鉄事件（東京高裁平15.12.11）＝痴漢事件を起こした社員の懲戒解雇はやむを得ないとしながらも、退職金は一定の割合を支給すべきとし、３割支給が相当であるとされた。

◇トヨタ工業事件（東京高裁平６.11.16）＝懲戒解雇した労働者に対し過去の労働に対する評価を抹消させてしまうほどの背信行為があったとは認められないとして、退職金の支払いを命じた。

◇日本郵便事件（大阪地裁令元.10.29）＝78万円分の切手を横領したことにより懲戒解雇された従業員に対する退職金の全額不支給は有効

◇ＫＤＤＩ事件（東京地裁平30.５.30）＝単身赴任手当の故意による不正受給を認定して懲戒解雇処分の有効性を肯定しつつも、会社に退職一時金の４割の支払いを命じた。

10. 勤務不良者の扱い

Q **度重なる服務規律違反を繰り返す社員がいる。どのように対応していくべきか。**

A 就業規則に規定してある服務規律に違反した場合は、通常、注意・指導を行うが、加えて懲戒規定に抵触するなら、規定に沿って処分を行う。それでも繰り返すようなら解雇も考えられる。その場合には就業規則に解雇事由として「服務規律違反を繰り返す場合」等を定めておく必要があり、服務規律違反の回数、注意・指導等の内容を正確に記録しておく。解雇事由が就業規則に規定されていない場合は、退職勧奨も１つの方法である。

解説 就業規則には、どのような行為が服務規律違反になるのかを規定しておかなくてはならない。また、程度が重いものは、懲戒処分も規定しておく。その上で服務規律違反があれば、注意・指導・懲戒処分を行う。同じ社員が服務規律違反を繰り返すようなら、懲戒処分を重くしていくが、処分内容についても規定しておいた方がよい。

こうした懲戒処分を適用するに当たり、その都度行う注意・指導の内容を記録しておくと、後々の争いを回避できる可能性が高くなる。

どの程度の頻度の服務規律違反であれば、解雇することができるのかについての画一的な基準はない。過去の判例では、「従業員１か月当たりの遅刻等の回数が平均0.02回であるのに対し、被解雇者のそれが1.9回と際だって多い」（高島屋工作所事件、大阪地裁平11.１.29)、「約１年間に無届欠勤を９日、無届の２時間以上の遅刻・早退を６回、無届の２時間以内の遅刻・早退を７回重ねた」（湯川胃腸病院事件、大阪地裁平６.11.８）という事由で解雇が認められている。

「就業規則にこういった規定はないが解雇したい」とか、「解雇処分にしたいが、解雇事由に当たるか判断が難しい」あるいは「解雇事由には該当しないけれども、辞めてほしい社員がいる」といった場合は、「退職勧奨」という方法も考えられる。

退職勧奨とは、会社が当該社員に任意に退職の意思を持たせるため、退職に向けて説得ないし働きかけをすることである。本人の自由意思が保障されている限り、何ら違法性を問われることはない。ただし、自由意思が保障されていないと判断された場合には、慰謝料の支払いを求められたり、強迫行為と認定され、退職の意思表示が取り消されたりすることもある。

社員が行方不明となり家族でさえ連絡が取れなくなった場合、就業規則に「無断欠勤が○日以上に及んだとき懲戒解雇する」旨の規定があれば、解雇事由の点では問題はない。問題となるのは解雇の意思表示を当該社員にどのように到達させるのかといった点である。法的に問題がない意思表示の送達手続きをとろうとすれば、「公示送達」ということになるが、この手続きは煩雑である。実務的には家族から退職願いを取り、退職扱いとする場合が多い。当該社員が仮に出勤したとしても、その時点で解雇の意思表示をすればよい。また、就業規則で「行方不明の場合の解雇の意思表示は家族への郵送により行う」などと定め、周知すれば有効となる。

●関連法規 ◇労契法16条（解雇）、労基法89条（就業規則の作成および届け出の義務・退職に関する事項）、民法97条（意思表示の効力発生時期等）、98条（公示による意思表示）

●参考判例 ◇エール・フランス事件（東京高裁平８.３.27）＝労働者を退職に追い込むために職場の上司らが行った暴力行為や嫌がらせ行為および実質上の有用性がかなり低い統計作業を行わせたことが、不法行為を構成するとして、会社と職場の上司らの双方に損害賠償責任を課した。

◇兵庫県社土木事務所事件（最高裁一小平11.７.15）＝行方不明の地方公務員に対する懲戒免職処分について、従前からの例に従い、家族に対する通知と県公報への掲載をもって、公示送達に代わる適切な方法とした。

●非違行為と懲戒の種類・内容との均衡に関する参考判例

◇ソニー生命保険会社事件（東京地裁平11.３.26）＝使用者から貸与されたパソコンを質入れした労働者の行為は、「会社の金品等を費消又は流用したとき」との懲戒事由に該当し、使用者の行った懲戒解雇が有効とされた。

◇三和銀行事件（大阪地裁平12.４.17）＝主として労働条件の改善等を目的とする出版を行うことは、形式的に就業規則所定の懲戒事由に該当するとしても、使用者に対する批判行為として正当であると評価され、労働者に対してなされた戒告処分は懲戒権の乱用とされた。

11. 事件・事故と懲戒 －飲酒運転－

Q **社員が就業時間外に、私有車で飲酒運転による交通事故を起こした場合、懲戒処分を行えるか。**

A 社員が職場外で起こした刑事事件や重大な交通違反などの非違行為に対する懲戒権は、就業規則で業務外の行為に関する懲戒規定を盛り込んである場合に効力がある。その行為に対し慎重な審査を行った上、その軽重に応じて処分を行うことができる。

解説 懲戒とは、企業の秩序の維持に影響を与える行為に対する制裁であるが、勤務時間外の行為であっても、新聞・通信社の対外的信用を損なったり、他の社員に悪影響をおよぼしたりするような行為は懲戒対象となる。新聞・通信社は公器性が強く、社会的な信用を失墜させる犯罪行為に対して、特に厳しい処分を行うケースがある。

処分の具体的な判断基準は示しにくいが、最も厳しい処分である懲戒解雇を妥当とするのは、重大な犯罪行為で刑罰が重い場合が多い。

特に飲酒運転については、2006年８月、福岡市職員が子供３人を死亡させる事故を起こしたことをきっかけに、全国の自治体などで、処分規定の強化が進んだ。一般企業においても、飲酒運転撲滅の機運が高まりを見せ、摘発されたり、事故を起こしたりした社員へ厳罰を科す動きが加速した。

また、一般的に職責による処分の重さを考えれば、部下を管理・監督する職責を持つ者の社外非行は、職場秩序への影響がより大きいとして、厳しい処分を行うことが妥当とされる。逆に一般社員の場合、企業秩序違反を理由として処分する際には、懲戒権の乱用とならないよう注意が必要で、判例を見ても裁判所は厳格な態度で臨んでいる。さらに刑事事件の場合、逮捕・起訴されても、確実に有罪となるとは限らず、処分に当たっては、必ずしも刑事事件には拘束されないが、会社独自の立場でより慎重な判断を持って対応すべきであろう。新聞・通信社の場合には、社会的な立場からも迅速な処分が求められる。

●参考判例

◇日本鋼管事件（最高裁二小昭49.３.15）＝会社の社会的評価に悪影響はあったが、会社の体面を著しく汚したものとして、懲戒解雇または諭旨解雇の事由とするには該当しない。

◇加西市懲戒免職処分取消請求事件（最高裁二小平　21.９.18）＝酒気帯び運転の検挙を理由にした懲戒解雇は、過酷で裁量権を逸脱しているとして、処分取消と判断。

◇高知県酒酔い運転・懲戒免職事件（高松高裁平23.５.10）＝酒酔い運転で物損事故を起こしたことに対する懲戒解雇が、裁量権の範囲を逸脱、乱用したとは認められないと判断。

◇懲戒免職処分取消等請求控訴事件（名古屋高裁平29.10.20）＝酒気帯び運転の態様が極めて悪質で、責任は重大であるなどして、懲戒免職処分および退職手当支給制限処分のいずれについても裁量権の逸脱または乱用はないものと判断。

12. 事件・事故と懲戒 −従業員の逮捕−

Q　社員が就業時間外に、電車内での痴漢容疑で現行犯逮捕された。本人は容疑を否認している場合、会社はどのように対応すればよいか。

A　新聞・通信社の社員の場合は、一般企業と異なり、マスコミとしての社会的責任上、迅速な対応が要求される。有罪を前提に対処することは避けるにしても、周辺の聞き込みなどを行い社として事実認識を固めた上で、場合によれば社員を即時解雇するなどの処分を行う。後々、解雇権乱用として争われるリスクがあるにしても、一般企業のように有罪が確定してから懲戒処分の可否を検討するということでは遅い。

解説　新聞・通信社の場合は、マスコミとして公器性が強く、社員の逮捕は社会的な信用を失墜させる犯罪行為として、他社や自社で報道されることも想定される。社としてのコメントや本人の経歴などを用意するなど、迅速な措置が要求される。

本人が逮捕容疑を否認している場合は即時解雇が難しいとしても、社の信用リスクへの対応として、迅速に処分を行い「元社員」として扱えることが要請されるであろう。

一般的な例としては、本人は逮捕後、捜査当局に最大23日間拘束されることになるが、この期間は、欠勤か当該社員の申し出があれば年次有給休暇の取り扱いとした方が望ましい。勾留期間を無断欠勤とし、無断欠勤の一定期間継続を事由とする解雇を行うことも不適切になる。当該社員との連絡は、勾留先での面会にて行う。接見禁止処分が出ている場合は、弁護士を通して連絡する。

起訴後に保釈された場合は、労務提供が可能な状態になり、公判出廷による欠勤も有給休暇として対応できる。長期勾留によって労務の不提供が一定期間続くことが明らかな場合は、一般的に就業規則に従って起訴休職の取り扱いとする。

就業規則に起訴休職の定めがある場合、起訴休職が有効となるための要件として、①企業の対外的信用の維持②職場秩序の維持③不安定な労務提供によって業務に支障が生じることの防止—のいずれかの理由が必要とされる。③は身柄拘束されない以上該当しない。①②については、当該社員の職種によっては対外的な信用維持のため休職発令もやむを得ない場合がある。社内で指導的な立場である場合、職場秩序の維持に障害を生じる恐れが高いこともある。しかし、そうした客観的な障害が認められない場合は、安易に起訴休職の規定を適用すべきではない。

有罪になった場合は、懲戒処分の可否を検討することになる。職場外における職務遂行に関係ない行為で懲戒処分を行うことはできないのが原則だが、刑事事件については企業秩序に関連性がある場合、対外的信用失墜等の場合には懲戒の対象となり得る。

上記のような一般的な取り扱いを念頭に置きつつも、マスコミ企業として、個人との解雇リスクより社全体の名誉・信用毀損リスクを優先することを意識して対応せざるを得ないであろう。

13. 事件・事故と懲戒－ＳＮＳ使用－

社員が個人のＳＮＳ（ソーシャルネットワーキングサービス）アカウントで不適切な投稿をして、批判が広まっている。どのように対処すればいいか。

新聞記者を中心に社員によるＳＮＳ上での情報発信は、自社の宣伝や読者獲得につながる反面、不適切な投稿があると批判を受け、いわゆる「炎上」につながりかねない。

社内規定などを整備して適切な情報管理をすることが必要である。社名を記載したアカウントで会社の信用を傷つけるような投稿をした場合は、懲戒処分の対象にもなり得る。

解説　日本新聞協会労務委員会の調査（2021年１月現在）によると、52社中14社がＳＮＳ上での不適切な発信等により、懲戒処分をしたことがあり、懲戒に至らないまでも注意等を行った社も17社あった。ＳＮＳ開設にあたり、社内規定を設けている会社は58％であった。

新聞記者が取材の過程や取材先で知り得た情報を個人のアカウントで発信すると、守秘義務違反に該当する可能性があり、社の信用失墜にもつながる。特に新聞・通信社では、業務上知り得た情報について「自社の報道活動にのみ使用を限定する」旨を就業規則などで定められていることが一般的である。

また、業務上入手した内部情報を悪用するケースは「インサイダー取引」などの犯罪につながる事例もある。さらに、情報漏えいによって、従業員個人が民法709条の不法行為に基づく損害賠償責任を、当該従業員を雇用する会社も民法715条に基づく使用者責任としての損害賠償責任を、それぞれ問われる可能性がある。

機密情報管理を徹底するとともに、従業員に対して取り扱う情報の重要性、情報流出の危険性を意識させることが必要である。

社の公式アカウントで社員個人の意見を投稿することは、それが会社の正式見解ととられ、「炎上」につながることが多いため、事前に責任者がチェックしてから発信するなどの手順を決めておくことが望ましい。

●関連法規　◇民法709条（不法行為による損害賠償）、民法715条（使用者等の責任）

14. 事件・事故と懲戒－業務外パソコン－

Q 社で貸与しているパソコンで私的メールや業務に関係ないウェブサイトを閲覧している社員がいる。どうしたらよいか。

A ネット利用や監視についての規定があり、周知されていれば、十分な警告をした上で就業規則等による懲戒処分を科すことができる。私的利用の実態を把握するには、専用のソフトを利用した監視（モニタリング）があるほか、対処方法として閲覧ページの制限（フィルタリング）などがある。

解説 本来、労働者には誠実に労務を提供する義務があり、私的なメールやインターネット閲覧等は、社固有財産の私的利用と解され許されない。ただ、就業中の私的会話を一切禁止することができないのと同様、一定の範囲では許容されると考えられる。モニタリングについても企業秩序維持権の行使（富士重工事件　最高裁三小昭52.12.13）の限界やプライバシー権、個人情報保護の観点から、その目的を特定することが必要とされ、無制限に行えるものではない。このため、禁止行為の範囲や監視体制等に関する規定（情報セキュリティーポリシー）を作り、周知した上で利用させることが基本だ。

私的目的によるパソコン利用は、閲覧やフリーソフト、画像のダウンロードの際に社の情報を漏えいさせてしまう危険が生じ、漏えいデータが顧客や他社の財務、人事などの外部情報資産に及ぶと被害者のはずが加害者になってしまう恐れがある。特に新聞・通信社では業務での情報収集と私的利用の区別が難しく、管理者の目の届きにくい時間や場所での利用も少なくない。監視体制や罰則の強化だけでなく、日ごろから情報セキュリティーポリシーの徹底や意識の向上を図り、軽微と黙認せず注意や警告を繰り返し、行為を止めさせることが大切である。

●関連法規 ◇不正競争防止法２条の１（不正競争の定義）、不正アクセス禁止法３条（不正アクセス行為の禁止）

●参考判例 ◇日経クイック情報事件（東京地裁平14．2．26）＝私用メールは職務専念義務に違反し、かつ、私用で社の施設を使用する企業秩序違反となる。

◇Ｋ工業技術専門学校（私用メール）事件（福岡高裁平17．9．14）＝業務用パソコンで出会い系サイトに投稿し、多数回の私用メールを送受信した専門学校教員への懲戒解雇処分について、非違行為の程度および教育者たる立場にあったことからすれば、処分はやむを得ないとして有効と判断した。

◇ノーリツ事件（神戸地裁令　元.11.27）＝業務時間中の私的なサイト閲覧を懲戒事由とする降格処分は、社会通念上の相当性を欠き無効

15. 始末書・顛末書

Q 始末書の提出を強制できるのか。拒否する従業員を懲戒処分できるか。

A 始末書が求める謝罪、反省、将来への誓約は、個人の内面に深く関わるものであるため、強制や懲戒はできないという判例が少なくない。
ただ始末書不提出を情状として考慮したり、人事考課で不利益に取り扱ったりすることは可能である。

解説 事故や不祥事等を起こしたとき、使用者が当該労働者に書かせるものとして顛末書と始末書がある。顛末書は事の顛末の事実や経過的な報告書として、主に「事故や不祥事に関する事実関係」や「背景・事情」などを報告させ、確認することが目的。始末書は違反行為を「報告・確認」させ、さらに「謝罪・反省」させ、「将来に向けて繰り返さないことを誓約」させることが目的となる。一般的に使用者が始末書を提出させる目的としては、①事故や不祥事等を起こした労働者に対する注意指導②記録を保存して再発防止を図る③本人の謝罪・反省等を明確にさせ、職場内においていわば示しをつけることにより企業秩序を保持する④後日、当該労働者との間で紛争が発生し、訴訟等の事態に発展する場合に備えて、積極的に証拠を確保する—などが考えられる。

使用者はどのような場合に、労働者に始末書を提出させるべきなのか。当該の不祥事等が重大で、後日に懲戒処分を行うことが予想される場合には、上記の④の紛争事態に備えて懲戒事由たる事実関係が確かに存在したという証拠を確保することが必要となってくる。その際、当該始末書に本人の弁明等をも記載させれば、併せて当該懲戒処分が権利の乱用でないことを基礎付けることができる。こうした提出の目的から考えると、事実の報告である顛末書で十分な場合がある。具体的記述内容としては、①7W1H（だれが・だれと・なぜ・いつ・どこで・何を・どんな方法で・何をしたか）②言い分が変遷した場合はその理由も③客観的証拠や関係者の証言等と照合し真偽を検討④作成年月日の明記、従業員の署名・押印等、形式面を整える－などである。

なお、就業規則に始末書の提出が規定されていなかった事案で、懲戒処分としての始末書提出命令が無効とされた裁判例があり、就業規則に懲戒の事由および手段として始末書提出を明記することが望ましい。

16. 兼業と業務命令

社員から兼業の申請があった場合、どのようなことに留意すべきか。また兼業規定で制限し、違反した場合、業務命令でやめさせることができるか。

これまでの裁判例を踏まえれば、原則、兼業・副業を認める方向とすることが適当。実際に兼業・副業を進めるに当たっては、労働者と十分にコミュニケーションをとることが重要である。

自社の就業時間中に兼業・副業を行っていたのであれば、労働契約による労務提供の基本的義務を十分に果たしていないため、懲戒規定に沿った処分の対象になると考えられる。

解説

兼業・副業を認めるに当たっては、必要な就業時間の把握・管理や健康管理への対応、職務専念義務、秘密保持義務、競業避止義務をどう確保するかという懸念への対応が必要である。また①どのような形態の兼業・副業を認めるか②兼業・副業を行う際の手続き③兼業・副業を状況把握するための仕組み④兼業・副業の内容を変更する場合の手続き一などを検討しておくことが必要とされる。労働者に対し長時間労働や不規則な労働による健康障害を防止する観点から、自社と兼業・副業先での就業との兼ね合いの中で、時間外・休日労働の免除や抑制等を行う措置を講じることができるかも検討することが望ましい。さらに他の会社に雇われる形態で兼業・副業をする場合、労基法の労働時間に関する規制は通算して適用される（労基法38条）ため、兼業・副業先での労働時間も把握することが必要となる。

労働契約を結んだ労働者は、労務提供義務のほか職務専念義務や誠実勤務義務を負う（労契法３条４項）。そのため、労働者が兼業・副業を開始したら過労によって健康を害したり、自社の業務に支障を来したりしていないか、十分にコミュニケーションをとることが望ましい。兼業による過労で、労務提供上の支障がある場合には、基本的義務を十分に果たしていないとみなされ、会社は原因である兼業などの行為をやめるよう命じることができると考えられるが、職場秩序に影響がおよんだか否か等の実質的な要素を考慮した上で、あくまでも慎重に判断することが求められる。

なお、兼業・副業を行い、20万円を超える副収入がある場合や２か所以上から給与を受けていて、年末調整をされなかった給与の収入金額と各種所得金額の合計が20万円を超える場合は確定申告が必要である（所得税法120条、121条）。

ちなみに新聞・通信社の場合、日本新聞協会労務委員会調査（2021年１月現在）によると51社のうち、兼業・副業を認めている社は13社、社外執筆、講演のみ認めている社は８社、認めていない社は13社、その他の対応をとっている社は17社あった。

●**関連通達**　◇令２．９．１厚労省（副業・兼業の促進に関するガイドライン・改訂版）
◇令２．９．１基発0901第３号（副業・兼業の場合における労働時間管理に係る労基法38条１項の解釈等について）

用語解説▶ 業務命令

業務を遂行するため、労働者に対して発する指示・命令で、残業や出張、配置転換、出向などのほか、制服の着用といった細やかな点にまで効力がおよぶ。

業務命令権限の根拠は、労働契約にあり、契約内容や遂行方法・場所その他について行う広範な指示・命令をいい、就業規則の枠内で業務命令権が認められる。命じる行為の性質や業務上の必要性などで合理性があれば、拘束力を持つ。労働者は基本的に拒むことができず、正当な理由なく拒否した場合は、懲戒処分の対象になり得る。

ただし、談合や贈賄などの違法行為や労働者に多大な不利益が生じる場合は拘束力がない。危険を伴う業務に関する命令は、業務上の必要性によって判断するが、生命の危険が極めて高いケースでは拘束力がないとされる。

選挙や宗教など個人の自由意思が尊重される行為では強制できないほか、教育訓練に名を借りた見せしめ的な命令は権利の乱用に当たる。性別や国籍・信条などを理由とした差別的な命令を発し、労働者に苦痛を与えたとすれば、損害賠償請求の対象となる可能性がある。

17. 個人情報保護法と適用除外

新聞社と通信社が個人情報保護法上、留意すべき点はどのようなことか。

A 新聞・通信社の取材報道部門は、個人情報保護法が定める個人情報取扱事業者の義務が適用除外になるほか、個人情報保護委員会の勧告や命令等からも除外される。ただし、大量の個人情報を取り扱うことから、適切に取り扱う措置を自ら講じ、その措置内容を公表するよう努めなければならない。

解説 個人情報取扱事業者は、原則として個人情報保護法の適用対象となる。しかし、同法では適用除外規定が設けられている。①新聞社、通信社、放送機関などの報道機関②著述業③大学などの研究機関④宗教団体⑤政治団体一については報道、著述、学術研究、宗教活動、政治活動の目的で個人情報を取り扱う場合に限って個人情報保護の規定は適用されない。

適用除外はそれぞれの目的で個人情報を取り扱う場合に限られており、従業員情報や営業目的に関する個人情報の取り扱いでは当然、個人情報保護法上の規制を受ける。また適用除外となる場合でも情報漏えいによって、他に損害を与えた場合などは民事上の損害賠償責任を負う。

従業員情報では健康診断やストレスチェックの結果などの健康情報も、本人に対する不利益または差別などにつながるおそれのある要配慮個人情報であるため、取り扱いに特に配慮を要する。健康情報は労働者の健康確保に必要な範囲で利用されるべきものであり、必要な範囲を超えてこれらの健康情報を取り扱ってはならない（平29. 5. 29基発３号）。

新聞・通信社の取材報道は法の適用を除外されるとはいっても、個人情報の漏えい事故を起こした場合の信用低減に伴う損失、倫理上の責任等を踏まえれば、データ内容の正確性の確保（個人情報保護法19条）、安全管理措置義務（同20条）、従業者監督義務（同21条）、委託先監督義務（同22条）などの措置を講じておくべきである。

さらに新聞・通信社では、取材報道部門と営業・事業部門がタイアップ、あるいは相互に業務を補完しつつイベント等を主催するケースもある。こうした場合、報道目的で取得した個人情報を本人の同意を得ないまま営業目的に使用したり、関連会社など第三者に提供あるいは共同利用したりすることのないよう、利用目的の事前告知などに注意が必要である。

●関連法規 ◇個人情報保護法２条（定義）、15条（利用目的の特定）、16条（利用目的による制限）、23条（第三者提供の制限）、43条（個人情報保護委員会の権限の行使の制限）、76条（適用除外）

第8章

18. 社員が新型コロナウイルスに感染の場合

社員やその家族が感染、または濃厚接触者となった場合、その社内通知と個人情報の取り扱いにおいて留意点は何か。

新型コロナウイルスの感染拡大防止に当たっては、例外的に必要な範囲内で社内での情報共有が認められる。ただし、情報共有は合理的に必要な範囲内にとどめる必要がある。

解説 個人情報取扱事業者は、保有する個人データについて、原則として本人に通知等している利用目的とは異なる目的で利用し、または本人の同意なく第三者に提供することは禁止されている（個人情報保護法16条１項、23条）。さらに感染などの情報は本人の病気に関する健康情報として、要配慮個人情報に該当するため、厳格な取り扱いが求められる。

しかし、社内通知や必要な範囲での情報共有は、同一事業者内での個人データの提供にすぎず、必ずしも第三者提供にはならない。個人情報保護委員会事務局の見解でも、感染者が出た場合、同一事業者内での個人データの提供は「第三者提供」に該当しないため、「社内での個人データを共有する場合には、本人の同意は必要ありません」と示している。また、取引先での２次感染防止や事業活動の継続のため、また公衆衛生向上のため必要がある場合には、本人の同意は必要ないという考え方が示されている。

これらは新型コロナウイルスのような重大な感染症のため認められた例外であり、感染症が軽微でそれほど重大なものでなければ当てはまらない。

いずれにせよ、事業者は労働者の心身の状態に関する情報を収集し、保管し、または使用するに当たっては、労働者の健康の確保に必要な範囲内で労働者の心身の状態に関する情報を収集し、並びに当該収集の目的の範囲内でこれを保管し、および使用しなければならず、労働者の心身の状態に関する情報を適正に管理するために必要な措置を講じなければならないとされている（安衛法104条２項）。新型コロナウイルスのような重大な感染症のため、社内で情報共有が認められる場合でも、合理的に必要な範囲にとどめる必要があり、みだりに外部に情報を開示することのないように注意喚起を図る必要がある。

●関連法規　◇個人情報保護法16条（利用目的による制限）、23条（第三者提供の制限）、安衛法104条（心身の状態に関する情報の取扱い）

●関連通達　◇令２．４．２（令２．５．15一部改正）個人情報保護委員会事務局（新型コロナウイルス感染症の感染拡大防止を目的とした個人データの取扱いについて）

第 9 章

労働組合

1. 労使協定と労働協約

労使協定と労働協約とは何か。また両者の違いや就業規則との法的関係は。

A 使用者と労働者側、つまり会社と社員（組合）が取り交わす文書を労使協定、労働協約という。労使協定は締結が必要とされる事項が労基法等で定められている。労使協定、労働協約とも、使用者に一方的な制定・変更権限がある就業規則に優先する効力を持つ。

解説 労基法に「労使協定」という文言はないが、使用者と事業場の労働者の過半数で組織する労働組合もしくは労働者の過半数を代表する者との間で交わされる書面を一般的に労使協定という。労使協定を締結し労基署長に提出することで法令の規制を緩和させる効力（免罰効果）を発する。たとえば時間外・休日労働を行うことは労基法32条で禁止されているが、いわゆる「３６協定」を労使で締結することで刑罰は科せれない。労使協定を締結する必要のある事項は労基法（貯蓄金管理、賃金控除、労働時間、年休等）、育児・介護休業法（適用除外、所定外労働の制限、所定労働時間の短縮等）など法令で定められている。43ページ参照（労使協定と労使委員会の決議が必要なもの）。

一方、労働協約は、使用者と労組が団体交渉を経て労働条件その他について合意した内容を書面化し、両当事者が署名、または記名押印したもの。合意文書の書面のタイトルは「労働協約書」とする必要はないため、企業によっては「協定書」「覚書」「確認書」などさまざまな名称が使われているが、このような書面は法律の規制を緩和する効力をもつ労使協定ではなく、労組法14条で規定する労働協約となり、同法16条の効力を有する。

労使協定と労働協約は本来的には締結対象、効力等に違いがある。労使協定は、労組なら過半数労組でなければ締結対象にはならないが、労働協約は少数組合でもよい。労使協定の効果は、締結した労組組合員以外の労組組合員や非組合員にもおよぶが、労働協約は原則として当該組合の組合員のみが効力の対象となる。ただし労組法17条は「一の工場事業場に常時使用される同種の労働者の４分の３以上に労働協約が適用されれば、他の同種の労働者にも適用される」としている。これを一般的拘束力という。

●関連法規 ◇労基法92条（就業規則と法令および労働協約との関係）、93条（就業規則の効力）、労組法14条（労働協約の効力の発生）

●参考判例 ◇音楽之友社事件（東京地判平25.１.17）＝労働協約が解約により失効しても、その内容に反するような就業規則の変更は正当性の立証が尽くされておらず、合理的な就業規則の変更でなければ労働協約の余後効により無効となる。

2. 団体交渉

団体交渉（団交）では、労働組合が求めるどのような内容でも話し合わなければならないのか。

A　企業として処理しうる事項であって、使用者が任意に応じる限りはどのような事項でも団交の対象となりうるが、労組法上は、労働条件をはじめとする労働者の待遇または労使関係上のルールについて話し合うことを義務的団交事項としている。

解説　団交権は憲法で保障され、団交の促進手段としての争議行為も権利として保障されている。これを受けた労組法では、団体交渉を「労組が使用者と対等の立場に立ち、労働条件をはじめとする使用者と労働者の関係を規律する労働協約を締結するために、使用者または使用者団体と交渉する行為」ととらえている。団交は労働者の交渉力強化の手段であるばかりでなく、使用者側にとっても、労働条件の統一的形成や労使での情報の共有・交換による問題の平和的解決手段が図れるなどの機能が挙げられる。

団交の義務的事項となる労働条件その他の待遇とは、労働の報酬（月例賃金、一時金、退職金、一部の福利厚生給付）、労働時間、休息（休憩、休日、休暇）、安全衛生、災害補償、教育訓練などが代表的である。

会社の経営・生産に関する事項は、使用者の「経営権」に属する事項として団交を拒否する場合があるが、それが組合員の労働条件その他の待遇を左右する場合、団交の申し入れを拒否することはできない。労働条件等に関係のない事項、たとえば「公害をもたらす製造工程反対」のような組合の社会的使命感に基づく要求は一般的には義務的団交事項ではない。

●関連法規　◇憲法28条（勤労者の団結権）、労組法１条（目的）、６条（交渉権限）

●参考判例　◇エスエムシー事件（最高裁一小平９.10.23）＝工場移転が経営者の専権事項であっても雇用そのものに加え、労働条件その他の待遇を交渉事項とする団体交渉については、使用者は正当な理由なく拒否することはできない。

3. 誠実団交義務とは

使用者側が守るべき「誠実団交義務」とは何か。

使用者は、労働組合の要求に対し譲歩する余地がない場合でも、そこに至るまでは団交で誠実な対応をして合意の可能性を模索する義務を負っている。

解説 労組法7条2号は「使用者が雇用する労働者の代表者と団体交渉をすることを正当な理由がなくて拒むこと」を不当労働行為として禁止しており、条文の解釈として使用者に誠実団交義務があると一般に承認されている。

労働委員会および裁判所は同法7条2号の解釈として▷責任ある説明ができる立場の者が出席したのか▷団交の回数・時間は適当だったのか▷十分な説明や資料の提示など理解を求める努力をしたのか▷合意事項の書面化に応じたのかーなどを判断基準とし、不誠実な対応は実質的な団交拒否となる。

判例は「使用者は、自己の主張を組合が理解し納得することを目指して、誠意をもって団交に当たらなければならず、労組の要求に対し譲歩する余地がなくなったとしても、そこに至る以前においては労組に対し、自己のよって立つ主張の根拠を具体的に説明したり、必要な資料を提示するなどして、誠実に交渉を行う義務がある」(シムラ事件・東京地裁平9.3.27)としている。

誠実に交渉していないとみなされる例としては▷最初から「会社は協定締結の意思はない」と、合意達成の意思のないことを明確にした交渉態度▷使用者側の交渉担当者に交渉権限が実際上与えられておらず、ただ「承っておく」というだけの団交▷拒否回答や一般論のみで議題の実質的検討に入ろうとしないーなど。つまり使用者は、こうした交渉態度を避け自らの主張を具体的に説明したり、根拠付ける事実や資料を示し、労組の主張に対しても根拠を示して反論することが求められる。もちろん、第2組合や社外のユニオンからの団交に対しても、同様に誠実に交渉する義務を負う。

●関連通達 ◇昭32.1.14発労1号(団結権、団体交渉その他の団体行動権に関する労働教育行政の指針について)の第5(団体交渉)

●参考判例 ◇カール・ツアイス事件(東京地裁平1.9.22)=組合要求を真摯に検討し応じなければ不誠実団交とした。
◇オリエンタルモーター事件(東京高裁平2.11.21)=人事約款締結の意思なしとして団交拒否するのは不当労働行為とした。
◇日本アイ・ビー・エム事件(東京地裁平14.2.27)=会社が組合の開示要求に応じなかったこと自体をもって不誠実とはできないが、具体的に説明する義務を尽くしているとは言えないから、この限りにおいて会社は誠実交渉義務に違反したといえる。

4. 労使協議の打ち切り

労使のどちらか一方が一方的に協議を打ち切ることはできるのか。

使用者は誠実団交義務があるが、労働組合の要求を受け入れないといけないということではない。誠実に説明してなお平行線の場合は、協議を打ち切ることはできる。

解説 使用者が団交拒否できる「正当な理由」にはどのようなものがあるか。第1に、労組からの要求が義務的団交事項でないことや、交渉の行き詰まりによる打ち切りだ。最高裁判例では、労使の主張が対立し、譲歩や交渉進展の見込みはなく、団交を継続する余地がなくなった場合、使用者が団交を打ち切ることを認めている。

誠実団交とは、使用者の考えや方針を具体的に説明し、労組の意見もきちんと聞くことであるが、労組の意見に従わなければ不誠実であるというものではない。たとえば労組が「○○を撤回せよ」と要求し、その後団交でも原理原則論に終始して考え方を変更しない場合は、使用者側も説明や回答が同一内容の繰り返しにならざるを得ない。労組要求に拒否理由を具体的に言及し説明・回答した上で、使用者が団交を打ち切った例で、中央労働委員会は「交渉の膠着（こうちゃく）状態を打開しこれに係る団交を進展させるような新たな申し出が組合から行われたことや新たな事情が生じたことは認められないことを併せ考えれば不当労働行為には該当しない」とした。

団交拒否が成立する第2の「正当な理由」は、交渉の方法や態様について労組側に違法または不当視すべき事態が生じたケースである。つるし上げ、脅迫、監禁などは団交とは無縁であり、そのような事態となった場合、使用者はその場で団交を打ち切ることができる。労組法は使用者の不当労働行為のみを規定しているが、労働者の不当な行為までを保護してはいない。ただし、組合の不穏当な言動が、使用者の不公正な行為との関連で発生している場合、労働委員会は労組法の解釈・適用として、組合の行き過ぎに配慮しつつ使用者に団交を命じることがありうる。

●関連法規 ◇労組法7条（不当労働行為）

●関連通達 ◇昭32.1.14発労1号（団結権、団体交渉その他の団体行動権に関する労働教育行政の指針について）の4（不当労働行為制度）

●参考判例 ◇池田電器事件（最高裁二小平4.2.14）＝労使対立で継続する余地のなくなった団交の拒否を正当とした。
◇阪大非常勤職員就業規則団交事件（中労委平21.2.18）＝交渉膠着で団交打切り通告を正当とした。

5. 組合活動への留意点

Q **労働組合は、ときに交渉等で激しい言動を示したり、社外で先鋭的な活動をしたりすることがある。組合活動には憲法上の保障や刑事・民事免責があるというが、活動によってはそれらが適用されないケースもあるのか。**

A 「労働法がその特殊性ゆえいわゆる市民法一般に優越するという主張に何ら根拠はなく、他の法規に超絶して罷（まか）り通るものではない」との労働次官通達が示すように、その保護保障は決して無制限ではなく、その言動も社会的な評価を免れるものではない。

解説 労働組合への保護規定に関して憲法28条は勤労者に団結権、団体交渉および団体行動権を保障し、労働者が労組を結成し使用者と対等の立場で労働条件を集団的に交渉決定する権利を与えている。労組法は労組に刑事免責、団体交渉権限、不当労働行為からの保護、民事免責、法人格取得、労働協約の成立および効力、不当労働行為救済申し立てなどの保護規定を定めている。一方、組合活動の態様面からの正当性については、次のような原則がある。

◆誠実労働義務

本来、労働者には誠実労働義務（職務専念義務）がある。最高裁は「勤務中は職務上の注意力全てを職務遂行のために用い、職務にのみ従事しなければならない義務」と解し、労組組合員の勤務時間中のプレート着用を同義務違反とした。勤務時間中の組合活動自体も、労働協約に規定されていればやむを得ないが、本来は「労働組合またはその組合員が労働時間中にした組合活動は、原則として正当なものということはできない」（済生会中央病院事件、最高裁二小平1.12.11）のである。労働者の義務としては、ほかに企業秘密の保持義務、競業避止義務等がある。

◆労組の非違行為

使用者は労組の交渉に応じる義務はあっても要求を受諾する義務はない。喧騒（けんそう）や吊るし上げ、不当に長時間などの団交は拒否できる。また、使用者が業務多忙な時期に、時間的余裕をおかず申し入れられた団交拒否は不当でないとの判例もある（延岡郵便局事件、東京高裁昭53.4.23）。ビラ張りなど会社の承認なしに企業施設を利用することは原則として施設管理権を侵害する。ビラ配布について最高裁は、就業規則のビラ配布許可制に違反した場合は懲戒処分できるとしている。ただ、「会社の秩序風紀を乱す恐れのない特別の事情」がある場合には、懲戒処分はできないとしている。就業時間外、職場外のビラ配布であっても、その内容が企業の経営政策や業務等に関して事実に反する、あるいは事実を誇張・歪曲（わいきょく）した記載であり、その配布によって企業の円滑な運営に支障をきたす恐れがある場合は、正当性を有しないとも判断されている。

●**関連法規**　◇労組法、労契法３条（労働契約の原則）

●**関連通達**　◇昭32.１.14発労１号（団結権、団体交渉その他の団体行動権に関する労働教育行政の指針について）の１（労使関係と労働法制）、５（団体交渉）

●**参考判例**　◇目黒電報電話局事件（最高裁三小昭52.12.13）＝公社内で無許可ビラ配布による政治活動を理由とする戒告処分は有効とした。
◇関西電力事件（最高裁一小昭58.９.８）＝会社中傷ビラを就業時間外に社宅に配布したことへの処分を有効とした。
◇日本チバガイギー事件（最高裁平１.１.19）＝掲示された文書が会社の信用や名誉を毀損する内容であったり、虚偽の内容のものであれば、使用者は組合に対し、その撤去を要求することが可能。

6. 社外組合への対応

従業員が企業内労働組合でなく社外組合に加入した。その社外組合から団体交渉（団交）を要求されているが、応じなければならないのか。

A 団交を求めてきたのが企業内組合か否かによっての対応に違いはない。雇用している労働者が１人でも社外組合に所属していれば、団交に応じる義務が生じ、正当な理由がなければ拒否することはできない。

解説 わが国では企業別の労働組合が主流を占めるが、法令は団交権について企業内組合と社外組合を区別していない。労働者が労組に加入するか否か、どの労組を選ぶのかといった判断は原則として個々の自由だ。ユニオン・ショップ制を採っていたとしても、アルバイトなどの従業員に企業内組合への加入資格がない場合、この従業員が地域（コミュニティー）ユニオンなどの社外組合に加入する可能性もある。また、ユニオン・ショップ協定の締結組合から脱退した者や除名された者が、別の労組に加入したり、別の労組を結成したりした場合には、同協定による解雇義務の効果は及ばないとした判例が示されている。さらに、特定の企業内組合と結んだ労働協約に唯一交渉団体約款があったとしても、法的な効力はないとされており、社員が加入した他労組との団交を拒否する理由には該当しない。

たとえば解雇した者が社外組合に加入し、会社に団交を要求するようなケースでは、団交拒否をして正当と認められることは難しい。既に解雇した者であっても交渉事項が解雇や退職条件などであれば、労組法７条２号の「雇用する労働者」に含まれると解するべきだと考えられるからだ。直接雇用していない労働者が所属する労組からの団交要求については、単に直接雇用契約の有無だけでなく、労務提供、就労に関する指揮・命令、決定権限などの実態によって、「雇用する労働者」に含まれるのか判断すべきだとする判例も示されている。派遣契約における派遣先は、一般的に労組法７条２号の「使用者」に該当しないと考えられるが、朝日放送事件（最高裁三小平7.2.28）で「雇用主以外の事業主であっても、基本的な労働条件について部分的でも雇用主と同程度に支配・決定できる地位にある事業主は『使用者』に当たる」との判断が示されており、留意が必要だ。

●参考判例 ◇三井倉庫港運事件（最高裁一小平1.12.14）＝ユニオン・ショップ協定締結組合から脱退するか除名され他組合に加入した者に対する同協定を理由とする解雇は無効とした。

用語解説 ▶ ユニオン・ショップ制

職場において労働者が必ず労働組合に加入しなければならないという制度。

用語解説 ▶ ユニオン・ショップ協定

加入した労働組合から除名または脱退したときは解雇されるという労働協約上の条件。同協定を結ぶことができる組合は、その事業場の労働者の過半数で結成されている組合であることが必要。

7. 会社施設の利用

労働組合活動のために会社施設を利用させることは認められるのか。

認められるが、方法や状況により過度の便宜供与となる。供与は労使の合意に基づくものであるため、供与しないこと自体は不当労働行為とは解されない。あらかじめルールを定めておくべき。

解説 施設管理の権限は使用者にあり、他者に施設を使わせるかどうかは基本的に使用者の裁量に任されている。しかし労組に対し、事務所供与などの便宜を図る場合には、労組法などに留意する必要がある。労組法7条3号は、労組の自主性を担保する観点から、使用者が労組運営に経理援助することを不当労働行為として禁止している。ただし①労働時間内の有給での協議・交渉②厚生資金または福利基金に関する寄付③最小限の広さの事務所の供与―については除外規定を設け認めている。

労組が複数ある場合、合理的な理由がない限り1つの労組だけに施設を供与することは、他労組の団結権を侵害し、差別的な取り扱いによる支配介入ととられないよう注意を要する。

労組掲示板の設置貸与に関しては、明文化されていないが、掲示板を貸与したからといって、労組の自主性が喪失するものではなく、不当労働行為として禁止されているとはいえないと判断できる。集会などのための会議室や食堂の臨時的な使用要請については、事業運営などに差し障りがないかどうかで判断すればよい。

会社が賃金から組合費を天引き・代理徴収し労組に一括して渡すチェックオフや会社の会議室使用、組合掲示板等の貸与、組合事務所の賃料肩代わり、在籍専従者の社会保険料負担など、労組に対する会社の各種の便宜供与の中止・廃止措置が、不法行為に該当するとされ、損害賠償が命じられた事例もある。便宜供与が慣行として定着している場合においては、会社に便宜供与の廃止を必要とする合理的な理由が存在し、かつ廃止に当たっては労組の了解を得るか、あるいは了解が無理な場合には労組に不測の混乱を生じさせないよう準備のための適当な猶予期間を与えるなど相当な配慮をする必要がある。このような配慮をすることなく、組合活動に対する報復目的、対抗手段としてされた便宜供与廃止措置は違法として200万円の支払いが命じられた判例がある。

●関連法規 ◇労組法7条（不当労働行為）

●参考判例 ◇太陽自動車・北海道交通事件（東京地裁平17.8.29）＝組合事務所の賃料肩代わり廃止等の便宜供与の突然廃止で損害賠償命令。
◇トップ工業事件（新潟地裁平4.1.28）＝労組を弱体化する意図の下にチェックオフの便宜供与を打ち切ったのは不当労働行為に該当する。

第9章

8. 個別労働紛争 －解決手続き－

個別労働紛争の解決手続きはどのようなものか。

A 労働紛争の最終的解決手段として裁判制度があるが、それには多くの時間と費用がかかってしまう。迅速で実効性のある個別紛争の処理を目的に制定された個別労働関係紛争解決促進法に基づく、さまざまな手続きがある。

解説 労働紛争とは、労働条件や労働関係に関して労働者と使用者の間で生じる紛争のことで、労組が関わる集団紛争と、個々の労働者と使用者の間での個別紛争がある。

集団紛争の解決のためには、労働関係調整法による労働争議の調整制度があり、使用者による労働者の団結権・団体交渉権等の侵害行為（不当労働行為）に対しては、労働組合法による救済制度が用意されている。当事者間だけでの解決が困難な場合には、労働委員会が、話し合いを取り持つなどして、紛争解決への援助を行う。

労働者個人と使用者との間で生じた個別紛争の解決は、労基法違反の事案があれば労基署へ申告（労基法104条）し、労働基準監督官の手を借りて処理されるが、労基署の権限行使の対象とならない退職強要、出向・配転、労働条件の不利益変更、解雇理由をめぐる紛争は、労基署による解決は難しい。さらに、使用者と労働者という継続的関係を前提とした円満な自主解決が困難な場合は、最終的には裁判で解決を図ることになる。しかし現実の問題として裁判には多くの時間と費用がかかる。そこで、2001年にこれらの個別紛争の処理を目的に個別労働関係紛争解決促進法（個別紛争法）が制定された。

労働紛争が発生した場合には、裁判所における民事訴訟、労働調停、都道府県労政主管事務所・地方労働委員会による労働相談、あっせんなどの解決システムが整備されているが、個別紛争法はさらなる複線的な、全国的なセーフティ・ネットの一環として位置づけられている。

対象となる紛争は以下のような紛争を含む全ての労働分野の個別紛争。①解雇・雇い止め、配置転換・出向、昇進・昇格、労働条件に係る差別的取り扱い、労働条件の不利益変更等の労働条件に関する紛争②セクハラ、いじめ等の就業環境に関する紛争③労働契約の承継、競業避止特約等の労働契約に関する紛争④募集・採用に関する差別的取り扱いに関する紛争。

同法は、紛争解決のために、まず当事者に自主的解決を求めている（個別紛争法２条）。そのために都道府県労働局長による必要な情報の提供・相談等の援助を用意している（３条）。また都道府県労働局長は、当事者の双方又は一方から紛争解決のための援助を求められた場合、必要な助言・指導を行う（4条）。さらに労働局長は、当事者の双方又は一方からあっせんの申請に基づいて、都道府県労働局に置かれた紛争調整委員会にあっせんを行わせることができる（5条）。その他、東京都等を除く道府県労働委員会の多くもあっせんを行っている（20条）。

男女雇用機会均等法、パート・有期法、育児・介護休業法、労働施策推進法（パワハラ）についての個別労働紛争は、あっせんではなく、都道府県労働局長の助言・指導・勧告、あるいは紛争調整委員会による調停を行うことになる。

具体的には、セクハラや妊娠・出産による雇い止め、パワハラ、同一労働同一賃金に関する問題などがこれに該当する。あっせんと調停は、基本的には大きな違いがないが、あっせんが当事者間の話し合いを促進していくことが前提であるのに対し、調停は調停委員が調停案（解決策）を作成・提示するということを前提としている点で異なる。

労働者保護の観点から、労働者があっせん・調停を申請したことによる解雇、減給、契約更新の拒否など、使用者事業主による不利益な取り扱いは、法律で禁止されている。

●関連法規　◇個別労働関係紛争解決促進法
◇労働関係調整法
◇労働組合法

個別労働紛争解決システムの概要

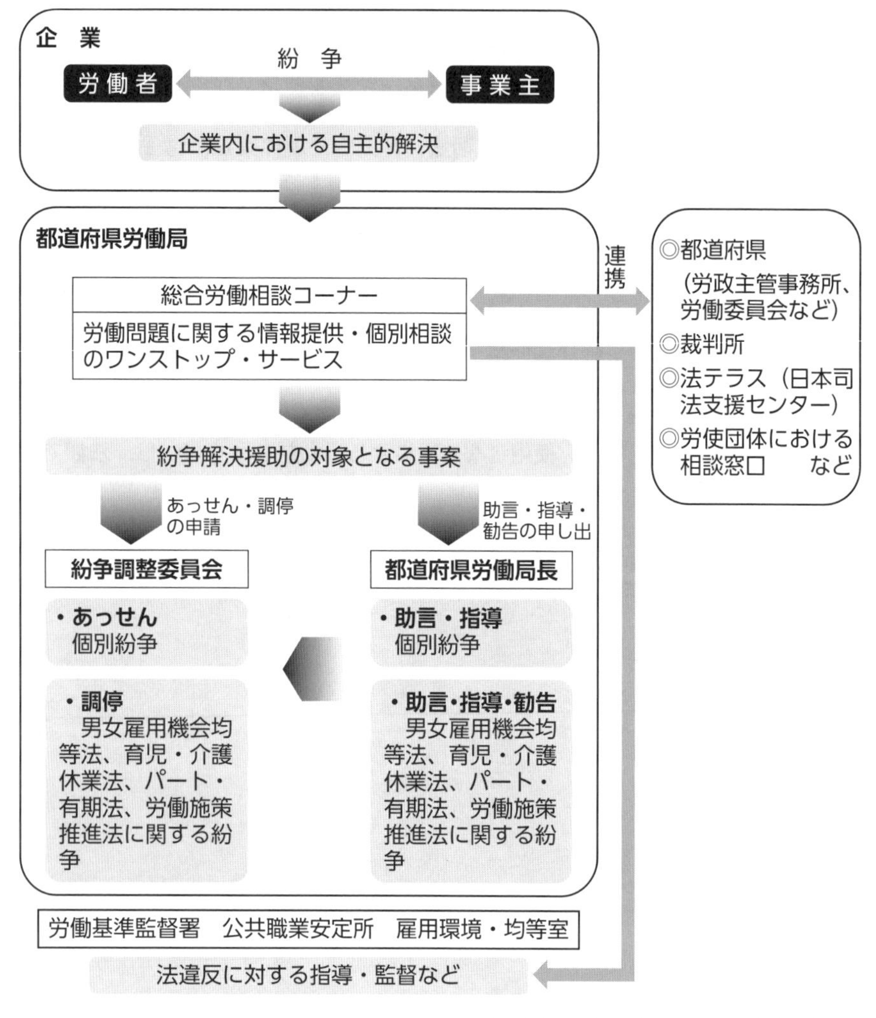

（厚労省大阪労働局ホームページを基に作成）

9. 個別労働紛争 －労働審判制度－

個別労働紛争の労働審判制度とはどのような制度なのか。

A 紛争の中には、法律や判例の知識が不足しているものや、それらの理解が不十分なために、当事者が不適切な行為をしたことで生じているものが多くある。問題点や解決の方向性を当事者に明確に示すことで紛争の早期解決が考えられるため、都道府県労働局長によるあっせんがある。それでも解決が困難な紛争に対応するために民事訴訟手続と連携して短期間かつ簡便で実効性のある解決を図るため導入されたのが労働審判制度だ。

解説 労働審判制度は、労働者と事業主との間の個別労働紛争に関し、裁判官（労働審判官）および労働関係に関する専門的な知識経験を有する者（労働審判員）で組織する労働審判委員会が当事者の申し立てにより、事件を審理し、調停の成立による解決の見込みがある場合はこれを試し、その解決に至らない場合は当事者間の権利関係を踏まえつつ実情に即した解決をするための必要な審判を行う手続きを定めたもの。労働審判制度は、法規範に従って雇用社会の個別労働紛争を解決する手法を目指しており、次の４つの点を目的としている。

①紛争の実情に即した解決②迅速な解決③適正な解決④実効的な解決

個別的紛争の当事者は、地方裁判所に設けられた労働審判委員会に労働審判手続の申し立てを行うことができる。審議は原則３回以内となっており、おおむね３か月以内で紛争の解決を図ることを目指している。調停の成立の見込みがない場合は解決案として労働審判を行う。審判に対し当事者は２週間以内に裁判所に異議申し立てができる。異議申し立てがないと労働審判は確定し、裁判上の和解と同じ効力（確定判決と同じ効力）を持つ。異議があれば労働審判は失効するが、その申し立てに係る請求について訴えの提起があったものとみなされ、通常訴訟に自動的に移行する。

●関連法規 ◇労働審判法

第9章

労働審判制度の概要

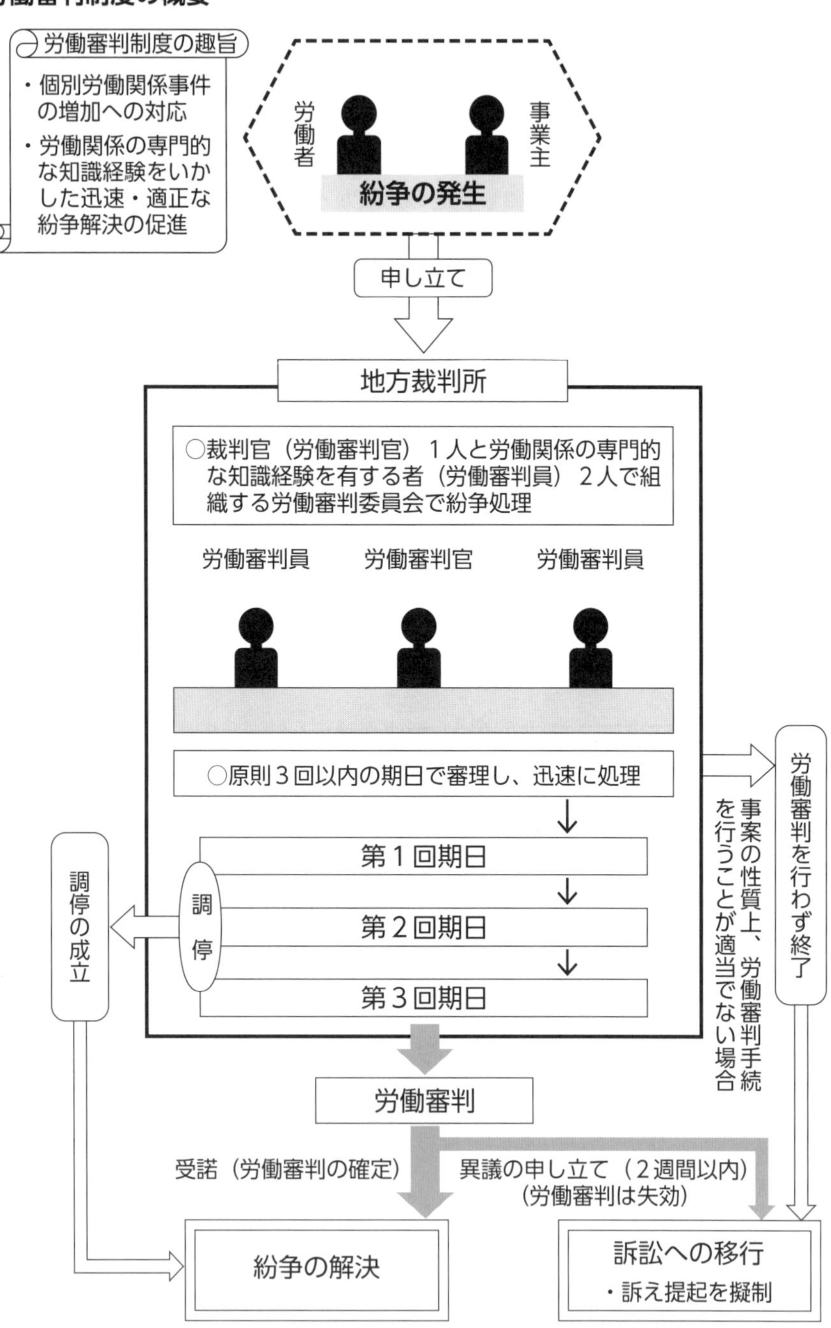

労働審判制度の趣旨
・個別労働関係事件の増加への対応
・労働関係の専門的な知識経験をいかした迅速・適正な紛争解決の促進
労働者
事業主
紛争の発生
申し立て
地方裁判所
○裁判官（労働審判官）１人と労働関係の専門的な知識経験を有する者（労働審判員）２人で組織する労働審判委員会で紛争処理
労働審判員
労働審判官
労働審判員
○原則３回以内の期日で審理し、迅速に処理
第１回期日
第２回期日
第３回期日
調停
調停の成立
労働審判を行わず終了
事案の性質上、労働審判手続を行うことが適当でない場合
労働審判
受諾（労働審判の確定）
異議の申し立て（２週間以内）
（労働審判は失効）
紛争の解決
訴訟への移行
・訴え提起を擬制

第 10 章

ハラスメント・メンタルヘルス

1. 職場におけるハラスメント定義

職場で起こるハラスメントはどういうものがあるか。

A　職場でのハラスメントとは、上司や同僚の言動が本人の意向とは関係なく、相手を不快にさせたり、不利益を与えたりすることで、パワーハラスメント、セクシュアルハラスメントのほか、新たな種類も認められている。

解説

パワーハラスメント	職場において行われる、職務上の地位や人間関係などの職場内の優位性を背景に、業務の適正な範囲を超えて、その雇用する労働者に対し、精神的・身体的苦痛を与えるまたは職場環境を悪化させる行為
セクシュアルハラスメント	職場において行われる性的な言動に対するその雇用する労働者の対応により当該労働者がその労働条件につき不利益を受け、または当該性的な言動により当該労働者の就業環境が害されること
妊娠・出産等に関するハラスメント	職場において行われるその雇用する女性労働者に対する当該女性労働者が妊娠したこと、出産したこと、妊娠または出産に関する事由であって厚労省令で定めるものに関する言動により当該女性労働者の就業環境が害されること ※マタニティハラスメント（マタハラ）、パタニティハラスメント（パタハラ）、ケアハラスメント（ケアハラ）と言われることも
育児休業等に関するハラスメント	職場において行われるその雇用する労働者に対する育児休業、介護休業その他の子の養育又は家族の介護に関する厚労省令で定める制度または措置の利用に関する言動により当該労働者の就業環境が害されること

※職場……事業主が雇用する労働者が業務を遂行する場所を指し、労働者が通常就業している場所以外であっても、労働者が業務を遂行する場所であれば「職場」に含まれる。勤務時間外の「宴会」「懇親の場」などであっても、実質上職務の延長と考えられるものは「職場」に該当するが、その判断に当たっては、職務との関連性、参加者、参加が強制的か任意かといったことを考慮して個別に行う必要がある。

※労働者……正規雇用労働者のほか、パートタイム労働者、契約社員などの非正規雇用労働者を含む、事業主が雇用する全ての労働者。また、派遣労働者については、派遣元事業主のみならず、労働者派遣の役務の提供を受ける者（派遣先事業主）も、自ら雇用する労働者と同様に、措置を講ずる必要がある。

ハラスメントの類型と種類

パワハラ

1．身体的な攻撃……殴打、足蹴りを行う。相手に物を投げつける
2．精神的な攻撃……人格を否定するような言動を行う。必要以上に長時間にわたる厳しい叱責を繰り返し行う。他の労働者の前で、大声で威圧的な叱責を繰り返し行う
3．人間関係からの切り離し……特定の労働者を仕事から外し、長時間別室に隔離する。1人の労働者に対し、同僚が集団で無視をし、職場で孤立させる
4．過大な要求……新入社員に必要な教育を行わないまま、到底対応できないレベルの業績目標を課し、達成できなかったことに対し、厳しく叱責する。業務とは関係のない私的な雑用の処理を強制的に行わせる
5．過小な要求……上司が管理職である労働者を退職させるため、誰でも遂行可能な業務を行わせる。気に入らない労働者に対する嫌がらせのために仕事を与えない
6．個の侵害……労働者を職場外でも継続的に監視したり、私物の写真撮影をしたりする。労働者の機微な個人情報について、本人の了解を得ずに他の労働者に暴露する

セクハラ

1．対価型セクシュアルハラスメント……労働者の意に反する性的な言動に対する労働者の対応（拒否や抵抗）により、その労働者が解雇、降格、減給、労働契約の更新拒否、昇進・昇格の対象からの除外、客観的に見て不利益な配置転換などの不利益を受けること
2．環境型セクシュアルハラスメント……労働者の意に反する性的な言動により労働者の就業環境が不快なものとなったため、能力の発揮に重大な悪影響が生じるなどその労働者が就業する上で看過できない程度の支障が生じること

マタハラ・イクハラ・ケアハラ

1．制度等の利用への嫌がらせ型……出産・育児・介護に関連する制度利用を阻害する嫌がらせ
2．状態への嫌がらせ型……出産・育児・介護に関する言動等による就業環境を害する嫌がらせ

（参考文献）

「厚労省　職場におけるハラスメントの防止のために」https://www.mhlw.go.jp/stf/seisakunitsuite/bunya/koyou_roudou/koyoukintou/seisaku06/index.html
「厚労省　雇用における男女の均等な機会と待遇の確保のために」https://www.mhlw.go.jp/general/seido/koyou/danjokintou/dl/120120_05.pdf

2. セクハラの防止と対処

Q **事業主はセクシュアルハラスメント（セクハラ）をどのように防止し、対処すればよいか。**

A 事業主には雇用管理上講ずべき措置を行う義務があり、厚労省は2006年の指針で、①事業主の方針の明確化および周知･啓発②相談に応じ、適切な対応をとるための体制整備③セクハラの相談があった場合の迅速かつ適切な対応④前述の３つの措置と併せて講ずべき措置－を定めている。

解説 近年、ハラスメント対策について重要性が増している。セクハラが原因で精神障害を発病した場合は、労災保険の対象にもなりうる。相談や対応の窓口となる人事・労務担当者は専門機関とも協力し、研修の実施や職場環境の改善、社内広報による啓発活動等を通じ、防止と適切な対処を行っていく必要がある。具体的に厚労省は上記４つの措置について、10項目を示し実施を求めている。

①では、職場でセクハラがあってはならないとの方針を明確化し、就業規則、パンフレット、社内報、研修などで周知・啓発する。セクハラ行為をした者（行為者）は懲戒の対象になると明確化して周知することも必要だ。

②は、社内窓口を設置したり、外部機関に委託したりして相談を受ける体制を整え、それを周知するよう定めている。窓口担当者は、相談者の心身の状況などに配慮しながら、セクハラに該当するか判断が難しい場合でも広く相談に応じ、適切な対応を行うよう求められる。

③では、セクハラの相談があった場合、事業主は相談者と行為者双方から迅速かつ正確に事実関係を確認しなければならない。双方の主張に不一致がある、あるいは事実関係の確認が困難な場合は、第三者からの聞き取りや専門家との連携、調停などの第三者機関の利用も含め、相談者の心身の状況を考慮した臨機応変な対応が求められる。セクハラの事実が確認できれば、就業規則などに基づいた行為者への懲戒処分、配置転換、被害者の不利益回復、メンタル不調への対応などが必要である。

④については、①～③の措置にあたり、事前に相談者や行為者のプライバシーを保護する体制を整備し周知すること、相談したことを理由に不利益な取り扱いをしないことを明確化し、周知することも求めている。

職場におけるハラスメントは、セクハラに限らずパワーハラスメント、妊娠・出産等に関するハラスメント、育児休業・介護休業に関するハラスメントなどと複合的に生じることも想定されることから、事業主は一元的に相談に応じることのできる体制を整備し明示することが望ましい。

またハラスメントは社内のみならず取引先や取材先といった社外からも受ける可能性もあり、逆に自社の労働者が他社の労働者に行う場合もありえ、いずれも事実確認や再発防止策を講じる必要があることはいうまでもない。

ハラスメントによる労働者の意欲低下や健康状態の悪化は、職場環境の悪化や生産性の低下につながるのみでなく、裁判により違法と判断され企業や加害者の損害賠償責任が問われることになれば、経営的にも大きな損失となるため、ハラスメント防止に取り組む必要性がいよいよ増してきたといえる。

●関連通達 ◇平18.10.11厚労省告示615号（事業主が職場における性的な言動に起因する問題に関して雇用管理上講ずべき措置についての指針）、令２．１．15　厚労省告示６号（上記指針を改正）

●参考判例 ◇広島セクハラ（生命保険会社）事件（広島地裁平19．３．13）＝忘年会での上司等のセクハラ行為に対し、被害者によるセクハラ行為を煽る言動があったとしても、行為者および使用者の損害賠償責任が認められた。

◇岡山セクハラ（労働者派遣会社）事件（岡山地判平14．５．15）＝上司である専務取締役営業部長Ｘ男がＯ支店長Ａ女とＴ支店支店長Ｂ女にセクハラ行為をし、Ａ女とＢ女がこれを被告会社に訴えるやＸ男と被告会社がＡ女とＢ女の職場環境（風評を流し）を悪化させ、被告会社の調査、処分等も不十分で、職場復帰を不可能にしたことにつき、Ｘ男と被告会社にＡ女とＢ女へ合わせて3,000万円の支払いが命じられた。

新聞・通信社のハラスメント対策【相談窓口の設置】について

日本新聞協会労務委員会調査（2021年１月現在、回答54社、複数回答あり）によると、これまでトラブルとなったハラスメントの種類については、パワハラ49社が最も多く、セクハラ47社、モラハラ６社が主要なハラスメントとなった。ほかには、マタハラ、セカハラ（セカンドハラスメント）、社外のハラスメント―と続いた。

ハラスメント対策として、社内規範への明記や研修の実施など、さまざまな取り組みが行われているが、相談窓口の設置についても多くの社で進んでいる。

人事労務担当部門による窓口（53社）が最も多く、続いて社内の診察機関・産業医・カウンセラー（22社）、管理職による相談対応（14社）、労働組合（12社）、コンプライアンス・監査・法務部門（８社）となっている。その他（２社）には、相談員の選任や社内ハラスメント対策委員会の設置があった。

一方、社外では、約半数の社が、相談代行専門企業によるハラスメントやメンタルヘルス相談窓口（23社）を契約し、弁護士・社労士事務所（14社）、その他として、社外カウンセラーや臨床心理士の回答があった。

3. パワハラの具体的な定義と防止措置、事業主の民事上の責任

Q パワーハラスメント（パワハラ）の具体的な定義とは。また、事業主はどのように防止し、発生によりどのような民事上の責任を負うのか。

A 労働施策総合推進法等が改正され、2020年6月より職場におけるパワハラについて事業主に防止措置を講じることが義務付けられた。同推進法で、パワハラの具体的内容（パワハラに該当する／しない行為例）の指針が策定され、事業主は、パワハラ防止のため雇用管理上必要な措置を講じなければならず、併せて、事業主に相談したこと等を理由とする不利益取り扱いも禁止され、責務も明確化された。パワハラが違法と評価された場合、それに伴う損害賠償責任を事業主は負う。

解説 2016年に厚労省が実施した「職場のパワーハラスメントに関する実態調査」によると、過去3年以内にパワハラを受けたことがあると回答した者は、32.5％にのぼり、都道府県労働局における「いじめ・嫌がらせ」の相談件数も18年度には8万件を超えた。

厚労省は、3つの要素（①優越的な関係を背景とした言動②業務上必要かつ相当な範囲を超えたもの③労働者の就業環境が害されるもの）を、全て満たすものを職場でのパワハラとし、3つの要素の具体的内容を策定したうえで、パワハラに当たる6つの行為類型との関係性を以下のように示した。

6類型	①～③を満たすと考えられる例	①～③を満たさないと考えられる例
身体的な攻撃	・上司が部下に対して、殴打、足蹴りをする	・業務上関係のない単に同じ企業の同僚間の喧嘩（けんか）（①、②に該当しない）
精神的な攻撃	・上司が部下に対して、人格を否定するような発言をする	・遅刻や服装の乱れなど社会的ルールやマナーを欠いた言動・行動が見られ、再三注意してもそれが改善されない部下に対して上司が強く注意をする（②、③に該当しない）
人間関係からの切り離し	・特定の労働者を仕事から外し、長時間別室に隔離する。1人の労働者に対し、同僚が集団で無視をし、職場で孤立させる	・新入社員を育成するために短期間集中的に個室で研修等の教育を実施する（②に該当しないため）
過大な要求	・新入社員に必要な教育を行わないまま、到底対応できないレベルの業績目標を課し達成できなかったことに対し、厳しく叱責する	・社員を育成するために現状よりも少し高いレベルの業務を任せる（②に該当しない）

過小な要求	・上司が管理職である部下を退職させるため、誰でも遂行可能な受付業務を行わせる	・経営上の理由により、一時的に、能力に見合わない簡易な業務に就かせる（②に該当しない）
個の侵害	・思想・信条を理由とし、集団で同僚１人に対して、職場内外で継続的に監視したり、他の従業員に接触しないよう働きかけたり、私物の写真撮影をしたりする	・社員への配慮を目的として、社員の家族の状況等についてヒアリングを行う（②、③に該当しない）

このように、行為の態様が、６つの行為類型に該当しそうな行為であっても、①〜③の構成要素いずれかを欠く場合であれば、職場のパワハラには当たらない。なお、パワハラは上司から部下に行われるものだけでなく、先輩・後輩間や同僚間、さらには部下から上司に対してさまざまな優位性を背景に行われるものも含むと定義している。

また、労働施策総合推進法が改正され、精神障害の労災認定基準である「業務による心理的負担評価表」にパワーハラスメントが明示された。厚労省では、この基準に基づいて審査の迅速化を図り、業務により精神障害を発病された方に対して、より迅速で適正な労災補償を行うことになった。

パワハラは、コミュニケーションが少なく、長時間労働、失敗が許されない職場で発生しやすいとされる。事業主がとるべき対策は、社内方針の周知啓発や相談体制の整備、被害を受けた労働者へのケアや再発防止などセクハラと共通する点が多いが、業務上の指導との線引きは難しい。相談者や行為が疑われた者の主張をじっくり聞き取り、事実関係を正確に把握したい。

パワハラは、セクシュアルハラスメント（セクハラ）と同様に、被害者の心身への負担となり、業務や企業イメージへの悪影響を招きかねない。さらに、パワハラが違法と評価された場合、事業主は使用者責任（民法715条）を問われ、その他、事業主の不法行為（民法709条）や債務不履行責任（安全配慮義務違反）（民法415条、労契法５条）等による損害賠償責任を負う可能性もある。上記６類型別の判例には以下のようなものがある。

６類型	事件名／裁判所・判決言渡日ほか	事件の概要・結果
身体的な攻撃	ファーストリテイリング事件 名古屋高裁 平20.1.29	Ｙ社従業員等から暴行や不当な対応を受け、外傷後ストレス障害（ＰＴＳＤ）に罹患したなどと従業員Ｘが主張。Ｙ社らに対し、不法行為による損害賠償金と遅延損害金を求めた。 第１審は、請求の一部容認。Ｙ社らが連帯して慰謝料支払い。控訴審も一部容認。第１審が認定した損害額を一部修正。

精神的な攻撃	カネボウ化粧品販売事件 大分地裁 平25.2.20	出向先Y社において、美容部員として勤務していたXが従業員Y1らに「罰ゲーム」を強制され、休業を余儀なくされたとして、不法行為を理由に損害賠償を請求した。 Y社およびY1に対する請求が一部認容（22万円）された。
人間関係からの切り離し	松陰学園事件 東京高裁 平5.11.12	高等学校Yの教諭であるXが、それまで担当していた一切の仕事を外されたうえ、4年半の別室隔離、7年近くの自宅研修をさせられた等は、不法行為である等として慰謝料の支払いを求めた。 第1審はYのXに対する慰謝料400万円。Yが控訴したが、慰謝料が増額（600万円）。
過大な要求	神奈川中央交通（大和営業所）事件 横浜地裁 平11.9.21	Y1社営業所の運転士Xが、駐車車両に路線バスを接触させたため、所長Y2から約1か月の営業所構内除草と、乗車勤務復帰後1か月以上の添車指導を命じられ、精神的損害を受けたと主張。Y1社とY2に対し、慰謝料の支払いを求めた。 結果、請求の一部認容。Y1社およびY2のXに対する慰謝料（60万円）支払い。
過小な要求	バンク　オブ　アメリカ　イリノイ事件 東京地裁 平7.12.4	勤務先Yの課長Xが、YがXに対して行った降格とその後の配転は、Xら中高年を退職に追い込む意図を持ってなされた不法行為と主張。Yに対し慰謝料の支払いを求めた。 結果、請求の一部容認。YのXに対する慰謝料（100万円）支払い。
個の侵害	関西電力事件 最高裁三小 平7.9.5	勤務先Yの従業員であったXらが、YがXらが特定の政党の党員または同調者であることのみを理由として、監視・尾行等をした行為は不法行為に当たると主張し、Yに慰謝料等を請求。 第1審は一部認容、第2審は、一審判決支持、Yが上告したが、結果、上告棄却。

●関連法規　◇労働施策総合推進法30条の2（雇用管理上の措置等）

●関連通達　◇令2.1.15厚労省告示5号（事業主が職場における優越的な関係を背景とした言動に起因する問題に関して雇用管理上講ずべき措置等についての指針）
◇令2.2.10雇均発第0210第1号（労働施策の総合的な推進並びに労働者の雇用の安定および職業生活の充実等に関する法律第8章の運用について）

4. 企業のメンタルヘルスケア

Q 企業におけるメンタルヘルスケアの取り組みは、どのように進めていけばよいか。

A 一般的には周知啓発や快適な職場づくりで発症を防ぐ一次予防、早期発見と早期対処の二次予防、職場復帰支援および再発防止の三次予防という考え方があり、一次予防が重要視されている。

また、厚労省の指針（2006年）では、事業者が「心の健康づくり計画」を策定して職場の問題点の解決を図り、「４つのケア」を継続的に進めるよう求めている。「４つのケア」とは、①労働者にメンタルヘルスの知識を与え、ストレスに対処させるセルフケア②職場環境を改善したり管理職が相談に乗ったりする、ラインによるケア③セルフケアやラインによるケアの実施を支援する、社内担当者や産業医によるケア④外部の機関や専門家を活用するケア―である。研修や講演会の実施、職場でのコミュニケーションや助け合いの促進、相談窓口の設置なども上記の対策に含まれる。

解説 労働者がメンタルヘルス不調になると、業務効率が低下することはもちろん、長期の休職や退職につながり、時間と費用をかけて育てた人材を失うことになる。これは本人や家族の生活に支障を来すだけでなく、企業イメージのダウンとなったり、損害賠償を請求されたりする恐れもある。

安衛法では、事業者による労働者の健康の保持増進は努力義務だったが、2008年に施行された労契法により、労働者の生命身体等への安全配慮が法的に義務化されており、事業者は真摯（しんし）な対応が必要である。

厚労省が2019年に行った労働安全衛生調査によると、仕事をする上で強い不安や悩み、ストレスを感じていると回答した労働者は58.0％で、前回（2017年）調査時より減少した。その内容は複数回答で多い順に「仕事の質・量」（59.4％）、「仕事の失敗、責任の発生等」（34.0％）、「対人関係（セクハラ・パワハラを含む）」（31.3％）だった。

また、日本生産性本部メンタル・ヘルス研究所が2019年に行った「メンタルヘルスの取り組みに関する企業アンケート」では、上場企業において、直近３年間で「心の病」の増加は漸減傾向にあったが、一転して「増加傾向」の回答が増え、注視すべき結果となった。また年代としては、10～20代の増加が大きく、最も多い30代にも迫り、50代を除き各世代間の差が見られない状況になってきた。

精神障害による労災申請件数は、2019年度は前年度比240件の増となり、2,000件を超えた。審査の迅速化や効率化を図るため、厚労省は2011年に判断基準を変更し、時間外労働の長さなど心理的負荷の評価を具体的で分かりやすいものに改めた。2020年６月には改正労働施策総合推進法が施行され、認定基準の「業務による心理的負荷評価表」にパワーハラスメントを明示した。精神障害による労災認定件数は2019年度には509件（前年度比44件増）、うち自殺および自殺未遂は88件（同12件増）だった。

こうした現状からも、引き続き、メンタルヘルス不調の発症そのものを防ぐ一次予防がますます重要になっている。具体的には、労働者、管理者、メンタルヘルス担当者に対し、それぞれの職務に応じたメンタルヘルス研修や情報提供を行う。業務量や作業方法、労働時間などで「働きにくさ」を感じる点を改善し、ストレスを軽減したい。職場のコミュニケーションを円滑にするとともに、社内、社外に窓口を設置するなど相談しやすい環境を整え、対応体制を準備しておきたい。

なお、仕事ではうつ状態になるが趣味などは元気に楽しめる「新型うつ病」が、若者を中心に増えたと注目されている。「新型うつ病」は医学的に確立された用語ではなく、専門家の対応も手探り状態である。いまどきの若者は精神的に未熟だからという意見がある一方、昔と比べて職場に余裕がなく、業務管理や育成がおろそかになっているという指摘も見受けられる。職場の労働者に「新型うつ病」を思わせる症状が現れた場合、甘えと決め付けず何らかの疾患が潜んでいる可能性も考え、メンタルヘルスの専門家を交えて慎重に対処したほうがよいだろう。

●関連法規　◇安衛法69条（健康教育等）、労契法５条（労働者の安全への配慮）

●関連通達　◇平18.３.31健康保持増進のための指針公示第３号、（改正）平27.11.20公示６号（労働者の心の健康の保持増進のための指針）
◇平23.12.26基発1226第１号（心理的負荷による精神障害の認定基準について）

5. 企業のストレスチェック

Q ストレスチェック後の高ストレス状態と判定された社員への産業医面談などの対応は。

A 産業医などで構成する実施者は、医師の面接指導を受ける必要があると判定された高ストレス状態の社員に実施者名で、電子メール又は書面等により申し出の勧奨を行う。実施者が面接指導の必要があると判断し、本人が面接指導を希望した場合は、事業者は産業医による面接指導を実施しなければならない。産業医は面接指導で聴取した内容のうち、社員の安全や健康確保のために事業者に伝える必要がある情報について、事業者に提供する。事業者への意見提出の際は、本人の意向への十分な配慮が必要となる。面接指導結果の報告を受けた事業者は、必要に応じて就業上の措置を講じる。具体的には以下のような事項が挙げられる。

①就業区分およびその内容に関する医師の判断

就業区分	就業上の措置の内容	
通常勤務	通常の勤務でよいもの	—
就業制限	勤務に制限を加える必要のあるもの	メンタルヘルス不調を未然に防止するため、労働時間の短縮、出張の制限、時間外労働の制限、労働負荷の制限、作業の転換、就業場所の変更、深夜業の回数の減少または昼間勤務への転換等の措置を講じる。
要休業	勤務を休む必要のあるもの	療養等のため、休暇又は休職等により一定期間勤務させない措置を講じる。

②必要に応じ、職場環境の改善に関する意見

<厚労省「ストレスチェック指針」を参照>

解説 ストレスチェック制度では、従業員が不利益を被ることがないように、個人情報の取り扱いについて慎重な配慮がなされている。このうち、ストレスチェックの結果の事業者への通知に関しては最も慎重に対処する必要がある。事業者への意見提出の際は、プライバシーの保護や不利益取り扱いの防止が求められる。

【プライバシーの保護】

○事業者がストレスチェック制度に関する労働者の秘密を不正に入手するようなことがあってはならない。

○ストレスチェックや面接指導で個人の情報を取り扱った者（実施者とその補助をする実施事務従事者）には、法律で守秘義務が課され、違反した場合は刑罰の対象となる。

○事業者に提供されたストレスチェック結果や面接指導結果などの個人情報は、適切に管理し、社内で共有する場合にも、必要最小限の範囲にとどめる。

【不利益取り扱いの防止】

事業者が以下の行為を行うことは禁止されている。

①次のことを理由に労働者に対して不利益な取り扱いを行うこと

・医師による面接指導を受けたい旨の申し出を行ったこと
・ストレスチェックを受けないこと
・ストレスチェック結果の事業者への提供に同意しないこと
・医師による面接指導の申し出を行わないこと

②面接指導の結果を理由として、解雇、雇い止め、退職勧奨、不当な動機・目的による配置転換・職位の変更を行うこと

＜「厚労省導入マニュアル」から＞

●関連法規　◇安衛法66条の10（心理的な負担の程度を把握するための検査等）、104条（心身の状態に関する情報の取り扱い）

●関連通達　◇平16.10.29基発第1029009号（雇用管理に関する個人情報のうち健康情報を取り扱うに当たっての留意事項）

6. 不調者の早期発見

Q **メンタルヘルス不調者の早期発見と早期対処は、どのようにすればよいか。**

A ミスの多発や対人トラブルなど「いつもと違う」言動に周囲が気づくことが、二次予防に当たる早期発見と早期対処につながる。メンタルヘルス不調が疑われる者に対しては、管理職が悩みなど本人の話を十分に聞き、社内のメンタルヘルス担当者や外部の専門家と連携して対応したい。なお、メンタルヘルス不調の予防から対処に至るまで、個人情報の保護には細心の注意を払わなくてはならない。

解説 「いつもと違う」言動の発見は、いつもの姿を知っていなければ難しい。管理職は日ごろから部下に声を掛け、行動様式を把握するとともに、悩みなどを相談しやすい環境をつくっておきたい。注目すべき変化としては、▷出退勤の乱れ（遅刻、欠勤、残業の増加）▷ミス多発や能率悪化▷相談や報告がない▷元気がない（あるいはその逆）▷服装の乱れ―などが挙げられる。

労働者のメンタルヘルス不調が疑われる場合は、管理職が本人の話を十分に聞き、本人の了解を得て社内のメンタルヘルス担当者と連携し、ストレスの軽減や医師の診察につなげたい。ただし、受診の強制など乱暴な対応は、ハラスメントと受け取られる恐れがある。むやみに励ましたり酒を飲みに誘ったりすることが逆効果になる場合もあるので注意が必要だ。あくまでも「本人の話を聞く」という姿勢で臨み、その上で産業医など専門家に意見を聞き、業務の軽減、短期間の休養などを取り入れ復調を目指す。不調者の個人情報が必要以上に広まらないよう配慮しつつ、職場内の理解を得ることも大切だ。

しかし、不調が明らかであるにも関わらず、本人が受診や休養に消極的で、業務を続けてしまうケースがある。そのような場合は、不調者の家族に協力を得ることも考えなくてはならないだろう。それでも本人が受診を拒否する場合は、就業規則で規定していれば、産業医などを受診するよう命じることができる。また、休職についても同様に、規則を定めていれば命じることができる。

労働者が長期欠勤や休職に至れば、収入減少や復職に対する不安が強まってくる。休業中の支援、復帰支援プログラムなど、安心して治療に専念できる情報を早めに提供することも大切である。

これらの対応は、メンタルヘルス不調が明らかになってから検討したのでは、迅速かつ効果的に実施することが難しい。普段から専門家と連携して対応体制を整え、対策の存在も周知・啓発しておくことが望ましい。

●参考判例 ◇野方警察署事件（東京地裁平５．３．30）＝統合失調症を理由とする休職処分・分限免職処分を有効と判断。
◇京セラ事件（東京高裁昭61.11.13）＝長期病欠のため休職扱いとなっている従業員が、従前とは別の病名の診断書で労災の扱いを求めた。会社は従業員に対し、会社の指定する医師の診断を受けるよう指示したが、従業員は拒否。これを理由に休職期間満了とともに退職扱いとしたことが不当労働行為に該当しないとされた事例。

【こころの病気の初期サイン】

	自分自身が気づきやすい点
1	気分が沈む、憂うつ
2	何をするにも元気がでない
3	イライラする、怒りっぽい
4	理由もないのに、不安な気持ちになる
5	気持ちが落ち着かない
6	胸がどきどきする、息苦しい
7	何度も確かめないと気がすまない
8	周りに誰もいないのに、人の声が聞こえてくる
9	誰かが自分の悪口を言っている
10	何も食べたくない、食事がおいしくない
11	なかなか寝つけない、熟睡できない
12	夜中に何度も目が覚める

	周囲の人が気づきやすい変化
1	服装が乱れてきた
2	急にやせた、太った
3	感情の変化が激しくなった
4	表情が暗くなった
5	一人になりたがる
6	不満、トラブルが増えた
7	独り言が増えた
8	他人の視線を気にするようになった
9	遅刻や休みが増えた
10	ぼんやりしていることが多い
11	ミスや忘れ物が多い
12	体に不自然な傷がある

（厚労省ウェブサイトより）

7. 復帰支援プログラム

Q　メンタルヘルスの不調により長期欠勤または休職した労働者を職場に復帰させる際、事業主はどのように配慮すべきか。

A　メンタルヘルス不調者が職場復帰をする場合、本人、主治医、産業医、人事労務管理者、管理監督者が１つのチームとなり連携し、復帰に向けて段階を踏んでいく必要がある。また状況に応じて家族や行政、専門的な知識のある民間サービスの協力を仰ぐことも大切になる。円滑な職場復帰のためにあらかじめ「職場復帰支援プログラム」を策定し、必要な関連規定や体制を整備し、休業開始から通常業務に復帰するまでの関係者の役割や活動の基本を明確にしておきたい。復帰には、労働者ごとに具体的な「職場復帰プラン」を作成し、プライバシー保護にも配慮した上で、互いに連携を図りつつ取り組むことが望ましい。

解説　厚労省が2012年に改定した事業場向けのマニュアル「心の健康問題により休業した労働者の職場復帰支援の手引き」では、職場復帰支援プログラムの流れを５つのステップで示している。まず、①「病気休業開始および休業中のケア」として、労働者が安心して治療に専念できるよう、休業制度や復帰支援策などの情報を十分に提供しておく。②治療が進み本人から職場復帰の意思が伝えられたら「主治医による職場復帰可能の判断」を行う。③実際の復帰可否については、本人、産業医や主治医、職場の管理者などから十分に情報を収集し評価して「職場復帰の可否の判断および職場復帰支援プランの作成」を行う。プランの作成にあたっては、元の就業状態に戻すまで、勤務時間や業務内容を限定した複数の段階を設定し、就業上必要な配慮も検討する。ほかの従業員に過度な負担がかからないよう受け入れ態勢を整えることも大切だ。④「最終的な職場復帰の決定」については、職場復帰に関する意見書等を作成し、適正な社内手続きに従い事業主が職場復帰の決定を行う。また職場復帰にあたり処遇の変更を行う場合は、あらかじめ就業規則に定める等ルール化をしておく必要がある。⑤復帰後は、「職場復帰後のフォローアップ」が重要になる。本人や管理者と面談しながら復帰プランの進行状況を確認し、必要であればプランの見直しも行う。フォローアップを終えた後も、再発防止のため就業上の配慮は続けたい。

なお、労働者の疾患名など健康情報等のほとんどが、プライバシーに関わるものであり、慎重かつ適正に取り扱わなければならない。取り扱う情報は、職場復帰支援と事業者の安全配慮義務履行に必要な内容に限定し、管理部署を一元化した方がよい。また、主治医や家族から情報をもらう場合でも、トラブルを招かないため本人を通じた提出が望ましい。情報を第三者へ提供する場合も、原則的に本人の同意が必要となる。

●**関連通達**　◇平21．3．23基安労発0323001号（改訂版職場復帰支援の手引きについて）

●**参考判例**　◇カントラ事件（大阪高裁平14．6．19）＝病気休職した従業員の職場復帰をめぐり、主治医や専門医の診断（就労可能）と産業医（就労困難）が異なったが、産業医の診断を最大限に尊重する判断が示された。

職場復帰支援の流れ

第1ステップ

病気休業開始および休業中のケア
～事業場による支援の重要性、安心感の醸成～

・病気休業開始時の労働者からの診断書（病気休業診断書）の提出
・管理監督者及び産業保健スタッフ等によるケア。連絡体制の構築など
・病気休業期間中の労働者の安心感の醸成のための対応。情報提供、相談体制の整備など
・その他　就業規則等の整備、周知など

第２ステップ

主治医による職場復帰可能の判断
～主治医の判断、産業医等による精査と意見～

・労働者からの職場復帰の意思表示と職場復帰可能の診断が記された診断書の提出
・産業医による精査。業務遂行能力の回復度、出勤可能な体力など
・主治医への情報提供。業務遂行能力の内容、社内制度等

第３ステップ

職場復帰の可否の判断及び職場復帰支援プランの作成
～産業医の面談等、職場で働ける状態・環境の調整、プランの作成～

・情報の収集と評価　労働者の意思や状態、職場環境等の評価
・職場復帰の可否についての判断
・職場復帰支援プランの作成　試し出勤制度、就業上の配慮、人事労務管理上の対応等

第４ステップ

最終的な職場復帰の決定
～産業医の意見書等に基づく、事業者による職場復帰を決定～

・労働者の状態の最終確認
・就業上の配慮等に関する意見書の作成
・事業者による最終的な職場復帰の決定
・その他　主治医との情報交換など

職場復帰

第５ステップ

職場復帰後のフォローアップ
～復帰後のフォローアップ体制を継続、関係者や主治医との連携～

・疾患の再発、新しい問題の発生等の有無の確認
・勤務状況及び業務遂行能力の評価
・職場復帰支援プランの実施状況の確認
・治療状況の確認
・職場復帰支援プランの評価と見直し
・職場環境等の改善等
・職場の管理監督者、同僚等への配慮等

8. 治療と仕事の両立支援

治療と仕事の両立支援について会社はどのような点に留意すればよいか。

厚労省の「事業場における治療と仕事の両立支援のためのガイドライン（令和３年３月改定版）」によると、会社が留意すべき点は以下の通りである。

①安全と健康の確保
②労働者本人による取り組み
③労働者本人の申出
④治療と仕事の両立支援の特徴を踏まえた対応
⑤個別事例の特性に応じた配慮
⑥対象者、対応方法の明確化
⑦個人情報の保護
⑧両立支援に関わる関係者間の連携の重要性

解説

上記①～⑧項目それぞれのポイントとしては……

①仕事の繁忙等を理由に必要な就業上の措置や配慮（就業場所の変更、作業の転換、労働時間の短縮等）を行わないことはあってはならない。
②疾病を抱える労働者本人が、主治医の指示等に基づき治療や疾病の増悪防止について適切に取り組むことが重要である。
③労働者本人から支援を求める申し出がなされたことを端緒に取り組むことが基本となること。なお、本人からの申し出が円滑に行われるよう、事業場内ルールの作成と周知、労働者や管理職等に対する研修による意識啓発、相談窓口や情報の取り扱い方法の明確化など、申し出が行いやすい環境を整備することも重要である。
④入院や通院、療養のための時間の確保等が必要になるだけでなく、疾病の症状や治療の副作用、障害等によって、労働者自身の業務遂行能力が一時的に低下する場合などがある。このため、育児や介護と仕事の両立支援と異なり、時間的制約に対する配慮だけでなく、労働者本人の健康状態や業務遂行能力も踏まえた就業上の措置等が必要となること。
⑤症状や治療方法は個々によるものなので、個別事例の特性に応じた配慮が必要であること。
⑥状況に応じて、事業場内ルールを労使の理解を得て制定するなど、治療と仕事の両立支援の対象者、対応方法等を明確にしておくことが必要であること。
⑦両立支援を行うため、症状、治療の状況等の疾病に関する様々な情報が必要と

なるが、これらの情報は個人情報であることから、安衛法に基づく健康診断において把握した場合を除いては、事業者が本人の同意なく取得してはならないこと。また、その情報は厳重に管理すること。

⑧治療と仕事の両立支援を行うに当たっては、労働者本人以外にも、さまざまな関係者が必要に応じて連携することで、より適切な両立支援の実施が可能となること。

例えば…

- 事業場の関係者（事業者、人事労務担当者、上司・同僚等、労働組合、産業医、保健師、看護師等の産業保健スタッフなど）
- 医療機関関係者（医師（主治医）、看護師、医療ソーシャルワーカーなど）
- 地域で事業者や労働者を支援する関係機関・関係者（産業保健総合支援センター、労災病院に併設する治療就労両立支援センター、保健所（保健師）、社会保険労務士など）

また、労働者と直接連絡が取れない場合は、労働者の家族等と連携して、必要な情報の収集等を行う場合があること。

特に、治療と仕事の両立支援のためには、医療機関との連携が重要であり、本人を通じた主治医との情報共有や、労働者の同意のもとでの産業医、保健師、看護師等の産業保健スタッフや人事労務担当者と主治医との連携が必要であること。

参考文献：
厚労省「事業場における治療と仕事の両立支援のためのガイドライン（令和３年３月改訂版）」https://www.mhlw.go.jp/content/11200000/000780068.pdf

第 11 章

労災・安全衛生

1. 事業主の安全配慮義務

会社に課せられている安全配慮義務とは何か。

A　安全配慮義務とは、労契法５条に明文化されている労働者の生命、身体等の安全を確保しつつ労働することに配慮する労働契約上の付随義務のこと。実質的な指揮命令関係にある全ての労働者に対し、会社は雇用契約上の責任として、安全かつ効率的に仕事ができる職場環境を整える義務がある。安衛法などを順守するだけでは不十分で、その範囲は物的環境や人的措置などにもおよぶほか、労働者の周りにある危険を予知・発見し、事前に対策を講じることも含まれる。危険防止や健康障害への予防・対策には、安全衛生委員会などを積極的に活用するとよい。

解説　安全配慮義務という考えは、昭和40年代に入ってから判例として積み上げられてきたもので、会社には、労働者の生命、身体、健康を守るために必要な措置を講じる義務が課されている。今では雇用契約に基づく一種の契約責任とされ、社員、パートタイマー・アルバイト、出向者のほか、実質的な指揮・命令関係にあれば、信義則上の義務として派遣労働者や下請労働者も対象となる。出向者の場合は、出向元・出向先とも安全配慮義務を負うとみなされる。不法就労外国人であっても雇用関係にあれば同様だ。安衛法を守っているだけでは安全配慮義務を完全に履行したことにはならない。予見の可能性から結果回避の義務を果たすことまでが求められる。万一、使用者がこの義務を怠り、労働者に損害を生じさせたときは、因果関係が認められれば、その損害を賠償しなければならない。しかも高額の賠償を命じられる判例が多く、賠償請求も労災認定による補償と並行して行われることが多くなっている。法定基準以外の労災発生の危険防止についても、物的環境や人的措置などを整備することが求められる。例えば物的環境では、▷労務提供場所に保安設備、安全設備を設置する▷労務提供の道具・手段として安全な物を選択する－などだ。人的措置としては、▷安全教育の徹底▷事故、職業病や疾病後の適切な救済措置－などを講じなければならない。

また最近では、労働者の健康面や精神衛生面でも会社側の安全配慮義務が厳しく問われるようになっている。過労死や過労自殺では、過労死などの「結果」に対し、会社が「予見」できたのか否かがポイントになる。「職場いじめ」「セクハラ」「パワハラ」も、それらを行った人だけではなく会社としても責任を問われることがある。会社は、職場の上司や同僚からのいじめ等を防止して、労働者がその生命、身体を危険から保護すべき義務を負うとされているケースがいくつもある。電通事件（最高裁二小平12.3.24）では、会社の予見可能性を認定した上で、「会社は業務の遂行に伴う疲労や心理的負荷等が過度に蓄積して労働者の心身の健康を損なうことがないよう注意する義務を負うとし、労働時間を軽減させる具体的措置をとらなかったことは安全配慮を怠った過失」として、自殺による死亡逸失利益等の請求を認めた。こうした健康面への対策としては、「健康診断などによる労働者の健康状態の把握」「職場環境の改善」「業務の軽減」などのほか、残業や休日労働を制限するなど労働時間の管理を適切に行うことが重要である。

また、会社側の一方的な取り組みだけでは働く側との意識の違いで見過ごされてしまうものもある。こうしたことを避けるためにも、安衛法で義務付けられている安全衛生委員会（常時使用する労働者が50人以上の事業場）などを積極的に活用することが労働災害の未然防止や疾病予防、健康保持のためには有効だ。安全・衛生は労使共通の課題であり、その解決・改善に向けては労使双方で真摯（しんし）に取り組む必要がある。あまり職場環境につき意識してこなかったという場合、まずは、従業員にアンケートをとる、従業員の生の声を聞く、いじめ・パワハラ・セクハラ等の相談窓口を設けるなどの方法をとることにより実態の把握をすることから始め、職場環境の整備に努めていくことが大事である。

●関連法規 ◇民法１条（基本原則）、415条（債務不履行による損害賠償）、709条（不法行為による損害賠償）、安衛法17条（安全委員会）、18条（衛生委員会）、19条（安全衛生委員会）

●関連通達 ◇平20.１.23基発0123004号（労働契約法の施行について）

●参考判例 ◇陸上自衛隊八戸車両整備工場事件（最高裁三小昭50.２.25）＝国は公務員に対して安全配慮義務を負い、その消滅時効は10年である。最高裁が初めて「安全配慮義務」という言葉に言及した判決。

◇川義事件（最高裁三小昭59.４.10）＝民間会社に対し、初めて安全配慮義務を認めた判決。

◇電通事件（最高裁二小平12.３.24）＝過労自殺に会社の責任を認めた初の最高裁判決。

2. 勤務中に事故が発生したら

勤務中に事故が発生した場合（労災）の取るべき措置は何か。

A 労災が起きたらまず被災者の救護。それから、①速やかに職場上司と労災担当部署に連絡して被災者を病院へ運ぶ手配をする②事故発生の時刻、場所、状況、現認者を確認する③診断書を取り寄せ負傷の程度を確認する④事故原因の究明⑤改善点を報告書にまとめ再発防止策を図る—を適切に行う。なお、パートタイマーやアルバイトも労災保険の保護対象となるので、労災を申請する。

解説 労災（業務上災害）が発生したら、まずは被災者の人命・身体を守ることを第一に考え、救護措置を優先しなければならない。その上で、速やかに職場の上司や管理者、労災担当部署（人事部や労務部など）に連絡をとり、被災者を病院へ運ぶ。病院へは付き添い者を同行させ、病院に到着したら受診前に労災であることを告げる。医療機関は労災指定病院が望ましいので、普段から近くの労災指定病院を確認し、職場に周知しておくとよい。労災指定病院以外でも受診、治療はできるが、労災は健保が使えないので被災者が一時的に治療代を全額（10割）負担しなければならなくなる。もちろん、その後の事務手続きにより治療費は全額戻ってくるが、労災指定病院であればそういう手間は省ける。取材や営業など外出先での被災も想定して、労災と判断される場合には同様の行動がとれるよう基本的な流れを社内周知しておくとよい。治療費や休業補償など労災事務手続きを手順よく進めるためにも、担当部署への連絡は速やかにすること。また、同じ災害を繰り返さないために、事故発生時の状況把握、原因究明、再発防止のための徹底した検証を行い、施設や業務環境、作業手順、規律順守に問題がなかったかをチェックし、改善点を報告書にまとめ、上司や所管部署に報告する。本人に過失が認められる場合は厳重に注意し、安全教育を行うこと。災害防止のための職場の安全点検は常に実施する必要がある。

業務中や事業場内・付属施設の事故で休業した場合、事業者は「労働者死傷病報告」を労基署に提出しなければならない。報告を怠るなどのいわゆる「労災隠し」は50万円以下の罰金が科される。また、労災保険法では「労働者」の定義規定が明確ではなく、労基法の定める「労働者」と同じと解されているので、「使用者の指揮命令下で労働に従事し、賃金を支払われている者」としてパートタイマーやアルバイトなど正社員以外の労働者も労災保険の給付が受けられる。派遣労働者については派遣元が労災保険料を負担するが、労災が発生した場合の労基署への死傷病報告は、事故状況を把握する派遣先が作成し、派遣先と派遣元がそれぞれの所轄労基署へ提出しなければならない。派遣先で作成、提出した労働者死傷病報告の写しを派遣元に送付し、その写しを基に派遣元でも労働者死傷病報告を作成、提出する。派遣元が提出する際には、派遣先より送付された労働者死傷病報告の写しも併せて提出し、労災保険の給付申請を行うことになる。

また、近年はテレワーク（在宅勤務、モバイルワーク、施設利用型勤務）を導入する社もあるが、その際に起きた労災についても、業務遂行性と業務起因性が認められた場合に通常の就業者と同様に労災保険の適用を受け、業務災害または通勤災害に関する保険給付の対象となることがある。具体的にテレワークで労災が認定された事例としては、自宅で所定労働時間内にパソコン業務を行っていたが、トイレに行くため作業場所を離席した後、戻って椅子に座ろうとして転倒した事案がある。これは業務行為に付随する行為に起因して災害が発生しており、私的行為によるものとも認められないため、業務災害と認められた。

●関連法規　◇労災保険法１条（目的）、２条（目的達成の方策）、３条（適用事業の範囲）、７条（保険給付の種類等）、12条の８（保険給付の種類と支給事由）、労基法９条（労働者の定義）、75条（療養補償）、安衛法120条（罰則）、労働安全衛生規則97条（労働者死傷病報告）、労働者派遣法施行規則42条（派遣労働者の死傷病報告）

3.休憩時間中の事故の扱い

休憩時間中にけがをした場合、労災認定の可否と範囲はどうなるのか。また、管理責任の及ぶ範囲はどうか。

休憩時間中でも、会社施設の欠陥や管理上の不備に起因した事故や、会社施設内で休憩や昼食を取るために移動している途中のけがなどは、業務に付随した行為と認められる場合には労災認定されることがある。

解説 労災保険の保護対象となる業務災害の認定には、業務起因性と業務遂行性が認められなければならない。労働者が、会社あるいは会社に付随する施設内にいる限りは事業主の管理下にあるため業務遂行性が認められるが、休憩時間中は自由行動が許されており、その行動が労働者個人の私的行為であれば業務起因性は認められないので労災は適用されない。しかし、私的行為であっても、災害の原因が施設の欠陥や管理上の不備によるものであったり、会社の命令で休憩時間を利用して会社行事に参加していたりした場合には業務起因性が認められ労災認定される可能性は高い。施設内で昼食をとるために食堂へ移動する途中階段で転倒し負傷した場合などでも、業務に付随した一般的行為として業務起因性が認められることがある。また、就業時間中の私的行為についても、トイレや水分摂取といった生理的行為や、作業に関連した行為などは業務起因性が認められる場合がある。会社施設外であっても、出張中や会社行事参加などは事業主の管理下にあるため、業務と無関係な行為を行っていない限り業務遂行性と業務起因性が認められる場合があるが、自由裁量で施設外へ昼食をとりに行った時にけがをした場合などは業務遂行性がないため労災は適用されないと考えられる。

管理責任に関しては、会社施設の欠陥や管理上の不備により災害が発生した場合、所有者責任や不法行為責任を問われる場合がある。また、労働者に対して使用者が負うべき安全配慮義務に違反したとして、債務不履行による損害賠償を問われることがある

●関連法規 ◇労基法34条（休憩）、民法709条（不法行為による損害賠償）、717条（土地の工作物等の占有者および所有者の責任）

●参考判例 ◇倉敷市職員事件（最高裁二小平６．５．16）＝勤務終了後、市主催のソフトボール大会に参加し、急性心筋こうそくで死亡した事例。発症と試合への参加行為には因果関係があるとして、公務上の死亡と認定。

4.過労死と労災

Q 過労死の認定基準と、防止対策にはどのようなものがあるか。

A 過重な業務が原因で発症した脳・心臓疾患などによる過労死の労災認定は、労基法施行規則別表第1の2の8号、9号に列挙された疾病に該当していることが立証され、特段の反証がないとすれば認められる。過労死を防止するためにも、使用者は労働者の労働時間を適正に把握し、長時間労働を抑制するとともに、医師の面接指導などを行い、メンタルヘルスを含めた健康管理と発症予防を図らなければならない。

解説 過労によって脳・心臓疾患などの身体的な病気や精神障害になった場合に、労災保険から補償が受けられるかどうかについて、厚労省が労災認定基準を定めている。

脳・心臓疾患では、①発症の直前や前日に、病気の原因となった、極度の緊張等の強度の精神的負荷や緊急・強度の身体的負荷を強いる突発的な異常事態に遭遇した②発症の前日～1週間程度前に、特に過重な業務を行った③発症前の長期間にわたって、著しい疲労の蓄積をもたらす特に過重な業務（1か月間の法外残業時間100時間超、2か月～6か月平均法外残業月80時間超など）を行った。

精神障害については、①うつ病や重度ストレス反応等の精神的な病気を発病②業務（仕事）以外の原因で精神的な病気になったとは認められない③発病前の6か月間に、業務による強い心理的負荷（発病直前1か月におおむね160時間超、3週間におおむね120時間超など）があったーがある。

また、2020年6月からパワーハラスメント防止対策が法制化され「心理的負荷による精神障害の労災認定基準」を改正。原因となる出来事に精神的攻撃等のパワハラなどを新設し、労災認定に必要な「強い心理的負荷」に該当するとした。パワハラが加わったことで、労災認定が受けやすくなった。精神障害の労災では、業務による強い心理的負荷が認められることが要件の1つとなっており、パワハラによる心理的負荷を最も強い水準とした。

令和2年版「過労死等防止対策白書（白書）」では、10～17年度に労災認定された脳・心臓疾患2280件のうち、年齢別では50代がトップで負荷要因は「拘束時間の長い勤務」（30.1％）が最多だった。また、15～16年度の精神障害で自殺に至った167件のうち、半数以上が発病から「29日以内」に死亡し、6割は医療機関の受診歴がなかったという。

職場でのストレスチェックや相談窓口の設置など早期に把握して対応できる体制づくりが必要となる。

■ 労災・安全衛生

●**関連法規** ◇労基法75条（療養補償）、労基法施行規則35条（業務上の疾病）

●**関連通達** ◇平13.12.12基発1063号（脳・心臓疾患の認定基準）
◇平23.12.26基発1226号（心理的負荷による精神障害の認定基準）

5. 通勤途上災害とは

通勤途中に事故に遭った場合、労災保険の給付は受けられるか。

A 通勤途中に被った負傷、疾病、障害または死亡については、労災保険の給付対象となる。ただし、住居と職場の間を合理的な経路・方法で通勤している場合に限られ、途中で経路を逸脱したり、通勤と関係ない行為を行っていたりした場合は通勤とは認められず、給付は受けられない。

解説 労災保険法で保護される通勤災害（通災）とは、労働者が就業に関して、住居と就業場所との間を合理的な経路・方法により往復する際の事故を指す。本来は業務上の災害とはいえないが、全くの私的行為ともいえないことから、1973年に保険適用となった。ゆえに、通勤災害における「通勤」とは業務との関連性に着目して定義付けられている。通勤の定義は、▷住居と就業の場所との間の往復▷複数就業者の事業場間の移動▷単身赴任者の赴任先住居と帰省先住居の間の移動で、業務の性質を有するものを除く—とされている。

就業後に組合活動やサークル活動で残り、その帰宅途中で事故に遭った場合などは、おおよそ２時間以内であれば通災と認められる（昭48. 11. 22基発644号）が、これを超える時間の帰宅途中の事故では社会通念上就業と帰宅との関連性がないと判断され認定されない（昭49. 9. 26基収2023号）など、業務上災害に比べ認定要因が厳しい。「住居」との関連では、天災や交通ストライキなどでやむなくホテル等に宿泊する場合などは、当該ホテルが「住居」とみなされるが、私的事情で宿泊した友人宅からの出勤の場合などは「住居」とは認められず認定されない。

就業や通勤と関係ない目的で合理的な経路をそれることを「逸脱」、通勤と関係ない行為をすることを「中断」として通災認定は受けられない。通勤の途中で映画館に寄るとか、飲食店に寄っての食事などがこれに当たる。しかし、通勤途中に経路近くの公衆トイレを利用したり、経路上の店でタバコや雑誌を買ったりするというような些細な行為を行う場合には、逸脱や中断には当たらないとされている。この線引きは、労災保険法施行規則８条が定める日常生活上必要な行為として「日用品の購入その他これに準ずる行為」「病院又は診療所において診察又は治療を受けることその他これに準じる行為」など５項目があり、最小限の範囲内で行って、再び合理的な経路に復せば通勤とみなされ、労災保険の給付を受けられる。

※組合用務による災害・事故については11章７項を参照。

●関連法規 ◇労災保険法７条（保険給付の範囲、通勤について）、労災保険法施行規則７条（保護対象となる住居間移動）、８条（日常生活上必要な行為）

6. 自転車通勤の留意点

自転車通勤を認める場合、留意すべきことは何か。

A　自転車通勤をする場合、行動の自由度が高いので途中で寄り道したり、健康増進のため遠回りをした場合に、合理的な経路から外れ、労災と認められないケースがある。また、労働者本人が交通事故などを起こした場合、本人はもとより会社も責任を負わなければならない可能性がある。自転車通勤を認める場合、こうしたリスクを労働者によく説明し理解させておくこと、許可基準の手続きや自転車損害賠償責任保険加入の義務付け、さらには通勤手当や駐輪場の利用などを盛り込んだ規定を作成することが必要である。

解説　３密を避けられて、環境負荷の低減や健康増進、通勤手当削減など自転車通勤にはいくつかのメリットがある一方、通勤時に労働者が第三者を死傷させた場合や第三者の物を壊した場合に、労働者だけでなく会社にも使用者責任が問われ、多額の損害賠償責任を負う可能性がある。そのため、労働者だけでなく会社も自転車損害賠償責任保険等への加入が必須となる。シェアサイクルを利用する場合も上記保険等への加入を義務付けたい。自転車事故により高額の賠償金が課せられるケースもあり、補償額は１億円以上であることが望ましい。通勤手当については、①一律定額で支給②距離に応じて支給③定期代相当額を支給④上記①～③と駐輪場代を支給などの設定方法があるが、公共交通機関との乗り継ぎや、晴れの日は自転車、雨の日は公共交通機関などのように、日によって異なる交通手段の利用もあわせて検討する必要がある。駐輪場については、労働者による放置自転車を発生させないためにも、会社はコストや利便性を考慮のうえ駐輪場を確保し、労働者に正しく利用させる必要がある。確保が難しい場合には労働者に周辺の駐輪場やシェアサイクルの利用を周知し、必要に応じて費用の負担も考慮する必要がある。その他規定には、①対象者②対象とする自転車（ＴＳマークの義務付けや都道府県公安委員会が指定する団体での防犯登録の義務付け等）③目的外使用の承認（私事目的での立ち寄りの範囲等）④安全教育・指導とルール・マナーの遵守⑤事故時の対応⑥ヘルメットの着用⑦更衣室・ロッカー・シャワールームなど⑧申請・承認手続き―などについては明記しておきたい。自転車通勤を認めない場合には、明確に禁止して、会社として黙認していたと判断されないようにしておくことが肝要だ。

2021年の新聞協会調査では、自転車通勤を認めている社は55社中38社、認めている社のうち通勤手当を一律で支給している社は３社、距離に応じて支給している社は21社、定期券代相当額を支給している社は９社だった。なお、駐輪場の確保については、38社のうち何らかの形で会社が事業所内に整備している社が35社で、駐輪代を支給している社はなかった。

7. 組合用務による災害・事故

労働組合用務による出張が労働協約で出勤扱いとなっている場合、出張中に起きた災害・事故に対する会社の責任はどうなるのか。

組合員が組合用務のために出張し、災害が発生した場合は、業務遂行性がないので会社に労基法上の補償義務はない。

解説 組合用務による出張が労働協約により出勤扱いであるとしても、社の業務による出張でないのは明らかで、就業規則などで定めた災害補償の対象にはならないし、労災としても認められない。労災認定される要件としては①業務遂行性（労働者が労働契約に基づいて事業主の支配管理下にある状態）②業務起因性（業務と傷病等の間に一定の因果関係）－の双方が認められることが必要。組合用務出張は、労働協約に基づく労務の提供ではないので、「業務遂行性」が認められない。また「出勤扱い」としていても、組合用務出張が労働協約上の業務の遂行ではなく、それは労働者に不利益を課さないという便宜的な措置にすぎない。

そのほか、組合活動と労働災害の関係について、厚労省通達では以下のように見解が示されている。

Q. 業務後に労働組合活動をした後の帰宅

A. 長時間（2時間が目安）にわたらなければ、保護対象になる。

（昭48. 11. 22基発644号）＝業務の終了後、事業場施設内で、労働組合の会合に出席した後に帰宅するような場合には、社会通念上就業と帰宅との直接的関係を失わせると認められるほど長時間となるような場合を除き、就業との関連性を認めても差しつかえない。

Q. 業務終了後に自分の机で労働組合の決算報告資料の作成を2時間5分行ってから徒歩で帰宅途中、対向車に接触負傷した。

A. 通勤災害となる。

（昭49. 11. 15基収1881号）＝本件の被災労働者が業務終了後、当該事業場施設内に滞留した時間（2時間5分）から判断した場合、一般的には、その後の帰宅行為には就業関連性が失われたものといえる。本件のように就業との関連性が失われたといえる時間を超えている時間が極めてわずかであり、かつ、滞留事由に、拘束性・緊急性および必要性があり、また、事業主が事業場施設内において組合用務を行うことを許可している等の要件を充足していれば、当該被災労働者の帰宅行為に就業関連性を認めるのが妥当である。

Q．業務終了後、労働組合主催の「旗びらき等」のため約１時間40分参加し、帰宅途中に対向車に接触して負傷した。
A．通勤災害となる。
（昭51. 3. 30基収2606号）＝当該被災労働者が業務を終了した後、帰途につくため、就業の場所を出るまでの間、当該就業の場所内で費やした時間（１時間40分）は社会通念上、就業と帰宅との直接的関連を失うと認められるほど長時間であるとも認められない。

Q．就業時間前に労働組合集会に参加するため、通常の出勤時刻より１時間半ほど早く会社へ向かう途中の事故は、通勤災害か。
A．通勤災害となる。
（昭52. 9. １基収793号）＝本件の場合、被災労働者が当日業務に従事することになっていたことは客観的に明らかであり、しかも被災労働者が、労働組合の集会に参加する目的で、通常の出勤時刻より約１時間30分早く住居を出た行為は社会通念上、就業との関連性を失わせると認められるほど、所定の就業開始時刻とかけ離れた時刻に行われたものとはいえないので、当該行為は通勤と認められる。

なお、組合専従者は会社の業務との関係では業務遂行性、業務起因性とも無くなるため、会社の労災適用労働者からは外れることになる。よって労働組合の方で労災保険に代わる保険に加入する必要がある。

●関連法規　◇労災保険法第７条（通勤災害の適用条件）

8. 医師の面接指導

長時間労働者に対して医師による面接指導は必要か。

A 長時間労働やメンタルヘルス不調などにより、健康リスクが高い状況にある労働者に対し、産業医など医師による面接指導や健康相談を実施する必要がある。安衛法改正（2019年４月１日施行）により、長時間労働者に対する医師の面接指導が強化され、罰則の対象となるケースもあり得る。

解説 安衛法に定める医師の面接指導には、長時間労働者（裁量労働制、管理監督者含む）を対象とする面接指導と、高ストレス者（ストレスチェックの結果、高ストレスであり面接指導が必要であるとストレスチェック実施者が判断した者）を対象とした面接指導の２つの規定がある。医師は、労働者の健康管理に専門的な立場から指導や助言を行うことのできる産業医が望ましい。労働者50人以上の事業場においては、産業医の選任が義務付けられている。

改正された安衛法では、産業医・産業保健機能と、長時間労働者に対する面接指導等が強化された。具体的には、①面接指導の対象を、１月あたりの時間外・休日労働時間が月100時間超から月80時間超へ見直し②高度プロフェッショナル制度適用者は、１週間あたりの健康管理時間が40時間を超えた時間について月100時間超行った者に面接指導を義務付け、違反すると50万以下の罰金が科せられるようになった（その他医師の面接指導の対象となる労働者は次図の通り）。

事業者は、医師から面接指導の結果報告を受け意見聴取をしなければならず、その記録は５年間の保存義務がある。その後意見を勘案し、必要と認める場合には就業場所の変更、労働時間の短縮などの事後措置を講じる必要がある。面接指導が行われた結果は労働者の健康保持のために役立て、労働者本人に不利益が生じないようプライバシーには十分に配慮する必要がある。

●関連法規 ◇安衛法13条、14条、66条、120条　安衛則52条

面接指導対象時間の種類と面接指導の流れ

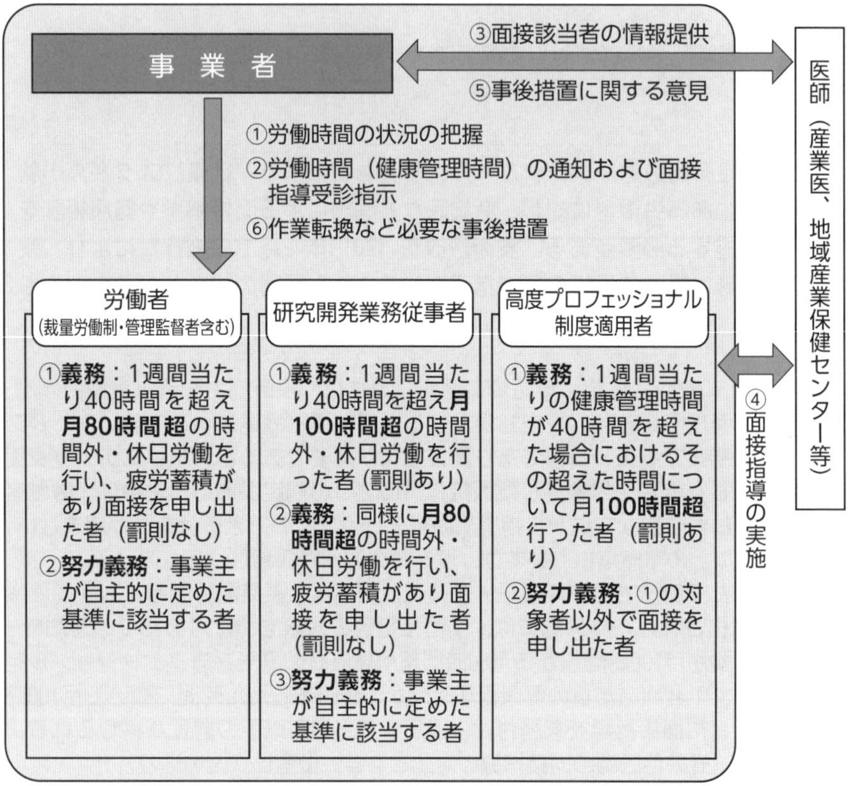

事　業　者

③面接該当者の情報提供
⑤事後措置に関する意見

医師（産業医、地域産業保健センター等）

①労働時間の状況の把握
②労働時間（健康管理時間）の通知および面接指導受診指示
⑥作業転換など必要な事後措置

④面接指導の実施

労働者（裁量労働制・管理監督者含む）	研究開発業務従事者	高度プロフェッショナル制度適用者
①**義務**：1週間当たり40時間を超え**月80時間超**の時間外・休日労働を行い、疲労蓄積があり面接を申し出た者（罰則なし） ②**努力義務**：事業主が自主的に定めた基準に該当する者	①**義務**：1週間当たり40時間を超え**月100時間超**の時間外・休日労働を行った者（罰則あり） ②**義務**：同様に**月80時間超**の時間外・休日労働を行い、疲労蓄積があり面接を申し出た者（罰則なし） ③**努力義務**：事業主が自主的に定めた基準に該当する者	①**義務**：1週間当たりの健康管理時間が40時間を超えた場合におけるその超えた時間について月**100時間超**行った者（罰則あり） ②**努力義務**：①の対象者以外で面接を申し出た者

9. 健康診断未受診者への対応

健康診断を受診しない社員に対し、どのように対応すればよいか。

A　未受診者への対応として、①メール等で繰り返し受診を促す②指定外部の医療機関での受診案内③未受診者の所属長、人事部長、産業医を交えた４者面談－がある。また、定期健康診断受診は労働者の義務であり（安衛法66条５項）、労働者が健康診断の受診を拒否した場合は、就業規則等の定めによって懲戒処分の対象とすることができる。

解説　常時使用する労働者に対して、１年以内ごとに１回（特定業務に常時従事する労働者に対しては６か月ごとに１回）、定期的に健康診断を行わなければならない。定期健康診断の実施は事業者の義務であり（安衛法66条５項）、実施義務に違反した場合は、50万円以下の罰金刑の対象となる。

新聞社・通信社48社の2016年から３年間の受診率実態調査（「健康経営」報告書）では、平均値で11社が「100％」、99％以上100％未満が７社あり、18社が「実質100％」で37.5％がほぼ100％だった。

受診率向上策としては、34社が「メール・ポータルサイトの活用」、26社が「所属長の勧奨」、22社が「健診担当者が個別勧奨」との回答があった。

また受診率が３年連続100％、もしくは実質100％だった社には独自の工夫として、「健康管理奨励金の支給」や「就業規則でけん責などの措置を取る」などの事例もある。

●関連法規　◇労契法５条（労働者の安全への配慮）、安衛法66条（健康診断）

特別章

自然災害の教訓

1. 東日本大震災被災３県４紙はどう動いたか

大規模災害時の初動対応に求められることは何か。

人的被害の把握、人命救助を最優先に、次いで設備の点検や復旧、水や食料、燃料などの調達を進め、業務継続に万全を期すべきである。情報や対応方針の共有が図られるような態勢も必要に応じ整えたい。

解説 東日本大震災で、東北地方は地震直後からほぼ全域が停電し、電源や通信を必要としない新聞は、水、食料と並ぶ生活必需品として渇望され、その役割が再認識された。大規模災害では発行本社のみならず、新聞輸送会社、新聞販売所や資材供給元をはじめ、あらゆる関係者が被災者になりうる。動ける者の力を結集し、業務を継続し、報道機関の使命を果たせるかが問われる。

【発災０～３時間後】（時系列は、被災３県４紙の取り組み例による。以下同）

- 社員、アルバイト、契約社員などその他従業員の安否確認
- 建物や施設の安全確認、危険個所付近や津波浸水域からの避難指示
- ２次災害防止策（危険地域での行動原則の指示）
- 対策本部、情報収集、意思決定ルートの確立
- 現金の確保

新聞協会が東日本大震災で甚大な被害を受けた岩手、宮城、福島の３県４紙に尋ねたところ、被災直後の対応として各社が挙げたのは、人的被害の把握と設備など物的被害の把握であった。近年はインターネットや携帯メールを活用した安否確認システムが普及しているが、東日本大震災では、電話もネットも使えずに音信不通となり、無事だった社員の安否確認に１週間を要した例もあった。個人情報保護法の施行以降、社員の私的情報を職場で共有することは一般的ではないが、危機管理の観点に立てば、所属長や人事担当部署は、社員の家族や実家の緊急連絡先を把握しておくのが望ましい。

安否確認システムの運用に関しては、部署や電子メールアドレスなど、登録した情報を最新の状態に常に更新しておかなければ、いざというときに役に立たない。関東（９・１）、阪神・淡路（１・17）、東日本（３・11）など、各地の「防災・鎮魂の日」に合わせた訓練などの機会を活用したい。

なお、３県４紙の回答のうち、発災３時間以内の主な対応は上記の表の通り。表にはないが、一部の社は発電機確保やガソリン調達に着手していた。

また、停電で断水してしまう構造のトイレは、物理的手段も講じて使用禁止を徹底する必要があり要注意だ。

【発災３～12時間後】

- ・社内にいた従業員の足止めや帰宅判断、自宅や社外にいた従業員への指示、従業員家族の安否確認
- ・従業員宿泊先の確保、社内宿泊に備えた寝具等の手配
- ・炊き出し、物資調達、支援物資の受け入れ等の態勢確立
- ・３６協定の確認

この時間帯までに、被災３県４紙とも、災害対策本部の設置が完了し、情報収集や意思決定のルートを確立した。東日本大震災は金曜の午後２時46分に発生した。昼勤者がいて、朝刊作業者も徐々に集まり始める時間帯だったが、週末や深夜であれば、より初動が遅れたとみられる。

情報共有や意思決定の方法は社によって異なるが、災害対策本部の会合や緊急役員会を随時開き、必要に応じ、局次長など現場に近い幹部が加わるといった形式がみられた。新聞発行は、あらゆる困難に直面した。停電で輪転機を回せない、サーバーが倒れて紙面を組めない、ロール紙の生産工場が被災した、取材や配達に不可欠なガソリンがない一等々であった。翌朝の新聞発行には、新聞社同士の相互印刷協定や、通信社の衛星回線利用など、さまざまな手法が駆使された。同業他社、資材商社から、地元のガソリンスタンド、近所の食堂に至るまで、日ごろの友好関係による援助があった。

震災報道は大きなマンパワーを必要とする。当座の業務継続に備え、通常時または非常時の時間外労働の上限について、３６協定の内容をあらためて確認しておきたい。

【発災12～24時間後】

- ・社員や家族、その実家を含む被災状況の把握、当面の通勤手段や業務遂行への影響調査
- ・所定労働時間の変更
- ・ガソリン、簡易トイレなどの確保

東日本大震災は、被害の甚大さから、その概要の把握にも時間を要したが、長期の対応が必要なことは明らかだった。また、ガソリンや食料の入手も日増しに困難となり、業務の遂行に影響した。

このうち、ガソリンに関し、３県４紙に災害時の調達計画を現在どのようにしているかを尋ねたところ、何らかの形でガソリンスタンドと協定締結ないし関係確認を行ったが２社、社内備蓄が１社、特に定めていないが１社だった。支局（通信部）のような少人数の取材拠点では、「地元のガソリンスタンドとの友好関係の中で便宜を図ってもらう」との回答もあった。

2. 災害時の休日・時間外労働

大規模災害時の労働時間管理の注意点は何か。

A 被災状況が明らかになり、長期の対応を覚悟しなければならないとなれば、状況に合わせた労働条件の整備が必要となる場合がある。まずは締結している「３６協定」の限度時間や特別条項を確認する必要がある。また、時間外・休日労働が１か月に100時間以上、または２～６か月の平均で80時間を超える場合には、労基署長へ非常災害等による労働時間延長を届け出る必要がある。

解説 労基法36条に基づく労使協定により、「３６協定」を締結し、労基署長に届け出を行えば、法定労働時間を超える時間外・休日の労働を行わせることができるが、その上限は１か月に45時間、年間では360時間（３か月を超える１年単位の変形労働時間の対象者は１か月42時間、年間では320時間）と定められている。ただし、「特別条項付き３６協定」を結んでいれば、臨時的に特別な事情がある限り、上記の限度時間を超えて働かせることができるが、その上限は、年720時間（休日労働は含まない）の範囲で、休日の労働時間を含み１か月100時間未満、２～６か月の平均80時間以内と定められており、特別条項を適用できるのは年６回までとなっている。特別条項を適用するには、協議や通告など労使の合意による手続きを行い、その手続きの時期、内容、相手方を書面等に記録しておいた方が良い。手続きをせずに限度時間を超える時間外・休日の労働を行わせると違法となる。

一方、労基法36条とは別に、同法33条は「災害その他避けることのできない事由」において時間外・休日に働かせることを認めている。適用には原則として労働基準監督署長の許可が必要で、事態急迫のために事前に許可を受ける時間がない場合、事後に遅滞なく届け出なければならない。新聞業界でも近年の豪雨災害などで届け出て許可を受けた社もあるが、許可されなかった社もあり、労基署長ごとに個別に判断される。非常災害等に該当すると認められなかった場合でも、その時間に相当する休憩または休日を付与すれば、ただちに違法とはならない。

妊産婦が時間外・休日・深夜労働の免除を請求した場合には、労基法36条、33条のどちらが適用される状況下であったとしても、時間外・休日・深夜労働をさせることはできない。

3. 災害時の労働時間、人事配置

Q **大規模災害時に労働時間や人事配置を変更する際の注意点は何か。**

A 所定労働時間は、始業時刻から終業時刻までの労働契約上の労働時間であり、原則として就業規則等で定めなければならない。また、労基法上、繰り上げ繰り下げ等の変更は自由であるが、その変更に労働者が応ずる義務があるかどうかは、就業規則や労働協約に具体的な記述があるかにも影響される。新聞・通信社の場合、平時でも業務内容に応じて職場ごとに異なる労働時間を設けることは一般的だが、使用者による労働時間変更権の乱用とみなされないよう、「業務上の必要」を吟味し、運用すべきである。

解説 東日本大震災は、新聞・通信社の事業環境を激変させた。輸送事情の悪化は、刷了の大幅繰り上げと、編集作業の前倒しにつながった。広告・事業部門では、通常の商業広告は休業や自粛で激減し、お見舞い広告が入ったとしても出稿量は落ち込んだ。自家発電の能力不足や物流網の寸断、インキや刷版、ロール紙の供給難は、減ページにより組版作業量にも影響した。販売、取材、総務、技術部門は、配達や取材、資材調達、システムの復旧などに人員が必要になった。また、取材部門の中でも、警察、行政、地域などの取材需要は激増する一方、スポーツ、文化・芸能系の取材は止まった。被災地から離れた事業所でも、印刷や輸送の代行などの業務増加がみられた。

3県4紙への調査によると、ある社では、発災5日目に「3・11大震災特別支援チーム」を設置し、食事提供班、救援物資班、調達班を稼働させた。設置の背景は、責任や担当の明確化。当初は、社員有志によりボランティア的に炊き出しや救援物資の整理が始まったが、職場を離れる「負い目」や、本業との兼務による過重負担の懸念から、略式の辞令を出し、後方支援は必要不可欠な業務であることを社内に周知した。編集部門では、後方支援に従事し、現場取材へ行けない記者が不満を募らせた。しかし、ガソリンと食糧の不足から、多くの記者を現場投入するのが現実には困難でもあった。

同社は、乏しい水事情の中、近隣の社員が自宅から炊飯器を持ち寄り、握り飯をほぼ社内自給。被害の軽かった隣県総局を物資調達の拠点とし、コメや水、ガソリンなどを本社へ供給した。全国から支援物資が届き始めると、24時間態勢で物資受け入れを行う必要が生じ、臨時の当直体制を組んだ。

同社の対応記録には「大災害と判断できた時点でチームを設置すべきだった」「出身部署が偏り、情報が集まりにくかった。各部署からスタッフを集めれば、より状況を把握できたのでは」などの反省が記されている。

4. 災害対策備蓄と支援物資

大災害への備えはどのような点に留意すべきか。

A 災害対策備蓄が役立つかどうかは、災害の態様や季節、被災地が都市部か否か、などによっても大きく異なるが、短期的には水・食料・医薬品や、身体の保温などが重要である。非常用の水・食料は消費期限があるため、防災訓練等の機会を利用し、消費や交換が進む仕組みを設けるとよい。

解説 東日本大震災時の３県４紙への調査によると、比較的多くの社が現在、備えている資材は下記のようなものである。

非常用飲料水、非常用食料、給水用ポリタンク、マスク、ヘルメット、懐中電灯、使い捨てカイロ、発電機、保温シートまたは毛布、ラジオ、ガソリン携行缶、医薬品、担架、簡易トイレ、衛星携帯電話

では、飲料水や食料はどの程度備えたらよいだろうか。４紙のうち、計算式を示した２社の回答は「社員数×３食×３日分」であった。社員数の考え方は、１社が「全社員」であり、もう１社は「業務継続に必要な要員」であった。食料の内容は、乾パンのほか、缶入りのパン、水や湯で戻すだけで食べられるアルファ米、魚や肉類などの缶詰が主だった。

東日本大震災ではコメが比較的調達しやすく、ある社は携行食として握り飯を供給したが、雪の降る時期だったため、数日たつと「体が温まるものがほしい」という要望が数多く出された。地元ではカップ麺やインスタントみそ汁の調達が困難で、遠隔地からの差し入れに、感謝の声が寄せられた。

支援物資として、特にありがたかったものを尋ねたところ、「水、ガソリン、トイレットペーパー、生理用品、レトルト食品、放射線量計」「長期保存可能なパン、電動自転車、ガソリン缶」などの回答があった。断水地域では、歯磨き代わりの洗口液、水不要のシャンプーといった品も重宝された。なお、物資を段ボール箱で送る際には、仕分けや管理、活用を効率的に行うため、内容物と数量、食料などの場合には消費期限を箱の外側に明記するとよい。

電動自転車は、ガソリンの入手が困難な状況下、取材や配達の足として役立った。電気は、ガスや水道に比べ復旧が早く、威力を発揮した。

放射線量計は、製品によっては、検知部分が数年で劣化し、動作確認や交換が必要な場合がある。また、流通量の少ない特殊な規格のボタン電池を用いる製品もあり、交換用の電池の調達にも注意したい。

ユニークな事例では、運転手付きの取材車両とカメラマン、ペン記者からなる「取材班」を支援目的で送り込み、被災社の取材陣の一員として前線取材に当たらせた社もあった。

5. 災害時のメンタルヘルスのフォロー

Q　近年、自治体や自衛隊などでは、悲惨な光景を目にする災害従事者への精神的なフォローが重視されている。大規模災害時の勤務にあたる社員に対し、検討できるメンタルヘルスのフォローの対策や取り組みは。

A　災害業務に従事する職務の場合、使命感や業務量からオーバーワークになりやすく、自分自身の状態を自覚せずに疲れやストレスをため込みやすいと言われている。さまざまな対策が考えられるが、まずは普段以上に健康管理やストレスケアを大事にすることが必要だ。また、休息を確保できるよう管理者も配慮し努めるほか、生じやすいストレス・対処法を周知すること、災害を取材、報道している同僚や上司と話す機会を設けることも効果的だ。

解説　災害が発生した際、取材・編集現場や管理部門、技術部門など多岐にわたる職務において業務量が増大し長時間勤務となる場合がある。被災現場を多く目にすることなどから、興奮状態や焦燥感、記憶が鮮明になったり避けようと曖昧になったりすること、周囲との摩擦や孤立感などの心身の変化を経験することがある。筑波大学の松井豊教授らによると、これは惨事ストレスと呼ばれるストレス反応の一部で、厳しい現場を体験する場合誰でも起こりうるものだとされている。災害発生時には自身のストレスケアが後回しになりやすくなるため、一層の健康状態確認に努めるべきである。

東日本大震災のあと、宮城県が示した「宮城県災害時のこころのケア活動マニュアル」内において、災害は被災者のみならず災害関連業務に従事する支援者にも影響を与え、時に心身の健康を阻害するおそれがあり、支援者が健康で働き続けるためには、支援者個人として組織として、支援者が置かれる状況を知り、対応策を講じる必要があると指摘されている。ここでは、疲労の蓄積のほか「支援者自身や家族が被災者であっても、そのケアや支援を後回しにして、業務にあたらざるを得ない場合がある」、「被災地以外からの支援者は、生活の不規則化や普段のストレス対処法を実践することが困難になる等によって、ストレスを蓄積しやすくなる。また、災害とは関係のない家族の問題を抱えている場合、出向が長期化すると、それが顕在化することもある」等の記載があり、これらは災害現場で働く社員に当てはまる場合がある。業務上の負荷のみで判断するのではなく、見えにくいストレスの蓄積も考慮したうえで、ケア、相談できる体制を整備する必要がある。

6. 豪雨災害への備え

Q 近年、日本各地で豪雨災害が多発している。その対策は。

A 豪雨災害は地震災害と異なり、事前に一定の災害発生予測が可能となる。安全確保は最優先で、自治体のハザードマップなどで危険な地域を把握することが重要だ。災害発生後は引き続き安全に配慮しつつ、設備の復旧や業務継続へシフトする。被災範囲は大地震に比べて限定的であることも多いため、近隣地域からの支援態勢も整えたい。備蓄物資の多くは震災用と共通となるが、災害後の活動や取材活動の支援にも使えるマスクなどの備品や、社屋の浸水への備えなど、豪雨も念頭に置いた対策も用意したい。

解説 豪雨災害は事前の予測により、被災前に情報収集や対策本部など意思決定ルートの確立が可能となる。自治体が発表しているハザードマップで危険地域も把握できるため、危険な地域に立地する支局や、居住している従業員やその家族には事前に避難準備を促すことができる。

新聞協会が2018年7月豪雨、2019年佐賀水害、同年の台風19号被害を受けた地域の20紙にアンケートを実施し、豪雨災害発生前からの時系列でまとめた。

【災害発生前】（時系列は、被災した地域に関係する20紙の取り組み例による。以下同）

- ハザードマップ等による危険地域の把握や浸水予想
- 土のう等の調達、準備など建物への浸水対策
- 建物や施設の安全確認、危険地域や浸水予想地域などからの避難指示
- 現地従業員の足止めや帰宅判断、自宅や社外にいた従業員への指示、従業員家族の安否確認
- 二次災害防止策（浸水域、道路不通地域での行動原則の指示等）
- 従業員の宿泊先の確保、社内宿泊に備えた寝具等の手配
- 対策本部など、情報収集、意思決定ルートの確立

危険地域の確認は重要だ。2018年7月豪雨では、大きな被害を受けた岡山県倉敷市真備町の浸水地域とハザードマップの浸水想定区域が概ね一致していた。また、土砂災害における死者の約9割は土砂災害警戒区域内等で亡くなっており、被害予測の精度も高くなっている。被災地では正常性バイアスが働き、被災者の避難は遅れる傾向にある。しかし、時間が経過するほど河川の増水や土砂崩れなどにより移動や避難が困難になるため、外部から早期の避難を促すことが重要となる。土砂災害や河川の増水は、雨が止んだあとに発生する場合もあり、支援要

員の派遣も慎重に行う必要がある。

また、暴風雨の時間帯が予見できるため「事前に出勤人数を減らすなどの措置をとることができた」という社もあった。可能であれば無理に出社させず、自宅など安全な場所で待機させることも必要となる。

いずれも、早期に社内の意思決定のルートを確立し、社の決定を速やかに伝達・実行できる体制づくりが重要だ。

【被害確認直後０～５時間】

- 建物や施設の安全確認、危険地域や浸水予想地域などからの避難指示
- 社員の安否確認
- アルバイト、契約社員等その他従業員の安否確認
- 現地従業員の足止めや帰宅判断、自宅や社外にいた従業員への指示

実際に水害などの被害報告があがってからは、従業員や関係者の安否確認が必要となる。連絡手段は各種チャットやライン、一斉メールなどを利用することが多い。東日本大震災などの教訓から、定期的に安否確認サービスなどの訓練をしている社もあるが、このような取り組みは豪雨災害などにも生きてくることが分かる。

また、「二次災害防止の観点が必要不可欠であることをあらためて痛感した」という回答もあった。豪雨被害の最前線では危険と隣り合わせだったことが、後日の聞き取りから判明したケースもあった。現場で取材する記者はどうしても前のめりになりがちなので、社としても安全確保についても強いメッセージを出すことが大切である。

【被害確認直後５～24時間、それ以降】

- 販売店の被害や配達状況の確認、支援
- 引き続き安否確認
- 社員や家族、実家を含む被災状況の把握、当座の通勤手段や業務遂行への影響調査
- 記録（社内の対応を文書や写真で記録し残す）
- 義援金の受け入れ
- 社員の生活支援（大人／子供用紙おむつ、ミルク等の提供）

被害が落ち着いてからは、現金の用意なども発生するため、財務部門などとの調整も発生する。管理部門としては現場からの物的要求への対応と対外的には義援金の窓口開設も行うケースがある。

豪雨時などの配達の可否について、災害発生時の配達ガイドラインを作成した社もあった。豪雨時の新聞配達が危険であることは言うまでもなく、販売店に任せず、命を守る判断を社としても取る必要がある。

アンケートでは「床下浸水時に支局等を清掃するために高圧洗浄機を借りた

が、本社でも準備しておくべきと感じた」という水害ならではの回答もあった。また、水害に限ったことではないが「粉じん対策としてマスクはもちろんだがゴーグルが必要」「ミネラルウォーターは用意していたが、地元のジュースなど支援いただくとリフレッシュしたり、被災者に配ったりとありがたかった」「衛生面で除菌シートが重宝された」という意見もあった。こうしたプラスアルファの備品も用意しておくと安心だろう。

資　料

1．人事・労務で扱う文書の法定保存期間

保存年限	該当する文書類	起算日	根拠条文
5年	健康診断個人票	作成日	労働安全衛生法施行規則51条
5年 ※経過措置として当面3年	労働者名簿	死亡・退職・解雇の日	労基法109条、労基法施行規則56条、143条1項
	賃金台帳（国税通則法では7年保存を義務付け）	最後の記入をした日	
	雇い入れ・解雇・退職に関する書類	退職・死亡の日	
	災害補償に関する書類	災害補償の終了日	
	賃金その他労働関係の重要な書類 出勤簿、タイムカード等の記録、労使協定の協定書、労働時間の記録に関する書類、退職関係、休職・出稿関係書類など	完結の日	
4年	雇用保険の被保険者に関する書類 雇用保険被保険者資格取得等確認通知書、同転勤届受理通知書、同資格喪失確認通知書（離職証明書の事業主控）など	完結の日（被保険者が退職等により、在籍しなくなった日。以下同じ）	雇用保険法施行規則143条
3年	企画業務型裁量労働制についての労使委員会の決議事項の記録	有効期間の満了後	労基法施行規則24条の2の3
	労使委員会議事録	開催日	労基法施行規則24条の2の4
	労災保険に関する書類	完結の日	労災保険法施行規則51条
	労働保険の徴収・納付等の関係書類	完結の日	労働保険の保険料の徴収等に関する法律施行規則72条
	派遣元管理台帳、派遣先管理台帳	契約完了の日	労働者派遣法37、42条
	身体障害者等であることを明らかにすることができる書類	死亡・退職・解雇の日	障害者の雇用の促進等に関する法律施行規則43条
2年	雇用保険に関する書類 雇用保険被保険者関係届出事務代理人選任・解任届など	完結の日	雇用保険法施行規則143条
	健康保険・厚生年金保険に関する書類 被保険者資格取得確認通知書、資格喪失確認通知書、標準報酬月額決定通知書、同改定通知書など	完結の日	健康保険法施行規則34条、厚生年金保険法施行規則28条

2．部門別従業員数および新規採用人数の推移

年			2012	2013	2014	2015	2016	2017	2018	2019	2020	2021
協会会員新聞・通信社数			99社	99社	98社	98社	97社	98社	98社	97社	97社	96社
同　従業員総数			44,962	43,704	43,245	42,676	42,254	42,248	41,509	38,594	37,520	36,898
調査回答社数			96社	94社	92社	93社	91社	97社	97社	96社	95社	94社
従業員調査回答数	従業員総数		44,321	42,720	42,282	41,916	41,396	42,193	41,464	38,560	37,294	36,701
	男性		37,550	36,192	35,697	35,095	34,438	34,638	33,787	30,948	29,601	28,791
	女性		6,771	6,528	6,585	6,821	6,958	7,555	7,677	7,612	7,693	7,910
	部門別総数	編集	22,795	21,941	21,596	21,645	21,541	21,758	21,483	20,248	19,502	19,226
		うち記者総数	20,121	19,666	19,208	19,587	19,116	19,327	18,734	17,931	17,685	17,148
		女性記者数	3,325	3,277	3,134	3,450	3,520	3,741	3,781	3,859	3,929	4,026
		女性記者比率	16.5%	16.7%	16.3%	17.6%	18.4%	19.4%	20.2%	21.5%	22.2%	23.5%
		製作・印刷・発送	4,063	3,747	3,550	3,372	3,267	3,360	3,297	2,823	2,622	2,396
		営業	6,917	6,541	6,508	6,423	6,223	6,566	6,372	5,946	5,823	5,604
		出版・事業	2,782	2,584	2,621	1,315	1,338	1,362	1,332	1,294	1,304	1,293
		電子メディア				1,327	1,403	1,416	1,408	1,375	1,358	1,478
		統括・管理	3,705	3,449	3,493	3,360	3,367	3,537	3,543	3,299	3,212	3,299
		出向その他	4,059	4,458	4,514	4,474	4,257	4,194	4,029	3,575	3,473	3,405
新規採用人数			729	754	908	1,016	1,052	1,164	1,236	969	1,044	880
新規採用率（新規採用人数／在籍従業員数			1.6%	1.8%	2.2%	2.4%	2.5%	2.8%	3.0%	2.5%	2.8%	2.4%

（日本新聞協会労務委員会調査、いずれも４月１日現在）

資料

3．協会会員社従業員総数の推移

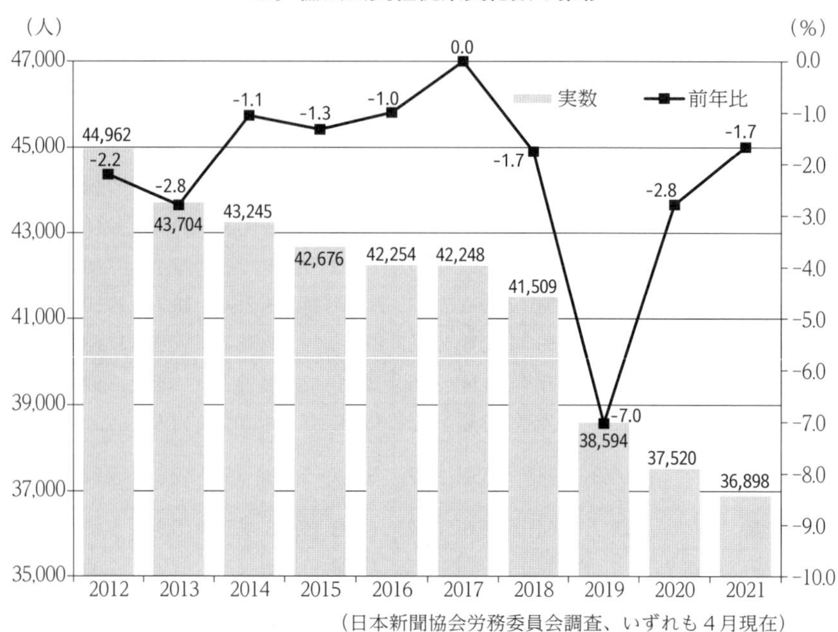

（日本新聞協会労務委員会調査、いずれも４月現在）

4．従業員規模別・部門別従業員数（新聞・通信94社）

従業員規模	社数		編集	うち記者	製作・印刷・発送	営業	出版・事業	電子メディア	統括・管理	出向その他	合計
1000人以上	7	男性	6,749	6,391	964	1,856	376	540	1,230	1,928	13,643
		女性	1,983	1,841	61	406	230	206	500	212	3,598
		小計	8,732	8,232	1,025	2,262	606	746	1,730	2,140	17,241
500～999人	4	男性	1,119	990	141	332	37	77	170	382	2,258
		女性	281	261	8	69	20	19	55	34	486
		小計	1,400	1,251	149	401	57	96	225	416	2,744
300～499人	14	男性	2,194	1,987	507	781	116	143	332	284	4,357
		女性	629	588	29	226	68	50	119	20	1,141
		小計	2,823	2,575	536	1,007	184	193	451	304	5,498
299人以下	65	男性	3,133	2,706	603	1,410	229	332	393	372	6,472
		女性	1,038	934	73	391	114	78	259	53	2,006
		小計	4,171	3,640	676	1,801	343	410	652	425	8,478
通信社	4	男性	1,591	1,048	4	100	53	26	183	104	2,061
		女性	509	402	6	33	50	7	58	16	679
		小計	2,100	1,450	10	133	103	33	241	120	2,740
合計	94	男性	14,786	13,122	2,219	4,479	811	1,118	2,308	3,070	28,791
		女性	4,440	4,026	177	1,125	482	360	991	335	7,910
		計	19,226	17,148	2,396	5,604	1,293	1,478	3,299	3,405	36,701
新聞協会会員社（96社）従業員数											36,898

（日本新聞協会労務委員会調査、2021年4月1日現在）

資料

参考文献

（注）○印はウェブサイト

1章　労働時間・休憩時間

『時間外労働の上限規制 わかりやすい解説 』（厚生労働省、2020年12月）
『労働時間の適正な把握のために使用者が講ずべき措置に関するガイドライン』（厚生労働省、2021年２月）
瓦林道広 ほか『Ｑ＆Ａ　労働時間・休日・休暇・休業トラブル予防・対応の実務と書式』（新日本法規、2020年７月）

2章　賃　金

労務行政研究所編『実務コンメンタール　労働基準法・労働契約法』（労務行政、2013年３月）
「判例解説・実務に生かす最高裁主要判例」
『労政時報』第3836号－2012.12.28（労務行政研究所）
○「税について調べる　タックスアンサー」（国税庁）

第3章　休日・休暇

安西愈『労働時間・休日・休暇の法律実務（全訂７ 版）』（中央経済社、2010年７月）
安西愈『人事の法律常識（第９ 版）』（日本経済新聞出版社、2013年９月）
安西愈『トップ・ミドルのための採用から退職までの法律知識（14訂）』（中央経済社、2013年９月）
浅井隆・松田純一編『労働時間・休日・休暇をめぐる紛争事例解説集』（新日本法規出版、2010年４月）
芦原一郎・稲田博志編『事例でわかる問題社員への対応アドバイス』（新日本法規出版、2013年11月）
石井妙子ほか『経営側弁護士による精選労働判例集（第２ 集）』（労働新聞社、2012年５月）
大野事務所編著『適正　労働時間管理』（労務行政、2013年10月）
菅野和夫『労働法（第10版）』（弘文堂、2012年12月）
佐藤広一『労働時間、休日・休暇の実務』（日本実業出版社、2009 年11月）
佐々木力『図解　労働法がわかる本』（日本実業出版社、1988 年４月）
中山慈夫『就業規則モデル条文（第２ 版）―上手なつくり方、運用の仕方―』（日本経団連出版、2010年８月）
野川忍『労働判例インデックス（第２ 版）』（商事法務、2010年10月）
村中孝史・荒木尚志編『労働判例百選（第８ 版）別冊Jurist』（有斐閣、2009年10月）
産労総合研究所編『就業規則ハンドブック（労務事情別冊）』（産労総合研究所経営書院、2013年11月）
労働調査会出版局編『年次有給休暇制度の解説とＱ＆Ａ』（労働調査会、2011年11月）

4章　育児・介護

『育児・介護休業法のあらまし』（厚生労働省、2021年１月）
『働く女性の母性健康管理のために』（厚生労働省、2020年10月）
『育児・介護休業法のあらまし』（厚生労働省、2021年１月）
『平成29年10月１日から改正育児・介護休業法がスタートします』（厚生労働省、2017年５月）
三菱UFJリサーチ＆コンサルティング『平成30年度仕事と育児等の両立に関する実態把握のための調査研究事業　労働者調査結果概要』（厚生労働省）
『子の看護休暇・介護休暇が時間単位で取得できるようになります！』（厚生労働省、2019年12月）
『育児・介護休業制度ガイドブック』（厚生労働省、2017年２月）
『子の看護休暇・介護休暇が時間単位で取得できるようになります！』（厚生労働省、2019年12月）
『育児・介護休業法のあらまし』（厚生労働省、2020年11月）
『育児・介護休業法が改正されます！－平成29年１月１日施行－』（厚生労働省、2016年６月）
○「仕事と介護の両立～介護離職を防ぐために～」（厚生労働省）
○「出産で会社を休んだとき」（全国健康保険協会）

5章　採用・退職

安西愈『トップ・ミドルのための採用から退職までの法律知識〔十四訂〕』（中央経済社、2013年９月）
『雇用保険法・高年齢者雇用安定法、厚生年金保険法・確定拠出年金法等の改正概要』（労政時報、2020年10月）
調査シリーズNo.198『高年齢者の雇用に関する調査（企業調査）』（独立行政法人労働政策研究・研修機構、2020年３月）

6章　人事異動・出向・転籍

『Q&Aで学ぶ労働法基礎講座』（産労総合研究所）
『労働契約法の施行について』（厚生労働省、2012年10月）
根本義尚『実務に役立つ法律基礎講座（42）出向』（労政時報、2018年９月）

7章　雇用形態・労働条件

内田恵美『同一労働同一賃金を巡る注目の最高裁判決の内容と実務対応　労政時報第4007号』（労務行政、2021年１月）
内田恵美『偽装請負と労働者性の判断　労政時報　第3978号』（労務行政、2019年９月）
倉重公太朗、荒川正嗣、近衛大『注目の最高裁判例　メトロコマース事件（最高裁三小令２.10.13判決）の内容と実務対応のポイント労政時報　第4004号』（労務行政、2020年11月）
嘉納英樹、福井佑理『無期転換社員用の就業規則例で押さえる無期転換運用の実務ポイント　労政時報　第3954号』（労務行政、2018年７月）

亀田康次『実務に役立つ法律基礎講座（58）有期労働契約者労政時報　第3991号付録』（労務行政、2020年４月）
神内伸浩『実務に役立つ法律基礎講座（２）雇止め労政時報　第3875号付録』（労務行政、2014年10月）
TMI総合法律事務所『実務に役立つ法律基礎講座（56）就業規則　労政時報　第3987号付録』（労務行政、2020年２月）
緒方絵里子、清水美彩惠『実務に役立つ法律基礎講座（61）労働者派遣　労政時報　第3996号付録』（労務行政、2020年７月）
○「同一労働同一賃金ガイドライン」（厚生労働省）
○「パートタイム・有期雇用労働法の概要」（厚生労働省）
○「有期労働契約の締結、更新及び雇止めに関する基準について」（厚生労働省）
○「短時間労働者に対する厚生年金等の適用が拡大されています」（日本年金機構）
○「労働契約申し込みみなし制度の概要」（厚生労働省）

8章　服務規律

渡邉岳・加藤純子『懲戒処分を行うに当たっての留意点』（労政時報、2010年５月）
『労働基準法』（法庫2014年２月12日）
益田浩一郎、山本圭子『懲戒処分を受けた者に対する賞与支給』（労働法ナビQ＆A、2013年11月）
山本圭子『賞与での減給の制裁』（労働法ナビQ＆A、2013年11月）
みらいコンサルティング『社員が痴漢で逮捕された場合』（労働法ナビQ＆A、2013年11月）
倉重公太朗『SNS「炎上」トラブルをめぐる企業の実務対応』労政時報第3863号（労務行政研究所、2014年３月）
『相談室Q＆A』（労政時報、2003年11月）
盛太輔『「始末書・顛末書」の取り方と効果的な利用方法』（日本法令、2010年11月）
『副業・兼業の促進に関するガイドライン』（厚生労働省、2020年９月）
『相談室Q＆A』労政時報3994号（労務行政、2020年６月）
○「労働相談Q＆A」（広島県雇用労働情報）
○「改正労働基準法の概要」（厚生労働省）

9章　労働組合

渡邉岳・小栗道乃『労使協定にかかわる実務』（総合研究所、2013年７月）
菅野和夫『労働法第10版３刷　第４編　団体的労使関係法』（弘文堂、2013年６月）
山川隆一『プラクティス労働法　第６章　労働契約上の権利義務』（信山社、2009年11月）
○東京都労働相談情報センター『使用者のための労働法』（東京都TOKYO働くネット）

10章　ハラスメント・メンタルヘルス

『事業主が職場における性的な言動に起因する問題に関して雇用管理上講ずべき措置等についての指針』（2006年厚生労働省告示第615号）
『心の健康問題により休業した労働者の職場復帰支援プログラム』（労働者健康安全機構）
○「ストレスチェック指針」（厚生労働省）
○「ストレスチェック実施マニュアル」（厚生労働省）
○「心の健康問題により休業した労働者の職場復帰支援の手引き」（厚生労働省）

11章　労災・安全衛生

『テレワーク導入のための労務管理等Q＆A集」（厚生労働省）
令和２年版『過労死等防止対策白書』（厚生労働省）
『産業医について　～その役割をしってもらうために～』（厚生労働省）
『改正労働安全衛生法のポイント』（東京労働局）
『長時間労働者への医師による面接指導制度について』（厚生労働省）
『過重労働による健康障害を防ぐために』（厚生労働省・都道府県労働局・労働基準監督署労働者健康安全機構）

特別章　自然災害の教訓

安西愈『トップ・ミドルのための採用から退職までの法律知識〔十四訂〕』（中央経済社、2013年９月）
『宮城県災害時こころのケア活動マニュアル』（宮城県精神保健福祉センター）
報道人ストレス研究会（代表：筑波大学心理学系教授・松井豊）『ジャーナリストの惨事ストレスに関する探索的検討』（東洋大学21世紀ヒューマン・インタラクション・リサーチ・センター研究年報　第３号）
○「災害等による臨時の必要がある場合の時間外労働について」（厚生労働省）
○平成30年７月豪雨による水害・土砂災害からの避難に関するワーキンググループ「参考資料３　平成30年７月豪雨における課題・実態」（内閣府）
○報道人ストレス研究会（代表：筑波大学心理学系教授・松井豊）『熊本地震での取材や報道に関わっておられる皆様へ』（報道人ストレス研究会）

判例、法令・通達　検索データベース

○e-Gov法令検索
https://elaws.e-gov.go.jp/

○厚生労働省：法令等データベースサービス
https://www.mhlw.go.jp/hourei/

○法務省：法令検索システム
https://www.moj.go.jp/hogo1/soumu/hogo02_00027.html

○全国労働基準関係団体連合会：労働基準関係判例検索
https://www.zenkiren.com/

○中央労働委員会：労働委員会関係　命令・裁判例データサービス
https://www.mhlw.go.jp/churoi/meirei_db/

○裁判所：判例検索システム
https://www.courts.go.jp/app/hanrei_jp/search2

○労働政策研究・研修機構：雇用関係紛争判例集
https://www.jil.go.jp/hanrei/

五十音順キーワード検索

日本新聞協会労務委員会　人事管理研究会 名簿

◎＝代表幹事、○＝幹事

	社名	役職	氏名
	朝日新聞東京本社	管理本部労務部次長	長谷川真由子
	毎日新聞東京本社	人事部労務課長	山本紘司
◎	読売新聞東京本社	労務担当室労務部次長	纐纈仁
○	日本経済新聞社	HR本部人事部	田邊友子
○	産経新聞東京本社	総務本部人事部	木下慧人
	報知新聞社	人事労務部	田島正登 (2021. 1 ～) 宮田和紀 (～2020.12)
	共同通信社	総務局人事グループ	志賀美咲
	北海道新聞社	経営管理局人事グループ	鳥井直史
	信濃毎日新聞社	総務局人事部次長	山嵜みいき
	中日新聞社	管理局労務部部次長	水野敦生
	新潟日報社	経営管理本部企画総務局総務部	榊原仁雄
○	京都新聞社	経営企画局総合計画部次長	黒川真
	神戸新聞社	総務局人事部専任部長	山本康代
	山陽新聞社	総務局総務本部人事部主任	近藤章
	中国新聞社	総務局人事総務部担当部長	山根宏蔵
	西日本新聞社	総務局人事部次長	渡邉晋作

新聞・通信社のための

人事・労務Q＆A　2021年版　定価 1320 円（本体 1200 円＋税）

2021 年 10 月 25 日発行

編　　著　日本新聞協会労務委員会
　　　　　人事管理研究会
監　　修　安西法律事務所／安西愈
イラスト　産経新聞東京本社
　　　　　郡司　昇
発　　行　一般社団法人 日本新聞協会
〒100-8543　東京都千代田区内幸町 2-2-1
　　　　　TEL 03-3591-4401（代表）
　　　　　https://www.pressnet.or.jp/

ISBN978-4-88929-086-8 C2000 ¥1200E